Tango familial

Zu diesem Buch

Die Autorin, Realschullehrerin, Kommunalpolitikerin (CDU) und zweifache Mutter Ute Steinheber zieht alle Register in der Bilanz internationaler Familienerfahrungen. Ob Prosa, Lyrik, Satire oder Fabel– sie packt authentische Familiengeschichten in dieses Buch, ohne die wissenschaftliche Bodenhaftung der Humanwissenschaften zu verlieren. Denn alle, die auch nur eine Ahnung von Pädagogik, Psychologie, Biologie und Medizin haben, wissen, dass die moderne Genderideologie reine Konstruktion und ein Irrweg ist.

Der moderne Karriere- und Geschlechterkampf fordert Tribut. Den Preis zahlen überforderte Eltern und vernachlässigte, ja misshandelte Kinder. Die Folgen belasten zukünftige Generationen in ganz Europa. Auch der deutsche Sozialstaat droht unterzugehen und ächzt unter der Last seiner Aufgaben, die nicht alle mit Geld zu bezahlen sind.

Authentische Fallbeispiele von gestern und heute erzählen mitten aus dem Leben von Frauen, Männern und Kindern, zwischen Tradition und Moderne. Reflexionen beleuchten die tieferliegenden Zusammenhänge. Visionen zeigen in die Zukunft einer Gesellschaft ohne ausreichenden Nachwuchs und die Ohnmacht der Pflegenden und der Pflegebedürftigen. Geld pflegt nicht. Dies können nur Menschen tun – oder Roboter. Wollen wir das?

Zur Autorin

Ute Steinheber (geb. 1956) studierte an der PH Freiburg i.Br. und in Paris. Sie arbeitete insgesamt 28 Jahre im Schuldienst von Baden-Württemberg, unterbrochen vor einer 9-jährigen Erziehungszeit während der sie u.a. drei internationale Sprachdiplome erwarb. Sie war als Handicap-Schwimmerin erfolgreich und ist bis heute als Funktionärin und Fachübungsleiterin, Referentin und Fortbildnerin in Sport, Sprachkursen und im kulturellen Leben aktiv. Sie ist Mitglied des Bundesvorstandes des Familienverbandes *Familienarbeit e.V.* und dessen Europadelegierte..

Ute Steinheber

Tango Familial

Widmung

Meiner Mutter,

die mir das Leben,
Zeit und unendliche Liebe schenkte.

Meinem Mann und meinen Töchtern

und all jenen,
deren unverzichtbare
Familienarbeit

unbezahlt und unterschätzt wird.

2. (erweiterte) Auflage Mai 2016
Herstellung und Verlag: Books on Demand GmbH, Norderstedt
© 2016 Ute Steinheber
ISBN 9-783-8391-6956-8

Bibliografische Information der Deutschen Nationalbibliothek
Die deutsche Nationalbibliothek verzeichnet diese Publikation in der Deutschen Nationalbibliografie; detaillierte bibliografische Daten sind im Internet über http:/dnb.de-nb.de abrufbar.

Erlkönigin
(Petra Levator 2012)

Wer eilt so spät durch Nacht und Wind?
Es ist eine Mutter ohne ihr Kind.
Sie hält ein Bündel Akten im Arm,
sie hält es sicher, sie hält es warm.

„O Mutter, meine Mutter, hörst du mich nicht? Kennst
du überhaupt noch mein Gesicht?“
„O Tochter, ich wär' ja so gerne bei dir, aber sieh
nur, die Arbeit, sie ist so schwer.“

„Du liebe Mutter, warum bist du fort,
warum leben wir nicht an einem Ort?“

„Du Liebes, ich bin heute in Berlin, schon
morgen warten Termine in Wien. So schlaf
doch, mach' die Äuglein zu;
So komme auch ich nun endlich zur Ruh'.“

„O Mutter, Mutter, hörst du denn nicht, was
böses Medium mir ständig verspricht? Schöne
Kleider, Geld, Spiele und Chat,
ein Casting, Liebe all you can get?“

„O Mutter, ich brauch' dich so sehr hier und jetzt!
Mein Herz, meine Seele sind so verletzt!“

„Du Kleines, mein Baby, halte noch aus! In
wenigen Wochen bin ich zu Haus'.
Wir fahren ans Meer und liegen am Strand, dann
sind aller Spuk, böse Träume verbannt.“

„O Mutter, komm gleich, mir geht es schlecht! Wer
ist mein Vater, sag's, es ist mein Recht!“
„Du dummes Kind, das geht dich nichts an, geh in
die Schule, halte dich ran.“

Der Mutter graust's,
denn sie will modernes Vorbild sein,
nicht Schatten, nein, strahlen im Sonnenschein.
Doch da atmet das Mädchen schon nicht mehr;
zerbrochen, zerstochen, verzweifelt ... allein.

Inhalt

Vorbemerkungen: Mütter und Väter, auf die Barrikaden!

Seit Jahrzehnten, so der weltweit anerkannte Bevölkerungswissenschaftler Prof. Dr. Herwig Birg, werden Familien in Deutschland systematisch ausgebeutet und benachteiligt. Die Geburtenrate ist hier bereits weit unter das Niveau gefallen, das eine nachhaltige Gesellschaft zum Erhalt seiner Bevölkerung inklusive seiner Werte und Wirtschaftskraft braucht. Die Entwicklung ist irreversibel und wird durch den ideologischen Zeitgeist sowie fehlerhaftes politisches Handeln verstärkt. Der Autor, ein renommierter Wissenschaftler und Mitglied zahlreicher nationaler und internationaler Beiräte, stellt bis ins Detail genau erklärend seine demographische Prognose. Der emeritierte Professor der Universität Bielefeld schont dabei weder Wirtschaftsbosse noch Politiker, noch durch die Genderideologie geblendete Studentinnen und Akademikerinnen.

Nicht die steigende Lebenserwartung ist Hauptursache der Überalterung Deutschlands, sondern die immer größer werdende Zahl der lebenslang Kinderlosen, die Verweigerung der Elternschaft, insbesondere der gut ausgebildeten Frauen, die Karriere, persönliche Freiheit und Partnerschaft losgelöst von den Bürden der Mutterrolle leben wollen. Daneben bleiben Hunderttausende von Paaren ungewollt kinderlos. Ein großer persönlicher Schmerz für die Betroffenen, ein großer Verlust für die Gesellschaft an potentiellem Nachwuchs. Auch Millionen von Einwanderern werden die zukünftigen Probleme einer alternden Gesellschaft ohne eine stringente Familien- und Einwanderungspolitik nicht kompensieren können.

Der Bevölkerungsforscher klagt aber nicht nur Missstände an, er nennt auch Lösungsansätze, Instrumente und Maßnahmen einer nachhaltigen Demographie Politik. So zum Beispiel die Umsetzung des Familienschutzes (*Trümmerfrauenurteil vom 7.7.1992 Art.6, Abs.1 GG*) sowie der Familiengerechtigkeit dienende Reformen bei der Beitragsfestsetzung der Sozialversicherungssysteme und einer gerechten Besteuerung. Außerdem schlägt er **eine Konzentration staatlicher Förderung auf Ehe und Familie mit Kindern**, eine neue Erwerbspolitik unter **Vorrang auf Arbeitsplätze für Eltern** und, neben einer Frauenquote, auch eine **Mütterquote,** die die Doppelbelastung durch Familien- und Erwerbsarbeit in den ersten, so wichtigen Lebensjahren der Kinder vermeiden hilft und den späteren Wiedereinstieg erleichtert, ja garantiert.

Endlich, endlich wagen sich immer mehr Frauen und Männer, Jahre nach der mutigen, aber brutal kalt gestellten und völlig zu Unrecht in die braune Ecke gestellten Eva Herman, eine Gegenoffensive einzuläuten: Zum Beispiel die Journalistin Birgit Kelle. Eine kluge, erfolgreiche Frau, verheiratete Mutter von vier Kindern. Ihre Bücher *„Mach doch die Bluse zu"* und ihr zweites Buch vom März 2015, *GenderGAGA*, sind sachlich, unterhaltsam, auch ein wenig polemisch und zeigen u.a. deutlich auf, wie unsere Steuergelder für Genderforschung und entsprechende Lehrstühle an unseren Universitäten verschleudert werden, statt Familien gezielt zu fördern. Frau Kelle ist Dauergast in Talkshows wie "Hart aber fair", sie wird von Frau Maischberger in ihre Sendung eingeladen. Leider steht sie oft auf verlorenem Posten und wird von den "politisch Korrekten" kaltgestellt. Trotzdem teilt sie unerschrocken aus in Richtung Wirtschaft und Politik, der Sexismus Debatte, dem Gendermainstream in Medien und Gesellschaft. Dazu braucht es Mut, Unterstützung, Solidarität.

Auch Männer melden sich vermehrt zu Wort: Zum Beispiel die ZEIT-Journalisten Marc Brost und Heinrich Wefing mit ihrem Buch *„Geht alles gar nicht"* *(April 2015)*: Jetzt reden auch die Väter. Sie fordern mehr Ehrlichkeit und Abschied von der Illusion, Mütter und Väter könnten locker Karriere und Familie gleichzeitig vereinbaren. Freundschaften, Sport, Kino, Ausgehen? Die schöne Leichtigkeit des Seins, die Kraft und Freude für Kinder und Job gehen verloren! Und genau deshalb ist die Hausfrau wieder da! In der Spiegelausgabe Nr.11 vom 3. März 2016 feiert sie ein öffentlich beachtetes Comeback unter dem Stichwort **Gleichberechtigung.** Das Hausfrauendasein als Lebensmodell junger Akademikerinnen, von der promovierten Mathematikerin, über eine Steuerberaterin, Chefsekretärin, bis zur Diplom-Kulturwirtin: Alle diese mehrfachen Mütter pochen in diesem Artikel auf **ihr Recht auf Selbstbestimmung**, das Recht für einige Jahre Vollzeitmutterschaft, was Spiegel-Autorin Anna Clauß herablassend bissig kommentiert. Kittelschürze statt Karriere?

Nach jahrzehntelangen Beobachtungen und Erfahrungen als Frau und Mutter, als Lehrerin, Sportlerin und in vielen Ehrenämtern hake

ich hier ein und führe in authentischen Fallgeschichten und einigen Reflexionen aus, was Wissenschaftler, Juristen, Psychologen, Lehrer, Erzieher und Familienverbände angestoßen haben, denn:
„Wir erleben in Westeuropa derzeit eine Frauenbewegung mit aggressiver Grundhaltung und umfassenden Machtansprüchen. Allmachtsfeminismus. Diese Bewegung geht davon aus, dass Männer und Frauen grundsätzlich gleich sind und daher genau die gleichen Aufgaben übernehmen können und sollen. Diese feministische Ideologie tut so, als gäbe es keine biologisch vorgegebenen, typisch männlichen oder weiblichen Verhaltensweisen und Neigungen, sondern wir würden nur durch Erziehung geprägt." *So die Journalistin Frau Bauer-Jelinek in einem Interview der FAZ vom 4.11.2012.*
Dieses, im Grunde patriarchalische Denken übernehmen immer mehr Frauen, denn in Politik und Wirtschaft wird die unabhängige berufstätige Frau hofiert und gefördert. Frauenquoten sollen Karrieristinnen Führungspositionen sichern. Eine rasante Aufholjagd hat begonnen, in der unsere Männer und Familienväter von Frauen abgehängt werden, von der Grundschule zielstrebig zum Abitur und Studium, immer die Karriere im Blick oder doch nicht? Zu welchem Preis? Auf der anderen Seite vernachlässigte junge Menschen ohne Schulabschluss, seelisch behindert, psychisch krank, drogen-süchtig, arbeitslos, nicht alltagsfähig. Junge Menschen auf der Verliererspur, um die sich keine Mutter, kein Vater kümmerte, junge Menschen ohne Anschluss an ein bürgerliches Leben. Sozialer Sprengsatz pur. Mitten unter uns.

Auf der anderen Seite allerdings: Einflussreiche Frauen am Hebel der Macht. Allen voran Angela Merkel. Frauen und Mütter sitzen an der Spitze von Ministerien wie Ursula von der Leyen, Manuela Schwesig, Andrea Nahles. Und immer mehr kinderlose Politiker und Richterinnen nehmen ohne mütterliche Empathie Einfluss auf politische und höchstrichterliche Entscheidungen.
Ebenfalls kinderlos, aber im Blickpunkt der Medien: Bascha Mika, ehemalige Chefredakteurin der taz und aktuelle Chefredakteurin der Frankfurter Rundschau online, schreibt unverfroren über Feigheit und Faulheit ihres eigenen Geschlechts, über Geiselmentalität, von Selbstbetrug und Rollenfallen. Sie und Prominente aus Film und Fernsehen wie z.B. Katja Riemann sprechen vom Gefängnis der Ehe und dem Ballast der Familie. Das wollen sie sich

nicht antun. Brauchen sie auch nicht. Sie dürfen ihren Weg gehen und wir werden unseren Weg gehen. Alles hat seinen Preis. Für ihren Erfolg vergessen sie die Sehnsüchte ihrer Weiblichkeit, sie verleugnen ihre Mütterlichkeit. Sie schuften, kämpfen und verdienen wie Männer. Sie sind in der Folge oft alleinstehend, geschieden, bewusst kinderlos.

Die moderne Gesellschaft fordert ihre Opfer. Psychische Erkrankungen sind inzwischen Hauptursache von Frühverrentungen, verursachen Millionen von Fehltagen am Arbeitsplatz. Täglich liest man in der Zeitung von Familiendramen, erweiterten Suiziden, Amokläufen, Misshandlungen, Mord und Totschlag. Immer häufiger sind Kinder unter den Opfern und werden später selbst zu Tätern. Deutschland zerstört seine Familien. Zerstörte Familien zerstören die Gesellschaft. Der Staat gerät in Schieflage, denn die Leistungsträger und später auch Milliarden von Steuergeldern werden uns früher oder später wegbrechen. Totalitäre Strukturen gewinnen an Bedeutung. Haben wir bald Krippenzwang, Erwerbstätigkeitspflicht, Soziale Pflichtjahre, Wehrpflicht, wie im Sozialismus? Was ist mit der freien Wahl unseres Lebensentwurfs, ja sogar einer freien Meinungsäußerung, wenn sie wertkonservativ sind?
Enorme Flüchtlingswellen strömen in unser Land auf der Flucht vor Krieg, Hunger, Armut und Perspektivlosigkeit. Der Terror des IS reicht bis zu uns nach Europa. Die Lage ist bedrohlich und ernst. Und wir reiben uns auf im Geschlechterkampf? Wie lächerlich ist doch die ganze Debatte um den Gender-Mainstream, überflüssig wie ein Kropf sind Genderstudien und hoch dotierte Lehrstühle zu dieser Scheinwissenschaft, die davon ablenkt, was wir wirklich neu konstruieren müssen. Nicht die Geschlechter und ihre Rollen, sondern gerechtere Gesellschaften weltweit!
„Friedvolle, ausgeglichene Gesellschaften sind die Voraussetzung für geordnete und zivilisierte Staaten und letztlich auch des Weltfriedens", schreibt der hessische Jurist und Sozialexperte Dr. Jürgen Borchert in seinem 2013 erschienenen Buch „Sozialstaatsdämmerung". Man muss den Sozialstaat nicht neu erfinden, aber neu konstruieren." (ebenda S.243).
Die Grundzüge einer effektiven Sozialreform sieht er in der Bürger-FAIRsicherung, in der die Sozialabgaben quer durch alle Gruppen transparent und fair nach Leistungsfähigkeit berechnet werden, so

wie es die Schweizer Alters- und Hinterlassenen Versicherung AHV vormacht. Die Umverteilung von oben nach unten sowie Familiengerechtigkeit sind die Hauptkriterien. Kein Berufsstand kann sich in eigene Versicherungssysteme zurückziehen. Beamte, Selbständige, Angestellte und Arbeiter – alle zahlen in die einheitliche Bürger-FAIRsicherung ein und übernehmen Verantwortung für das ganze System (ebenda S.235 ff) ohne Bemessungsgrenzen bis in die Einkommensspitzen und unter Schonung der Existenzminima, was kinderreiche Familien, die die nächsten einzahlenden Generationen aufziehen, stützt und stärkt, statt ihnen die Luft abzudrehen.

Auch gibt es ca. 1,2 Millionen ungewollt kinderlose Paare in Deutschland, so berichtet Millay Hyatt in ihrem Buch „Ungestillte Sehnsucht" – Wenn der Kinderwunsch uns umtreibt". Die 1973 in Dallas/USA geborene promovierte Philosophin, Autorin, Literaturwissenschaftlerin und Übersetzerin erfuhr mit 32 Jahren, dass sie bereits in den Wechseljahren sei und unfruchtbar bleiben werde. Ein Schock für die kämpferische Feministin, die bisher ihre Freiheit, ihre Ausbildung, ihre Karrierechancen weit über eine mögliche Mutterschaft gestellt hatte und erst Anfang dreißig von einem urgewaltigen Kinderwunsch überrascht, ja überwältigt wurde.
Was auch immer die Ursache ungewollter Kinderlosigkeit ist, diesen Menschen fehlt eine Plattform, sie werden als Egoisten an den Pranger gestellt, dabei leiden sie oft jahrzehntelang unter den Torturen der medizinischen Fertilisation, den überaus hohen Hürden des Deutschen Adoptionsrechts, unter dem für andere unverständlichen Schmerz, ein Leben ohne leibliches Kind zu leben. Angesichts sich erschreckend häufender Gewalt, Krankheit, Versagen und Überforderung junger leiblicher Eltern, Alleinerziehender und Stiefelternschaft muss man sich die Frage stellen, ob nicht ein weit großzügigeres Adoptionsrecht nötig ist, um Kindern ein neues Zuhause, Liebe und Geborgenheit zu schenken.

Bereits Mitte der achtziger Jahre hatte ich das, wovon viele Frauen träumen. Ich arbeitete als Lehrerin in einem angesehenen, gut bezahlten Beruf. Ich hatte ein gesundes Kind, einen fleißigen Hausmann und begeisterten Vater für unsere wunderbare kleine Tochter. Aber ich war nicht glücklich. Seltsam oder? Wenn die Kleine nachts aufwachte, fieberte, spuckte, in Bett gepinkelt hatte oder einfach nur schlecht träumte, der Papa stand auf, tröstete, half, beruhigte. Dann legte er sich wieder hin und schlief wie Gott in Frankreich. Ich, die Mutter, lag wach, grübelte, konnte nicht schlafen. Das ist Biologie. Das heißt genauer: physiologischer Ammenschlaf. Ich hörte die Flöhe husten und mein Kind weinen, laut träumen oder meinen Mann schnarchen. Ich hörte sie und wachte. Ja, das ist Steinzeitbiologie, nur dass mein Mann nicht mehr auf die Jagd ging, sondern ich, die moderne, emanzipierte, gut ausgebildete und ehrgeizige Frau. Am Morgen also ging ich übernächtigt in die Schule und begeisterte Pubertierende mehr oder weniger mit meinem Unterricht. Eltern und Schulleitung überzeugte ich mit meinen pädagogischen Fähigkeiten, meiner natürlichen Autorität und Ausstrahlung, meinem enormen, auch außerunterrichtlichem Engagement. Sie ahnen schon wohin das führte. In den BURNOUT. Dazwischen lagen allerdings noch knapp zwanzig Jahre. Ich wünschte, ich wäre schon weitaus früher K.O. gegangen und aufgewacht.

Gehören Sie auch zu den modernen Personen, die kaum essen und schlafen, die rund um die Uhr funktionieren, die immer erreichbar sind, die nie NEIN sagen, wenn der Chef Sie zum Projektleiter, respektive zur Projektleiterin, ernennt, in den Aufsichtsrat beruft und in der Schule, im Sportverein oder der Gemeinde noch ein Ehrenamt zu besetzen ist?
Super, Sie sind ein Leistungsträger, ein Erfolgstyp. Sie werden Anerkennung sammeln, eine tolle Karriere machen und Verantwortung übernehmen, bald einen Porsche fahren und Urlaub auf den Seychellen machen. Sie brauchen weder einen festen Lebenspartner, geschweige denn einen Ehemann, noch Kinder, das stört nur die Abläufe, die Verfügbarkeit, die persönliche Freiheit, den beruflichen Aufstieg. Wow, was für ein Leben. Wollen Sie das wirklich? Ich wollte es nicht.

Deshalb stellte ich schon früh die Weichen. Weg von Karriereplänen, die ich durchaus und ganz real hatte. Weg von Arbeitszwängen, der hohen Erwartungshaltung anderer an mich, NEIN zur Verleugnung meiner wahren Wünsche. Ich entschied mich für das Familienleben, für weitere Kinder, für eine lange Beurlaubung aus dem Schuldienst. Und das war gut so. Egal wie reaktionär, wie traditionell, wie altmodisch und rückständig Sie das auch immer finden.

In den folgenden Fallgeschichten, die mich bewegen, die mich beeindrucken, die so oder so ähnlich millionenfach in Deutschland ablaufen, können Sie nun verschiedenste Familienwege verfolgen. (Um die Privatsphäre Einzelner zu schützen habe ich z.T. Namen, Orte oder Berufe verfremdet oder die Schicksale zweier Familien in eine gebündelt.)

Ich schaute mich um in meiner eigenen Großfamilie, in der bürgerlichen Nachbarschaft meines kleinen Wohnortes im Großraum Stuttgart, wo bäuerliche Nachfahren der protestantischen und tief gläubigen Waldenser friedlich mit Handwerker- und Arbeiterfamilien neben Ingenieuren und Managern der Automobilbranche und High-Tech-Industrie leben: Hier ist der Hauptsitz von Daimler-Benz, von Porsche und Bosch & CO. Genauso wie das im Großraum München, Frankfurt oder Hamburg sein könnte, denn Deutschland besteht nicht nur aus sozialen Brennpunkten, ist nicht nur Berlin-Kreuzberg. Viele Menschen mit Migrationshintergrund wohnen seit Langem in unserem Land und haben sich bestens integriert. Als Realschullehrerin habe ich viele sprachbegabte und sehr fleißige Kinder aus diesen Kreisen kennen und schätzen gelernt. Sie legen Wert auf ihre Bildung, dolmetschen und übersetzen für ihre Eltern, wo es denn nötig ist, sie sind Schlüssel der Verständigung, auch ganz ohne frühkindliche Krippenerziehung.

Mein Blick schweift auch ins benachbarte Ausland, in die Schweiz, nach Belgien, nach Frankreich, wo ich zeitweise gelebt und gearbeitet habe. Ich habe Freundinnen in Spanien und den USA, mit denen ich regelmäßig korrespondiere und deren Erfahrungen als Mütter mit einem anderen Erziehungs- und Bildungssystem mir bekannt sind. Eine Zufallsbekanntschaft bereichert dieses Buch mit Fallgeschichten aus Argentinien. Wir drehen uns nicht nur um uns selbst. Lebenserfahrungen dieser Frauen und Männer, sie alle fließen hier mit ein. Erfahrungen aus über drei Jahrzehnten!

Ich erinnere mich an die Gedanken und Begegnungen meiner Studienzeit in Freiburg i. Br. und in Paris. Ich erinnere mich an die anfängliche Faszination und spätere Ernüchterung in der Auseinandersetzung mit dem Feminismus, insbesondere mit den Gedanken Simone de Beauvoirs. Aber ich ließ mich nicht blenden. Es war die französische Sprache, Literatur und Kultur, die mich als junge Lehramtsstudentin derartig begeisterten, dass ich auf Simones

Spuren wandelte, ihre Reisen kreuz und quer durch Europa verfolgte, ihr unstetes, ungewöhnliches Leben an der Seite eines großen kleinen Mannes, dessen Biographie und Werk mich ebenfalls in den Bann zogen. Ihre anarchistisch-nihilistische Verachtung für alles Bürgerliche, „Normale", teilte ich nie. Meine literarische und auch ganz persönliche Auseinandersetzung mit der Philosophin, Schriftstellerin und Feministin Simone de Beauvoir schildere ich in einem weiteren Buch „Simone und Ich". Das Manuskript mit exklusiven, bisher unveröffentlichten Interviews mit Zeitzeugen ist bereits in Arbeit und hat das Interesse eines Verlags gefunden.

Für die Revolte der 68er war ich zu jung und zu wenig politisch. Ich schwärmte für Sophia Loren und Romy Schneider, für Marilyn Monroe und Grace Kelly, für Gary Cooper und Jean-Paul Belmondo. Ich bewunderte sie und las über kluge Frauen wie Hildegard von Bingen, Maria Montessori, Marie und Irène Curie. Ich wollte Ärztin werden. Ich interessierte mich nicht nur für Sprachen und Literatur, sondern auch für Sport und Medizin. Mein Leben als Heranwachsende war geprägt von einem sportlichen Vater und einer Mutter, die mir intuitiv genau das richtige Maß an Liebe und Fürsorge schenkte, wie sie mir Freiheiten, Pflichten und Verantwortung anvertraute. Sie schenkte mir das Fundament meines Lebens, die psychische Widerstandskraft, die Bindungs- und Liebesfähigkeit, ohne die ich die späteren Krisen nicht überlebt hätte. Nichts aber zerriss mich als junge Mutter mehr als die Doppelbelastung zwischen Beruf und Familie, aus der aus gesundheitlichen Gründen eine Dreifachbelastung wurde. Nichts bedrückte mich mehr als die Trauer um meine geliebte, viel zu früh verstorbene Mutter und später das Fehlen der Großmütter, denn auch meine Schwiegermutter starb im Alter von nur 45 Jahren an Krebs. Ich habe sie nie kennen gelernt.

Mein Buch spricht auch von Randgruppen, die ohne Hoffnung sind. Unbelehrbar die einen, bereits von fehlender Liebe, Familie und Fürsorge psychisch angeschlagen oder gar krank und antriebslos die anderen. Sie werden es nicht lesen, sie würden es nicht verstehen. Ich wende mich dahin, wo noch Hoffnung ist, wo es noch echte Liebe gibt, das heißt Hingabe und Verantwortung für andere. Ich widme es der Mehrheit der Frauen, die in den Medien entweder gar nicht vorkommen oder mit Worten getreten werden. Für sie schreibe ich diese Würdigung, eine Hommage, damit nicht vergessen wird, was sie leisten, was sie geleistet haben.

Sie heißen Elisabeth, Gudrun, Inès und Julia. Sie sind Vorbilder und Beispiele erfüllten weiblichen Lebens. Die letzten Evas im Paradies? Sie halten keine bedeutenden Reden und sitzen nicht in internationalen Konferenzen. Ihr außerhäusliches Betätigungsfeld beschränkt sich neben einer eventuellen Teilzeitarbeit auf die Leitung des Elternbeirats oder des ökumenischen Frauenkreises. Sie organisieren den örtlichen Seniorenkreis, betreuen die Fußballmannschaft oder backen Brote und Kuchen für das nächste Stadtfest. Es sind Mütter, Großmütter, Frauen, die ihr Leben der Familie widmen und nicht der Karriere. Die Frauen, die ich meine, sind zufrieden, ja glücklich mit ihrem Leben als Mittelpunkt ihrer Familien. Es ist mit ca. 65 % die Mehrheit, eine schweigende Mehrheit der Frauen. Ihr Dasein war und ist wichtig und unentbehrlich für jeden Einzelnen und die Gesellschaft. Sie sind das Fundament, auf dem die Wirtschaft bauen kann, denn sie haben für den belastbaren Nachwuchs gesorgt, der heute und morgen in Forschung und Produktion die Industriebänder am Laufen hält, der die Altersversorgung erwirtschaftet.
Denn es sind unsere Kinder, die in Kliniken, Schulen und Behörden unverzichtbare Dienste leisten. Es sind unsere Kinder, die noch psychisch gesund und natürlich mit Geschwistern und in vollständigen Familien aufwachsen durften. Die Leistungen und Erziehungsarbeit von uns Frauen und Mütter waren und sind unentbehrlich! Würde man alle in der Familie geleisteten Arbeitsstunden in das Bruttosozialprodukt miteinrechnen, so würde es sich mehr als verdoppeln. Aber, da diese Arbeit unbezahlt und „unsichtbar" ist, wird sie nicht genug Wert geschätzt. Schluss damit!

Worte wie Betreuungsgeld, diffamierend auch Herdprämie genannt, Haus- oder Familienfrau, Erziehungszeit lösen in manchen Kreisen geradezu Allergien aus. Der Anspruch auf einen Krippenplatz, schnellstmöglicher Wiedereinstieg in den Beruf, Vollzeit arbeiten, Erfolg, Unabhängigkeit, eigene Altersvorsorge, das sind die Schlagwörter der modernen Frau. Will sie neben einem anspruchsvollen Berufsleben auch noch gleichzeitig verständnisvolle Ehefrau, liebende Mutter und eventuell sogar noch pflegende Tochter oder Schwiegertochter sein, überfordert dies die Leistungsfähigkeit der menschlichen Natur. Können dann die elementaren Bedürfnisse der Kinder und des eigenen ICHS noch wahrgenommen werden?

Und wo bleiben die Bedürfnisse der Männer und Väter? Immer häufiger werden sie zum Störfaktor, schon als Jungen, als Jugendliche: der Mann im Abseits. Die Folgen sind schon heute so offensichtlich, so verheerend, so krank machend, dass es nicht reicht, sich zu empören oder zu schweigen. Es ist ein „schleichender Genozid", der sich hier ausbreitet, auf den die belgische Psychoanalytikerin Dr. Luce Irigarey bereits vor Jahrzehnten hingewiesen hat. Von Alice Schwarzer belächelt und verspottet als die „beleidigte große Schwester von Simone de Beauvoir", hat die Wissenschaftlerin nicht nur Recht, sondern, im Gegensatz zu kinderlosen oder jungen Ein-Kind-Journalistinnen, Germanistinnen, Polit-Talkerinnen auch eine echte Qualifikation, diese Thematik zu beurteilen.

Dieses Buch ist nicht nur für Elisabeth, Katrin, Mirjam, Marlene und Dr. K., deren Schicksal und Lebenswege uns erfreuen oder auch nachdenklich machen. Es ist für all diejenigen, die sich tapfer durchs Leben schlagen, für all die verunsicherten jungen Frauen und Männer, die noch nicht im Sog des Gender Mainstreams mitgerissen wurden, die noch natürlich gebliebene Menschen mit Kinderwunsch sind. Die vielen jungen und gut ausgebildeten Frauen, die noch nicht wissen, wie sie sich entscheiden wollen. Für die Familie? Für die Karriere? Für beides? Die noch nicht ahnen, auf welche zerstörerische Zerreißprobe sie sich einlassen, wenn sie alles gleichzeitig wollen. Ein Buch auch für Männer, für die das Wohl der Familie an erster Stelle steht. Männer, die in Erziehung und Haushalt mitwirken, diese Arbeit wertschätzen, egal, ob im Rollentausch oder ganz traditionell. Männer und Väter, die ihre Familie lieben und denen wir eine Familienquote wünschen, damit sie ihre Familien weiterhin ernähren können und nicht von einer politisch gewollten, künstlichen Frauenquote ausgebremst werden.
Es ist ein Buch mitten aus dem Leben, aus überraschenden Perspektiven. Zwischen Himmel und Hölle. Wir in Europa, in Deutschland, wir haben die Wahl, unser Leben, unsere Zukunft selbst zu gestalten. Das haben die in diesem Buch auch erwähnten Slumkinder aus Buenos Aires nicht. Wer Kinder haben möchte, warum denn nicht im natürlichen, traditionellen Rollenverständnis?

Warum auch nicht mit einem Hausmann und einer gut verdienenden Frau, die im Berufsleben ihre Erfüllung findet? Aber funktioniert das auch auf längere Sicht? In meinem Fall jedenfalls nicht.

Familienleben muss Spaß machen. Dazu braucht es außer viel Liebe, Geduld und Zeit gute Rahmenbedingungen für Eltern am Arbeitsplatz und zuverlässige, verantwortungsvolle Bezugspersonen zuhause, deren Erziehungsarbeit in den ersten Lebensjahren der Kinder durch ein **ernst zu nehmendes Erziehungsgehalt** unterstützt und **alle Erziehungsjahre im Alter auf die Altersvorsorge angerechnet werden.** Die Familien müssen auf sichere finanzielle und faire steuerliche Bedingungen zählen können und dürfen nicht – wie seit der Rentenreform von 1957 unter Konrad Adenauer - durch die Sozialversicherungssysteme ausgebeutet werden! Das ist verfassungswidrig, wie zahlreiche juristische Fachleute es aufzeigen und anklagen. (Lesen Sie mehr dazu im Anhang)

Einen Haushalt und das Familienleben erfolgreich zu managen ist nicht selbstverständlich. Es ist Arbeit: Hausarbeit, Erziehungsarbeit, soziale Arbeit, von der das Gelingen oder der Untergang unserer Gesellschaft abhängt. Die gefährliche Schieflage ist bereits heute nicht zu übersehen. Unsere Kinder werden es sich nicht gefallen lassen, hohe Summen in Versicherungen und Rentenkassen einzuzahlen, um ein Heer Rentner und Pensionäre, Flüchtlinge, Gestrauchelter, Kranker im Alter zu alimentieren, um später selbst mit einem Almosen knapp über der Grundsicherung abgespeist zu werden. Deshalb gehen zahlreiche Familienverbände an die Öffentlichkeit, auf die Straßen, auf die Barrikaden! Die Starken können und sollen die Last der Schwächeren tragen. Bürdet man ihnen zu viel auf, brechen auch die Starken weg. Werden sie emigrieren, aussteigen, Deutschland den Rücken kehren? Was für ein unersetzlicher Verlust würde das für Deutschland bedeuten!
Deshalb: Der Aufstand der Familien muss kommen und wird kommen, je früher, desto besser für Deutschland. Doch im Angesicht des Ansturms an unseren Grenzen, angesichts dramatisch zunehmender Flüchtlingsströme werden die Familien wieder enger zusammenrücken und Aufstände ganz anderer Art werden unser Leben zukünftig beeinflussen und bedrohen. So lesen sich die ersten Geschichten inzwischen wie Erzählungen aus dem Paradies.

I. Fallgeschichten und Reflexionen

(1) Elisabeth

An warmen Tagen und lauen Abenden, wenn Fenster und Türen weit geöffnet sind, hört man sie bis in die weite Nachbarschaft: Gesang, Flöte oder Klavierspiel. Immer wunderschön, trotz zahlreicher Repetitionen, dann wieder Lachen, Stille.

Meine Nachbarin Elisabeth war erst einundzwanzig Jahre alt, als sie ihr erstes Kind bekam. Heute ist diese erste Tochter Ärztin. Es folgte zwei Jahre später ein Sohn. Dieser ist heute Diplomingenieur und bereits selbst zweifacher Vater. Elisabeth bekam noch mal zwei Kinder, die im Jahr 2011 das *duo mosaique* gründeten, ein musikalisch hoch begabtes Schwesternpaar. Beide studieren bzw. studierten Musik an einer Musikhochschule. Die eine Querflöte, die andere Klavier und Orgel. Als Gymnasiasten fuhren alle vier täglich mit dem Fahrrad über zehn hügelige Kilometer in die Schule, zu Proben, bei jedem Wetter, auch im Winter. Diese Kinder waren fleißig, höflich, freundlich. Kein Anlass zur Klage.

Ich fragte Elisabeth, ob sie es denn nicht bedaure, keinen Beruf erlernt zu haben, niemals berufstätig gewesen zu sein? Welchen Berufswunsch hatte sie damals gehabt, nach dem Abitur 1974? Grund- und Hauptschullehrerin wollte sie werden mit den Schwerpunkten Sport und Biologie. Als sie von ihrer frühen Schwangerschaft wusste, wollte sie nicht mehr wegziehen aus ihrer Heimatstadt Konstanz am Bodensee, wo der Freund und Vater lebte und studierte, der sie selbstverständlich heiraten und bei sich haben wollte. So wie auch sie bei ihm sein wollte. Weingarten, Freiburg, Heidelberg, Ludwigsburg, Esslingen am Neckar, die Pädagogischen Hochschulen saugten im Bildungsrausch der 70er Jahre die Lehramtsstudenten geradezu an. Fünf Zusagen auf einen Studienplatz, Elisabeth hatte die Qual der Wahl. Was tun? Sie bemühte sich um einen Studienplatz für Diplombiologie an der Universität Konstanz, das schien ihr die einzig realisierbare Alternative. Doch leider, eine Absage, kurz vor der problemlosen Geburt. Jetzt wollte sie nur noch eins, bei ihrem Kind sein.

Eine Mutter gehört zu ihrem Kind, das war ihre Devise. Sie hatte gar keine Zeit, der verpassten Ausbildung hinterher zu trauern. Das Leben war so voll und erfüllt, so interessant und machte sie so glücklich. Erst viel später, als die vier Kinder erwachsen wurden und aus dem Haus strebten, fühlte sie kurz ein Bedauern, aber keinen Stachel in ihrem Herz. Denn sie war und ist so vielseitig interessiert und begabt, dass sie nun manches von dem nachholte, was sie neben Haushalt, Kindererziehung, Schulengagements, Garten und Kirchenchor versäumt hatte. Jetzt frischt sie wieder ihr Französisch auf, plant Radtouren mit ihrem Mann: Zu zweit durch die Provence, in die Alpen oder quer durch die Pyrenäen. Daneben töpfert sie und stellt ihre Kunstwerke in Ausstellungen und auf Weihnachtsmärkten aus. Manch eine Schale, diverse Krüge und Kunstgegenstände zieren inzwischen die Haushalte der Umgebung.

Duo mosaique, Juni 2011: Gastkonzert in der Heimatstadt. Ein schweres Programm für Flöte und Klavier. Carl Reineckes „*Undine*" op. 167. Die 29-jährige stellvertretende Soloflötistin an der Staatsoper Hannover brilliert mit großem technischem Können, langem Atem, mit ausdrucksstarker Interpretation. Es folgen Franz Schuberts Variationen über das Lied „*Trockene Blumen*", wobei das virtuose Schwesternduo das Leitmotiv immer wieder hervorhebt und vom Klavier in das zweite Instrument hinüber fließen lässt. Bei der abschließend gespielten Sonate für Flöte und Klavier A-Dur von César Franck bestechen die eleganten Schwestern durch die Leichtigkeit des Spiels im Allegretto ben moderato, im tänzerischen Allegro, dem ruhigen Recitativo. Die abschließende Fantasia wieder leidenschaftlich, stark, wundervoll. Das Publikum begeistert. Rauschender Applaus für zwei großartige junge Musikerinnen.

Unten, auf der großen Steintreppe des „Georgenäums", dem stadteigenen Konzert- und Kulturhaus, wartet Elisabeth mit dem zehnmonatigen Enkelsohn, dem Jüngsten von Bernadette, der Flötistin. Er verschlief das Konzert fast vollständig, beim letzten Allegrette poco mosso fing er an zu weinen. Elisabeth nimmt ihn hoch aus seinem Kinderwagen, legt ihn in ihre Arme. Sie strahlt und lacht mich an. „Bereut? Niemals – diese Kinder und Enkelkinder, sie sind mein Leben, mein Glück, mein Halt!" Eine Journalistin der Lokalredaktion kommt auf sie zu und stellt ein paar Fragen zur Entwicklung und Ausbildung der Töchter. Elisabeth erzählt auch von den Mühen und Kosten, den Durchhängern und Neustarts, denen viele, überwiegend erste Preise, bei Wettbewerben wie "Jugend musiziert" folgten. Vor dem Preis fließt der Übungsschweiß. Das war hier nicht anders als bei Sportlern oder kleinen Forschern.

Oben packt ihr Mann Kamera und Stativ zusammen, hilft beim Aufräumen, nimmt Glückwünsche und Komplimente entgegen, zwinkert seinen Töchtern zu, schüttelt zahlreiche Hände von Musikfreunden und Bekannten. Er plaudert gelassen und ohne großes Gehabe, denn er weiß: Unten wartet Elisabeth. Sie werden zusammen heimfahren, gemeinsam essen, das Konzert und vieles Weitere diskutieren. Sie werden mit ihren Kindern und Enkeln auf der Terrasse zusammensitzen und morgen wird ein neuer schöner Tag beginnen. Wenn wir Glück haben, ist es ein warmer Sommertag oder ein lauer Abend.

(2) Sechs oder sieben auf einen Streich. Aus dem Alltag kinderreicher Familien.

Anne:
Nicht sofort erkenne ich sie wieder, so sportlich und schlank, mit Fahrradhelm und Sonnenbrille, in Begleitung ihres Mannes, ein selbständiger Schreiner, und zwei ihrer mittleren Kinder. Wir halten im nächsten Biergarten, setzen uns in die Sonne und plaudern los.
„Hi Anne, wie viele Kinder habt ihr jetzt"?
„Sieben"!
„Und wie alt ist eurer Jüngstes?"
„Drei"
„Und wo ist das jetzt? Bei Oma und Opa?"
„Nein, zuhause bei den Großen, die Dorothee schmeißt den Laden."
„Wie alt ist die Dorothee inzwischen?"
„Siebzehn. Die kocht und backt wie ein Weltmeister und es macht ihr total Spaß. Wir können uns hundertprozentig auf sie verlassen".
„Jonas, den ältesten Sohn kenne ich noch aus der Kindergartenzeit und später als meinen Schüler. In bester Erinnerung, ein super Junge. Heute 24 Jahre alt wie meine Celina. Was macht er jetzt?"
„Er ist Zimmermann und arbeitet in der Schweiz, in Davos. Dort wird das ganze Jahr über gearbeitet, hier haben sie ihn im Winter rausgeschmissen, um den Lohn zu sparen. So ist das halt in Deutschland. Heute am Personal sparen und morgen über Fachpersonalmangel jammern."
„Anne, mal ganz ehrlich, wenn du könntest, wolltest du mit Frau von der Leyen tauschen?"
„O Gott, nein, NEIN, NIEMALS!"
„Anne, überlege genau: Ministerinnengehalt, Dienstwagen, Chauffeur, wichtige Konferenzen, politische Macht, Einfluss. Du kannst dir Haushälterin, Kindermädchen, Gärtner leisten, eine schicke Villa."
„Ute, hör' auf, was soll das, warum fragst du das? Ich will nicht tauschen, mit niemand. Ich bin glücklich und zufrieden, so wie es ist, auch wenn es manchmal sehr anstrengend war. Ich denke nicht einmal an einen Einsatz in meinem Beruf, der häuslichen Krankenpflege, bei unserer Sozialstation. Nicht einmal stundenweise. Das kommt vielleicht später, die haben immer Bedarf. Da mach' ich mir doch heute noch keinen Kopf."

Gudrun:

Gudrun ist Jahrgang 1954 und hat auch sieben Kinder. Vier Töchter und drei Söhne. Es ist eine reine Musikerfamilie. Gudrun hat Kirchenmusik studiert in Rottenburg am Neckar so wie ihr Mann Volker. Als das erste Kind kam, machten sie gerade Examen. Gudrun spielte weiterhin Klavier und Orgel, gab Privatstunden, komponierte und verschwendete nie einen Gedanken an die Karriere. Es kamen weitere Kinder wie die Orgelpfeifen. Volker arbeitete als Kantor einer großen evangelischen Kirchengemeinde, leitete den Chor, seine Frau war ihm immer eine wertvolle Partnerin und Beraterin. Ohne sie keine Planungen, kein Konzert, keine Freizeit, kein Urlaub. Es ging alles immer glatt über die Bühne mit ihr, durch sie. Gudrun ist unglaublich kreativ, gelassen, humorvoll. Sie beobachtete und kannte ihre Kinder genau. Sie wusste um ihre Bedürfnisse, sie wusste das Wichtige vom Unwichtigen zu unterscheiden. Faszinierend und bewundernswert ist ihre Art, sich sanft durchzusetzen, etwas anzuschieben oder abzubremsen. In dieser Großfamilie gab es so gut wie keine störenden Fremd-einflüsse.

Neben den unausweichlichen Tränen immer wieder Lachen, Geborgenheit, Halt; es gab auch die kleinen Freiheiten und Freiräume unter all den vielen Geschwistern, wo der Einzelne sich nicht so überbetüttelt, so kontrolliert, so im Mittelpunkt stehend fühlte. Virtuelle Welten spielten damals wie heute keine Rolle, dafür die Musik. Jeder singt und spielt ein Instrument. Die Familie machte nicht nur Hausmusik, sondern bildet auch ein anerkanntes Familienorchester. Die erwachsenen Kinder, heute zwischen 31 und 19 Jahre alt, studieren alle etwas mit Musik: Lehramt, Solisten-laufbahn, ebenfalls Kirchenmusik. Die jüngeren gehen noch zur Schule. Es ist kein einziges Problemkind dabei. Kein einziges. Ich frage auch Gudrun:

„Hast du je bereut, keine Karriere gemacht zu haben? Würdest du nicht doch gerne mit Frau von der Leyen tauschen? Oder doch Generalmusikdirektorin sein?"

„Nichts war mir je wichtiger als die Familie. Ich bin Herr meiner Zeit und meine eigene Chefin. Ich führe ein erfolgreiches, prosperie-rendes Unternehmen. Ich bin Ministerin im Inneren, mein Mann, nicht irgendein Mann oder Vorsitzender oder Aufsichtsrat, mein Mann ist mein gleichberechtigter Partner und sozusagen der

Außenminister. Wir teilen Leid und Freud, Arbeit und Freizeit. Uns verbindet die Liebe in Treue, die Kinder und alle zukünftigen Mitglieder unserer Familie, die Musik, unsere Kirchengemeinde und die Gemeinschaft aller Christen. Wir brauchen nur uns selbst, kein Ministergehalt, kein Dienstwagen mit Chauffeur. Wir sind trotzdem reich. Uns fehlt es an nichts. Wir können sogar von unserem inneren Reichtum abgeben an die Gesellschaft".

Denise:
Ist es Zufall, dass auch die nächste kinderreiche Familie in meinem direkten Umfeld eine Musikerfamilie ist? Denise ist von Beruf Krankenschwester, ihr Mann ein Kleinunternehmer. Vier ihrer sechs Kinder gingen und gehen immer noch auf die Schule, an der ich fünfzehn Jahre lang arbeitete. Zwei ihrer Töchter hatte ich in Französisch, es war ein Traum, diese Mädchen zu unterrichten. Ruhig, fleißig und intelligent, anständig im Ausdruck und Kleidung. Da sind wir Lehrkräfte ganz anderen Dinge ausgesetzt, die uns belasten, zermürben, unsere Kräfte verbrennen. Hier nicht. Das ist reine Freude, solchen Jugendlichen zu begegnen. Die vier Brüder spielen Posaune, Trompete, Klavier auf hohem Musikschulniveau, sie bereichern jedes Schulfest, sie heimsen erste und zweite Preise bei „Jugend musiziert" ein auf Landes- und sogar Bundesebene. Die Mutter gertenschlank und gepflegt, immer ansprechbar, wenn Hilfe und Unterstützung gefragt ist von der Elternseite: Chauffeurdienste, Kuchen, Salatbuffet, Elternbeirat.
Auch sie frage ich, ob sie sich mit all den Kindern, den unbezahlten und manchmal auch undankbaren Ehrenämtern nicht ausgebeutet fühlt, ob sie nicht doch lieber Familien- oder Arbeitsministerin sein wolle mit all den Vorteilen an Bezahlung, an gesellschaftlicher Anerkennung, der Altersvorsorge, der Gleichstellung? Oder zumindest in ihrem Beruf wieder Fuß fassen?
„Wo denken Sie hin, Frau Steinheber, das tue ich mir und meiner Familie doch nicht an! Diese Schichtdienste, dieser Stress. Meine Tage sind voll ausgelastet und manchmal wird mir selbst das zu viel. Es ist anstrengend, sehr anstrengend auch ohne Berufstätigkeit. Meine pflegerischen Kenntnisse werden oft genug zu Hause gebraucht. Mein Mann verdient genug, ich bin dankbar. Mehr brauchen wir nicht."

Nicole:
Im März 2011 war ich zum ersten Mal auf Urlaub in der Türkei, in Lykien. Traumhaft schön, dieses Land, das ägäische Meer, all die antiken Kulturstätten: die Altstadt und Basare von Antalya, die schneeweißen Kalkterrassen von Pamukkale, die Ruinenstadt der Nekropole von Hierapolis. Wir baden im 40° heißen Thermalwasserpool eines altehrwürdigen Kurhotels, ich wechsle in das Kaltwasserbecken und fühle mich wie eine griechische Göttin. Ich genieße die Gastfreundschaft, die höflichen jungen Menschen in den Hotels, sehe aber auch die Kontraste zwischen Arm und Reich, zwischen Moderne und Tradition. Obwohl die Arbeitskräfte ausgebeutet werden, ist der Tourismus für viele die einzige Möglichkeit Geld zu verdienen. Aber auch wir Touristen werden ausgebeutet. Überall tauchen Fotografen auf, machen ungefragt Bilder, die sie zu völlig überhöhten Preisen anbieten, ja aufdrängen. An jeder Raststätte sind Souvenirläden und Kaffeeshops, wo die Tasse Kaffee 2,50 und mehr kostet, als sei man in Deutschland. Wir werden in Gold-, Leder- und Teppichmanufakturen geschleust, wo die weniger widerstandfähigen Reisenden gnadenlos abgezockt werden. Ich bleibe standhaft und kaufe nichts.
In der Reisegruppe ist unter den vielen Senioren ein jugendlich wirkendes Paar, geschätzte vierzig Jahre alt. Der Mann geradezu jungenhaft. Volles Haar, schlank und rank, mit verschmitztem Lächeln, charmant und lässig. Die Frau mit langen dunkelblonden Haaren, die sie meist offen trägt. Ich denke, das ist bestimmt ein kinderloses Karrierepaar. Früh morgens schon meditierte sie am Strand, machte wie ich einen Spaziergang, gefolgt von gymnastischen Übungen, noch vor dem Frühstück. Zu meiner Überraschung und Bewunderung zog sie dann ihren Trainingsanzug aus und stieg ins Wasser, um einige schnelle Züge zu schwimmen. Ihre Figur weiche Linien, wohlgeformt. Eingemummelt in ihren Bademantel wagte ich sie anzusprechen.
„Ich bewundere Sie sehr für ihre Disziplin. Ist das Ausgleich für ihren anstrengenden Job?"
Sie lacht mich an. „Danke, ich habe den schönsten Job der Welt und vielleicht auch den anstrengendsten. Ich bin Mutter von sechs Kindern im Alter von zwei bis sechzehn Jahren."
Ich kann es kaum glauben. Eine solche Figur, eine solche Natürlichkeit und Ausstrahlung. Kein Tattoo, kein Silikonbusen,

kein Piercing stören oder verstümmeln diesen wunderbaren Frauenkörper.

„Wissen Sie, ich genieße hier jeden Augenblick alleine oder mit meinem Mann. Meine Eltern passen auf die Rasselbande auf für eine Woche, die Großen können sich schon selbst helfen, aber alleine lassen kann man sie noch nicht."

„Darf ich fragen, was Sie beruflich machen?"

„Ich bin Vollzeitmutter. Studiert habe ich Theologie und Musik auf Lehramt. Mein Mann ist Dirigent eines großen Sinfonieorchesters."

Es mag Zufall sein, diese Häufung von Christen, Krankenschwestern und Musikern. Es ist aber kein Zufall, dass diese Menschen alle glücklich sind und dies auch ausstrahlen. Familien als Fundament unseres Zusammenlebens. Zweimal sieben und zweimal sechs macht sechsundzwanzig. Sechsundzwanzig plus vier Frauen und vier Männer. Vierunddreißig mal Liebe, hoffnungsvolle Zukunft. Diese vier Familien sind nur ein kleiner Ausschnitt aus meinem persönlichen Umfeld. Hoffnungsvolle, intakte, vollständige Familien, die unsere Gesellschaft bereichern. Glaubten Sie wirklich, das gäbe es nicht mehr?

Im Bündnis „Rettet die Familie" und in weiteren Verbänden sind Hunderttausende Mitglieder, die wiederum Millionen Angehörige vertreten, vereint. Hier eine Auswahl von Internet-Adressen, die Sie interessieren könnten:

Agens e.V. - www.agens.de
Bündnis „Rettet die Familie e.V." - www.rettet-die-familie.de
DVCK-Aktion Kinder in Gefahr - www.aktion-kig.de
Familiennetzwerk - www.familie–ist-zukunft.de
Frau2000plus e.V. - www.frau2000plus.net
Forum Familiengerechtigkeit - www.familiengerechtigkeit-rv.de
Gabriele Kuby - www.Gabriele-Kuby.de
Initiative Familienschutz - www.familien-schutz.de
Initiative Schützt unsere Kinder - www.zukunft-familie.org
Starke Mütter e.V. - www.starke-muetter.com
Stiftung Familienwerte - www.stiftung-familienwerte.de
Verantwortung für die Familie e.V. – www.vfa-ev.de
Verband für Familienarbeit e.V. - www.verband-familienarbeit.de
Verband kinderreicher Familien Deutschland e.V. - www.kinderreichefamilien.de

(3) Doktor K. – aus dem Alltag eines alleinerziehenden Vaters

Ich lernte Dr. K. 2008 auf einer familienpolitischen Tagung kennen. Er sprach über sein Leben als allein erziehender Vater von zwei Söhnen. Er erläuterte, wie er trotz aller Bemühungen chancenlos war, Beruf und Familie zu vereinbaren. Einst hoch bezahlter Wissenschaftler und Angestellter eines großen deutschen Unternehmens, danach Forschungstätigkeit in den USA, dann als Geschäftsführer eines innovativen Consultingunternehmens im Bereich erneuerbarer Energien tätig.

Der promovierte Naturwissenschaftler heiratete. Kurz nach der Geburt des zweiten Sohnes erkrankte seine Frau völlig unerwartet an einer besonders schweren Form von Multipler Sklerose. Ein dramatischer Einschnitt in das junge, erwartungsvolle Familienglück. Als Vollwaise hatte Dr. K. keinerlei Familie, auf die er zurückgreifen konnte. Die einzige Familienangehörige, die Mutter seiner Frau und damit jetzt die leibliche Großmutter zweier Kleinstkinder, machte sich mit juristischer Rückendeckung von einer Anwältin aus dem Staub – zur Selbstverwirklichung. Ihr letzter „Beitrag" war der Vorschlag, die beiden Kleinstkinder, also ihre Enkel, in ein Kinderheim abzuschieben. Das kam für Dr. K. nicht in Frage. Was damals auf diese Weise begann, war eine Art Feldversuch, als Mann, ohne jede familiäre Unterstützung, komplett alleine Beruf und Familie zu vereinbaren.

Dr. K. engagierte zeitweise eine Haushaltshilfe und begann, neben seinem Beruf seine Frau zuhause zu pflegen und sich um seine Söhne zu kümmern, die so neugierig und voller Freude hinaus ins Leben wollten. Seine berufliche Leitungstätigkeit musste er aber bald aufgeben: Ein neuer Geschäftsführer war eingesetzt worden. Der hochbegabte Wissenschaftler war an den Rand gedrängt und kurz danach am Vorabend des Weihnachtsfestes gekündigt worden. Begründung: „Sie sind nicht voll einsatzfähig". Rein menschlich war ihm der Zusammenhalt seiner Familie diese Degradierung wert. Finanziell bezahlte er sie mit erheblichen Mitteln aus den angesparten Rücklagen. Hätte Dr. K. Pflege seiner Frau und die Betreuung der Kinder völlig „outgesourct", also fremd vergeben, hätte dies damals mit circa 11.000 DM zu Buche geschlagen. Pro Monat. Unbezahlbar und menschlich nicht in Ordnung, fand der junge Vater. Also kümmerte er sich um seine Familie – es war ja niemand anderes da – um dann schon bald Arbeitslosengeld zu beziehen.

Es war für ihn eine eigenartige Situation, Geld zu beziehen für etwas, was er nicht tat, nämlich nicht außerhäuslich erwerbstätig zu sein. Es war für ihn gleichzeitig aber schmerzlich zu sehen, dass er für das, was er tat, weder Geld noch Anerkennung erhielt.

Der Zustand der jungen Mutter verschlechterte sich zunehmend so sehr, dass sie nach zwei Jahren intensivster häuslicher Pflege schließlich doch – völlig gelähmt und sprechunfähig – in ein Heim gegeben werden musste. Durch die Heimunterbringung seiner Frau wurde die Situation zuhause zwar etwas leichter, aber dafür deckten die Zuschüsse vom „Pflegeamt" nun bei Weitem nicht die Kosten. Dr. K. wurde nun selbst zum Sozialfall.

Alle Bemühungen, wieder in den Arbeitsmarkt zu gelangen, scheiterten. Als alleinerziehender Vater mit zwei Kindern war er nicht vermittelbar. Er versuchte es mit einer freiberuflichen Tätigkeit, mietete ein Büro, versuchte sich als wissenschaftlicher Unternehmensberater. Was man ihm nicht sagte, war, dass die dafür notwendige Kinderbetreuung vom Arbeitsamt nicht als „Werbungskosten" anerkannt wurden, gleichzeitig jeder Verdienst aber sofort auf die Arbeitslosenhilfe angerechnet wurde. So war er schnell und aussichtslos im Minus. Er strengte einen Musterprozess an und verlor. Er stieg aus.

Nach 3 Jahren im Pflegeheim starb seine Frau. Dr. K. versuchte nun auch privat wieder eine Familie zu gründen, was sich aber als sehr schwierig erwies. Obwohl bestens ausgebildet und chancenreich auf dem Arbeitsmarkt, wenn ihm eine Frau den Rücken freigehalten hätte, obwohl attraktiv, verantwortungsvoll, intelligent und fürsorglich, interessierten sich nur ebenfalls allein erziehende Frauen für ihn. Aber nicht, um sich in der Mutterrolle um die Kinder zu kümmern, sondern eher, um die eigene Mutterrolle abzugeben. So verliebte sich Dr. K. in eine Studienrätin für Mathematik und Physik und erzog auch deren damals einjährigen Sohn gemeinsam mit seinen Söhnen in der neuen Patchwork-Familie, musste aber gleichzeitig feststellen, dass seine neue Partnerin vor allem an ihre Karriere dachte. Und dass sie ihm damit seine eigenen beruflichen Absichten gleichzeitig zunehmend verbaute. Das ging acht Jahre mehr oder minder gut, dann zickte die Dame aber so, dass ihm der Kragen platzte und er „auf den Tisch haute". Dr. K. spürte nun die Folgen des Zeitgeistes der Emanzipation. Dass ein Mann eigene Vorstellungen hat und die auch noch vertritt, ist offenbar nicht mehr üblich. Seine Partnerin verweigerte jedes Gespräch, stattdessen erfolgte die Trennung, die drei pubertierende Jungen in einem kritischen Alter völlig verwirrt zurück ließ. Dr. K. sorgte seitdem alleine für seine beiden Söhne.

Die Söhne von Dr. K. haben inzwischen beide ein Spitzenabitur abgelegt und studieren naturwissenschaftliche Fächer und BWL, der Jüngere gewann einen Bundespreis bei „Jugend forscht". Es sind Leistungsträger von morgen. Im Jahre 2011 startete dieser hoch qualifizierte Mann, der sich nie unterkriegen ließ, seine zweite Karriere als Autor und gefragter Redner auf internationalen Kongressen zu sozialökonomischen Themen.

Der ungewöhnliche Weg dieses eigenwilligen und starken Mannes hat mich sehr bewegt. Im persönlichen Gespräch erwähnte er immer wieder seine verstorbene Frau, sein Liebe zu ihr. Seinen Glauben an die Bindungsfähigkeit, Liebesfähigkeit und Rücksichtnahme der modernen Frau hat er allerdings wie viele seiner Männerfreunde schon fast verloren. Immer wieder sind ihm Schicksale verlassener, betrogener, verleugneter Väter begegnet, die an ihren zunehmend egoistischen Partnerinnen scheiterten.

Als Vater von zwei Söhnen denkt er oft über die heutige Stellung der Männer in unserer Gesellschaft nach, die von der feministischen Bewegung nur noch abgewertet und als Problem stilisiert wird. Die Männer in Deutschland, die er in der Regel als sehr verantwortungs-bewusst kennenlernte, sind nach seiner Erfahrung oft nur noch zu zwei Dingen gut: Als Erzeuger und Zahlmeister, wenn „frau" sich kurz vor Ablauf ihrer biologischen Uhr doch noch besinnt, Mutter zu werden. Und – fallen die Zahlungen einmal tatsächlich aus – hilft ja immer noch „Vater Staat".

Bindung ist, was uns glücklich macht (Reflexion)

Die Bedeutung der Bindung für das menschliche Wesen kann nicht genug betont und wiederholt werden. Bindung ist die Grundlage einer gesunden seelischen und körperlichen Entwicklung und Reifung.
Auch wenn die politische und emanzipatorische Bewegung das Gegenteil behauptet und die Unabhängigkeit und Freiheit der Frauen und Mütter durch einen möglichst schnellen Wiedereinstieg ins Berufsleben fordert, befinden wir uns damit auf einem fatalen Irrweg. Das ist nichts weiter als knallharte Arbeitsmarkt und Wirtschaftspolitik, denn der demographische Wandel beschert uns schon heute einen dramatischen Kinder- und Fachkräftemangel. Die Industrie stellt sich bereits auf weniger Wachstum ein und beutet befristet Angestellte aus. Junge Fachkräfte werden in Praktika geparkt, häufig mit schlecht bezahlten Verträgen abgespeist. In typischen Frauenberufen sind gut ausgebildete Frauen begehrt und werden dringend gebraucht. Als Ärztinnen und Krankenschwestern, in der Altenpflege, als Erzieherinnen und Arzthelferinnen. Viele bestens ausgebildete Lehrerinnen wurden jahrelang nach dem Referendariat nicht übernommen. Die meisten von ihnen gründeten gemeinsam mit ihren Männern eine Familie und leisteten damit einen unverzichtbaren generativen Beitrag zum Überleben unserer Gesellschaft.

Heute ist der Markt fast leergefegt. Es fehlen durch die Umsetzung der Inklusion vielerorts Sonderschullehrerinnen, die Herausforderung zur Integration Hunderttausender Flüchtlinge in Vorbereitungsklassen der Schulen und Berufsschulen erfordert tausende neuer Lehrerstellen zum Erlernen der deutschen Sprache. Die Bedeutung all dieser Frauen in ihrer natürlichen Rolle als Mütter und Garantinnen weiterer Generationen wird herunter gespielt. Sie werden heute geradezu in die Erwerbstätigkeit gedrängt. So dreht sich die Spirale einer kinderlosen Gesellschaft immer weiter.

Schon heute, im Jahre 2015, sind rund ein Drittel der Schülerinnen und Schüler verhaltensauffällig, depressiv oder aggressiv, müde, traurig, antriebslos, Schon heute wachsen ca. 35% der Kinder unehelich oder bei Alleinerziehenden auf. Wir kennen das Armuts- und Bildungsrisiko dieser Gruppe. Wir spielen den sozialen

Sprengsatz herunter, der unsere Gesellschaft schon bald implodieren lassen kann.

Die Leistungsträger brennen aus, die Antriebslosen lassen sich alimentieren, die Fehltage aufgrund psychischer Erkrankungen und Frühverrentungen infolge von Überlastung nehmen dramatisch zu und verursachen einen milliardenschweren Verlust für die Volkswirtschaft. Warum tun wir uns das an? Warum verzichten wir auf so einfache wie schöne Beschäftigungen wie lesen und vorlesen, wie schwimmen oder ins Kino gehen? Warum verzichten wir auf Einladungen und Konzerte oder gemütliche, selbst gekochte Mahlzeiten? Für wen oder was rackern wir uns im Alltag ab bis zur völligen Erschöpfung, bis zum Umfallen?

Die nicht berufstätige Mutter wird als rückständig und dümmlich verspottet, eine Herdprämie ist Unwort des Jahres, um das lächerliche, für eine gleichberechtigte Wahlfreiheit zwischen Fremdbetreuung und Selbstbetreuung völlig unzureichende Betreuungsgeld wird gestritten und gezetert, schließlich abgeschafft. Das Gebot einer fairen Wahlfreiheit, sprich Gleichwertigkeit innerfamiliärer Früherziehung, wird gar als Rückschritt bezeichnet. In den Krippenausbau werden hingegen Milliarden investiert. Was für ein Irrweg! Ist Fremdbetreuung der Weg zum Glück?

Leider sind immer mehr junge Mütter und Väter – neben ihrer anstrengenden Erwerbstätigkeit – völlig überfordert und vertunsichert von ihrer Elternrolle. Der intuitive Bezug zum Kind fehlt, sie verstehen nicht, was es gerade braucht oder fühlt, ob es Hunger hat oder Durst, müde ist oder kränkelt. Sie würden es ohne frühzeitige professionelle Beratung und Betreuung gar nicht mehr schaffen. Das ist Entfremdung von der Natur, von der natürlichen Bindung, es bedeutet den Verlust typisch mütterlicher Intuition.

Die enge zwischenmenschliche körperliche und emotionale Bindung zwischen Mutter und Kind wird begleitet und verstärkt durch die Ausschüttung des Glücks- und Bindungshormons Oxytocin, das an den Rezeptoren des Emotionszentrums im Mittelhirn andockt und unbeschreibliches Wohlgefühl hervorruft. Gleichzeitig werden in benachbarten Gehirnregionen, den Mandelkernen, Schmerzempfindungen gedämpft, was im gesamten Schöpfungsakt, insbesondere bei der Geburt und beim Stillen von Bedeutung ist. Selbst schon der Gedanke an geliebte Personen führt zur Oxytocin-Ausschüttung, ein

Gefühl des Glücks und der Sicherheit stellt sich ein. Deshalb machen Familienarbeit und Hausarbeit durchaus glücklich, wenn sie anerkannt und Wert geschätzt wird und dies auch so erlebt und gefühlt wird. Auch nach Jahrzehnten kann von klein auf erlebte emotionale Sicherheit und ein gesundes Selbstwertgefühl vor traumatischen Erlebnissen schützen oder die erfolgreiche Verarbeitung von Traumata ermöglichen, so der Psychotherapeut Albert Wunsch (siehe Buchrezension im Anhang).
Deshalb ist eine enge Eltern-Kind-Bindung so wichtig, ja ein Naturgesetz, das in unserer modernen Zeit auf dramatische Weise missachtet und verleugnet wird. Der Ruf nach Krippenerziehung erschallt, zerbrechende Familien, überforderte Alleinerziehende, Gewalt und Missbrauch sind keine Randerscheinungen mehr. Christliche und familiäre Werte zerfallen, wo gibt es Halt und Orientierung? Bei all der Suche nach Erfolg, Konsum, Karriere, wo bleibt die Menschlichkeit?

Trennung heißt immer auch Schmerz. Die Gegenspieler von Oxytocin und Dopamin, Glutamat und Cortisol, werden ausgeschüttet. Stresshormone, die den Puls beschleunigen, Angst erzeugen und die beruhigenden körpereigenen Opioide außer Kraft setzen. Das „Panikorchester" (siehe Joachim Bauer Prinzip Menschlichkeit, Heyne, S.64/65) des Körpers wird in Gang gesetzt einschließlich der Psyche. Die gesamten Motivationssysteme des Menschen können abstürzen, eine depressive Episode einleiten, Selbsttötungsgedanken hervorrufen oder sich in Aggression und Hass verwandeln. Es verwundert nicht, dass in Familien, wo verantwortungsbewusste erwachsene Bezugspersonen und Vorbildder fehlen, sich bereits Kleinkinder an Gleichaltrigen orientieren, als Jugendliche kaum noch lenkbar sind und eine fatale Entwicklung nehmen, ohne jemals lebenstüchtig zu werden. Beziehungsstörungen oder Verluste von Bezugspersonen (in der medizinischen Fachsprache OBJEKT genannt) gehören zu den seelisch schmerzlichsten Phänomenen, die häufig auch körperlich krank machen. Eine riesige Palette psychosomatischer Erkrankungen zeugt davon.

Die Bindungsbeziehungen zur Mutter sind in den ersten drei bis sechs Jahren außerordentlich wichtig, aber auch die Fürsorge des Vaters beeinflusst die Herausbildung von Identität und emotionaler Sicherheit. Familiäre Erfahrungen gestalten den Selbstwert und prägen das Kind in seinem Verhalten. Sind diese Beziehungen nicht intakt, so können daraus vielfältige Entwicklungs- oder Persönlichkeitsstörungen entstehen. „Familie ist ein Ort des Glücks und der Geborgenheit oder aber der Ort, wo Neurosen ihren Ursprung finden." (A. Janov)

Das Bindungsbedürfnis des Menschen ist so stark, dass er sich in einer Notlage oder als abhängiges Kind oder Jugendlicher sogar an verantwortungslose, vernachlässigende oder gar misshandelnde Personen bindet. Er bindet sich an den, der da ist, der sich um ihn kümmert und sei es mit Schlägen, Drohungen, Demütigungen und Missbrauch. Dieses als STOCKHOLM-SYNDROM bekannte Phänomen von Liebe, Abhängigkeit und Komplizenschaft zwischen Opfern und Tätern zitiert auch die Feministin und Ex-Chefredakteurin der taz, Bascha Mika, in ihrem Buch *„Von der Feigheit der Frauen"*. Allerdings zieht sie den Umkehrschluss, dass die Mutterschaft an sich schon eine Geiselnahme sei. Sie, die Mutter, also das Opfer. Das Kind, der Vater, die soziale weibliche Rollenerwartung sind die bösen Täter und Umstände. So kann man die natürliche Ordnung auf den Kopf stellen und wundert sich dann über die Folgen. Welch eine Perversion!

Fehlen dauerhafte vertikale Bindungen innerhalb der Familie und Gesellschaft, also Wissens- und Wertevermittlung von oben nach unten, von alt nach jung, von Erfahrenen zu Unerfahrenen (das heißt: Zeit, Schutz, Zuwendung und Liebe von Eltern zu ihren Kindern, von Älteren zu den Jungen, von Lehrern zu ihren Schülern, von Erziehern zu ihren Schützlingen), so suchen sich Kinder schon im Kindergarten Gleichaltrige als Halt und Orientierung. Diese horizontale Wertesuche zielt ins Leere, denn der Unreife kann dem Unreifen, der Blinde dem Blinden und der Lahme dem Lahmen nicht wirklich weiterhelfen auf seiner Suche nach dem Selbst, dem Ich, dem Wert seiner Persönlichkeit. Das Resultat ist Gleichschaltung, Abhängigkeit, Hilflosigkeit, wiederum Aggression und keineswegs die erhoffte Kreativität, Freiheit und Erfüllung eines selbst bestimmten Lebens.
Neueste Forschungsergebnisse (Universität Amsterdam) weisen nach, dass starke Oxytocindosen auch aggressiv machen können. Das erklärt die Gefährlichkeit von Muttertieren aus dem Tierreich wie auch übertriebene Fürsorge und vehemente Abwehr von

Eindringlingen in ihre Hoheitsgebiete bei nur auf den Nachwuchs fixierten Frauen und Müttern. Das erklärt Macht- und Besitzansprüche sowie Eifersucht. Auf Ethnien bezogen bedeutet diese Abwehr in ihrer extremen Form Fremdenfeindlichkeit bis hin zum Rassismus. Leider können wir solche Tendenzen heute in Deutschland wieder beobachten.

Dazu eine Anekdote: Die Bindungsforscher Gordon Neufeld und Georg Maté berichten, dass in der kanadischen Ausgabe ihres Buches mit dem englischen Namen „Peer group" das Kapitel aus dem Tierreich gestrichen werden musste, wo Tierforscher im Experiment in einer Elefantenherde die jungen Bullen vom Rest der Herde trennten und beobachteten. In Abwesenheit der Mutterkühe, der weiblichen Jungtiere und der alten Bullen fingen sie an zu wüten und zu randalieren. Sie quälten, töteten und zerstörten alles, was ihnen in den Weg kam. Insbesondere hatten sie es auf ein weißes, also artfremdes Nashorn abgesehen. Erst als die erwachsenen Elefantenbullen wieder auftauchten und dem Treiben ein Ende setzten, konnten die Jungbullen in Schach gehalten und wieder sozialisiert werden.

(4) Katrin – aus dem Alltag einer Karrierefrau

Sie spricht nicht mehr. Sie geht nicht ans Telefon, beantwortet keine E-Mails. Nichts geht mehr. Nichts. Rien ne va plus. Katrin hat ein 15-Punkte Abitur und ein Spitzenexamen. Sie ist Ärztin. Ihr Mann ist ein hervorragend verdienender, erfolgreicher Unternehmer. Ein Selbständiger, ein Getriebener. Von Beruf Maschinenbauingenieur. Michael hatte Herzschmerzen und Schlafstörungen. Beide waren überzeugte Familienmenschen, leidenschaftliche Triathleten. Sie schwammen, radelten, rannten in jeder freien Minute.
Davon gab es nicht mehr viel, seit sie zwei Kinder haben und keine Aupair-Hilfen mehr im Hause ertragen. Sieben waren es in knapp fünf Jahren. Sieben junge Männer und Frauen. Sie kamen aus Ghana, Russland, Frankreich, Australien. Sie wurden immer schwieriger. Die letzte war internetsüchtig und schloss die Kinder in ihr Zimmer ein, um ungestört surfen zu können. Sie hatte 900 Facebook Freunde, aber keine wirklich zwischenmenschlichen Beziehungen. Sie konnte nicht kochen, sie fütterte und futterte nur Joghurt und Obst. Es gibt Schlimmeres.
Katrin weiß das, sie arbeitet an einem Universitätsklinikum als Kardiologin. Sie kennt die Zusammenhänge und Folgen von Ernährung, Stress, Bewegungsarmut und Drogen. Insbesondere Alkoholmissbrauch und Nikotingenuss. Das ist ihr tägliches Brot. Dienst von 7 Uhr morgens bis mindestens 17 Uhr nachmittags. Oft wurde es auch 20 Uhr. Wochenenddienste. Bereitschaftsdienste. Piepser. Immer erreichbar. Immer auf dem Sprung. Seit drei Monaten ist sie lahm gelegt. Arbeitsunfähig. Witwe.

Ihr Mann war einem Herzinfarkt erlegen, genauer einer Cholesterinembolie der Herzkranzgefäße. Die Obduktion ergab riesige Plaques. Ablagerungen aus Kalk und Fett. Die Ursachen bei diesem sportlichen Mann: exzessiver Kaffeegenuss, Stressrauchen, zu reichliches und zu fettes Essen. Stress pur. Heute in der Türkei, morgen Ägypten, eine Woche USA, drei Tage Paris. Aufstehen um vier Uhr morgens. Jetlag. Schlafmittel, Kopfschmerztabletten, Bier, viel Bier, manchmal auch Schnäpse. Zuviel von allem. Stattdessen zu wenig Zeit. Zuwenig Ruhe. Zuwenig Erholung.
Sie hatte ihn immer wieder gewarnt. Vergeblich. Katrin ist Witwe. Sie ist tapfer. Sie kämpft sich durch. Zwei Kinder ohne Vater. Er arbeitete

doch für sie, seine Familie, seine Kinder. Für das tolle Haus und weitere Immobilien als Sicherheiten, den großen Garten, den Naturschwimmteich. Das riesige Wohnmobil steht in der Einfahrt. Sie wurde extra vergrößert. Es hat Platz für vier Fahrräder, zwei Schlafkabinen, Dusche, WC, Wohnraum, Küchenzeile. Nichts fehlt. Nur Michael fehlt. Sie wollten alles schaffen. Sie waren so stolz und zuversichtlich. Sie könnten alles schaffen. Alles auf einmal, ist doch kein Problem. Sport, Beruf und Familie. Kinder und Karriere. Katrin ist erst 38 Jahre alt. Turboabitur mit 17 Jahren, Turbostudium, Facharztausbildung, so nebenbei zwei Schwangerschaften, Geburten, keine Stillzeiten. Michael wurde 45. Die Kinder sind sechs und drei Jahre alt. Die Kita und Schule bieten inzwischen Ganztagesbetreuung. Es geht auch ohne Au pair. Jetzt muss es auch ohne Mann und Vater gehen.

Katrin ist Ärztin. Sie geht nicht mehr ans Telefon. Sie schreibt und beantwortet keine Mails. Die Kiste bleibt aus. Sie bezahlt keine Rechnungen, Briefe und Mahnungen bleiben ungeöffnet. Das Büro ist geschlossen. Sie hat keinen Piepser mehr. *Rien ne va plus.* Nichts geht mehr.

Von den Großeltern kommt keine Unterstützung, sie sind bereits früh verstorben. Die Schwiegereltern sind weit über achtzig Jahre alt und gesundheitlich angeschlagen. Sie brauchen selbst Hilfe und Unterstützung, Chauffeurdienste, Begleitung zum Arzt etc.

Katrin und die Töchter liegen am Schwimmteich, die Holzdielen sind noch warm. Die untergehende Sonne scheint rötlich durch die hohen Kiefern, den Ahorn. Ein paar Grillen zirpen, Vögel flattern, die Blätter rauschen leicht in einer Brise. Die Kinder schmiegen sich an ihre Mutter.

„Mama, es macht nichts, dass du nicht redest. Du bist da. Endlich bist Du für uns da. Der Papa, ist der jetzt im Himmel?"

Katrin fühlt zum ersten Mal seit Jahren innerliche Ruhe. Frieden. Kein Piepser würde sie stören, kein Wecker klingeln. Die Sonne würde sie morgen erst gegen neun Uhr wecken. Hier auf diesen warmen Holzdielen. Allein der Gedanke an das gemeinsame Schlafzimmer, das leere Bett, verursacht einen solchen Schmerz. Nie wieder würde sie dort mit ihm liegen. Nein, sie würde morgen mit ihren Töchtern hier draußen unter einer Decke aufwachen, gähnen, sich strecken. Sie würden in den Teich springen, um sich zu erfrischen. Sie würden Tee trinken und einen alten Kanten Brot essen, das restliche Obst aus der Schale fischen und ein Gebet sprechen: „Komm lieber Jesus, sei unser Gast und segne, was du uns bescheret hast. Segne uns und diesen neuen Tag. Gib uns die Kraft zu leben und zu lieben, auch was du uns genommen hast. Amen". Morgen vielleicht könnte sie wieder sprechen. Morgen vielleicht. In ihrem Innern formulierte sie schon die Worte: Ich will zu Hause, ich will bei euch sein. Und sie begann zu weinen, endlich aufgewacht aus der lähmenden Starre, konnte sie erstmals wieder weinen und damit ihren Gefühlen freien Lauf lassen.

Aus der Arbeit des Elternbeirats: ein Elternbrief aus dem Jahre 1997

Wer meint, nicht berufstätige Mütter würden nur *"dumpfbackig zu Hause herum sitzen"* (Zitat von Alice Schwarzer) täuscht sich gewaltig. Unter ihnen sind selbstverständlich Frauen, die eine hohe Bildung und viele Talente besitzen. Es sind Lehrerinnen und Sekretärinnen, Rechtsanwältinnen oder Versicherungskauffrauen, Ärztinnen oder Krankenschwestern, Arzthelferinnen, Redakteurinnen oder Unternehmerfrauen. Wir alle hatten damals gemeinsam, dass wir mit Freude unsere Kinder auf ihrem Bildungsweg begleiteten und förderten, bis sie selbständig genug waren, weitere Schritte alleine zu gehen. Dann konnten auch wir Mütter wieder mit Freude unseren Weg in die Selbständigkeit gehen. Wir hielten währenddessen unseren Ehemännern den Rücken frei für ihren beruflichen Weg, wir hielten zusammen in schwierigen Momenten. Unsere Familien zerbrachen in der Regel nicht. Unsere Kinder spielten nachmittags auf den Straßen und Höfen und waren noch nicht in Kitas und Ganztagsschulen eingesperrt. Sie waren zumindest einige Stunden am Nachmittag frei, kreativ, wild, verschwitzt und schmutzig, aber glücklich!

„Unsere Seele geht nur am Gängelband, gebunden und den Regungen fremden Willens unterworfen, hörig und geknebelt unter der Fuchtel ihrer Unterweisung. Man hat uns so sehr an die Leine genommen, dass wir des freien Gangs entwöhnt sind. Unsere Kraft und Freiheit sind dahin."
Michel de Montaigne (1533-1592): Über die Kindererziehung (1572)

Liebe Eltern, *September 1997*

mit diesem Elternbrief wollen wir uns diesmal auf eine andere Art aus dem Kindergartenjahr verabschieden. Die Worte des französischen Denkers und Schriftstellers Montaigne sowie die Gedanken der italienischen Ärztin und großen Pädagogin Maria Montessori (1870-1952) sollen Anlass geben, über unsere Aufgabe, über unsere Verantwortung für unsere Kinder und die Gemeinschaft unter ganz anderen Gesichtspunkten als unseren eigenen, vielleicht sehr begrenzten, nachzudenken.
In einer Zeit weit verbreiteten Wohlstands, grenzenloser Freiheiten und Ansprüche lassen wir insbesondere die Reformpädagogin Maria

Montessori in Zitaten zu Wort kommen, die noch zu Beginn des 20. Jahrhunderts unter der bitteren Armut ihres Landes, unter dem autoritären Drill einer Schule gelitten hat, die sie als „Höllenpforte" empfand und die sie ändern wollte und sollte:

Begleitung des Kindes auf seinem Bildungsweg.
Mit Gewalt auf das Gymnasium? Das ist unser Plan von seinem Bildungsweg. Warten wir doch gelassen ab, wie sich das Kind entwickelt, wo seine Neugier, seine Begabungen und sein Lernverhalten es hinführen. „Mit dem Kind gehen", dieses Zitat aus den Londoner Vorträgen Maria Montessoris von 1946 könnte als Devise gelten, unsere heranwachsenden Kinder auf ihrem Weg durch die Institutionen zu begleiten, „ohne die innere Führung an sich zu reißen". Dieser Weg beginnt für uns Eltern in Deutschland heute in der Regel im Kindergarten für Kinder ab drei Jahren.

Frühzeitiger, auch wenn es heute politisch korrekt ist, ist das Kind nicht bereit, ohne uns zu gehen. Es braucht die mütterliche oder väterliche Führung und Nähe mehr als alles andere, um zu reifen, um seine Persönlichkeit zu entdecken und seine Umgebung zu erforschen. Diese Tatsache ist zeitlos, war früher wie heute gültig und wird es immer sein. Maria Montessori sagte: „Das Kind liebt es zu gehen; der Erwachsene muss mit ihm gehen und nicht umgekehrt. Man lasse das Kind gehen und merke sich, wie es geht: es erforscht die Umgebung."
In diesen Aussagen steckt große Weisheit. Dazu sammelten wir Elternbeirätinnen auf unserer letzten Sitzung Beobachtungen.

Aus dem HIER und HEUTE und	**Zitate von GESTERN**
Ich will, ich will, ich will aber...	„Hilf mir, meine Grenzen zu erkennen." M. Montessori
Termine, Ermahnungen, Geschrei, ich habe keine Zeit, Stöpsel im Ohr	„Hilf mir, die Stille zu entdecken." M. Montessori
Anziehen? Schuhe binden? Ordnung halten?	„Hilf mir, es selbst zu tun." M. Montessori
Welche Freundin, welches T-Shirt? Welche Schule? Welches Hobby?	„Reiße nicht die innere Führung an dich." M. Montessori

Mit dem Auto in den Kindergarten und die Schule. Schnell, schnell, mach schon.

„Wir sind des freien Gangs entwöhnt." M. Montessori

Unser Kind wird sicher einmal Abitur machen, später Medizin studieren

„Begleite mich auf meinem Weg." M. Montessori

Mit den besten Wünschen für Ihren gemeinsamen Weg durch die Kindergartenzeit und alle weiteren Bildungsinstitutionen. Für uns scheidende Elternbeirätinnen wie für alle Eltern der Vorschüler wünschen wie alles Gute auf unserem zukünftigen Weg durch die Grundschulzeit. Bleiben wir gelassen und geben unseren Kindern Zeit, sich zu entfalten

Der Elternbeirat 1997
Ute St., Hanni Z., Mechthild B., Sabine H., Elke K., Gudrun S.

P.S. Anlässlich der 25-Jahre-Kindergarten-Neuhengstett-Feier am 18. April 2015 las ich als amtierende Gemeinderätin und Mitglied des Kinderartenausschusses Teile aus diesem Brief und einige Zitate Maria Montessoris vor. Haben diese Worte der großartigen Reformpädagogin, die wir einst als Kindergartenmütter der ersten Stunde zitierten, an Bedeutung verloren? Sind sie nicht immer noch und immerwährend gültig?

Naturgesetze haben keine Verfallsdaten. Immer noch gilt „Hilf mir, es selbst zu tun" und „reiße nicht die innere Führung an dich" ...

Leider werden diese Entwicklungsprozesse nicht immer von unerfahrenen Eltern erkannt und berücksichtigt. Die Moderne erzwingt eine kindliche Entwicklung im Sauseschritt, viel zu früh erfolgt die Trennung von den Müttern in die Fremdbetreuung, Fremdspachenlernen vor der Muttersprache, Förderung und Überforderung auf allen Ebenen, ein übervoller Terminkalender schon für die Kleinsten, statt freies Spielen, Ruhe, Stille, in der sich erst die kindeseigene Kreativität entfaltet, das eigene „Ich" formt und das Kind zu dem führt, was es selbst will und kann. Ohne Zwang, ohne fremden Willen, leicht und freudig.

Die Bedeutung der Muttersprache (Reflexion)

Warum ist das Sprechen der Muttersprache so wichtig? Ist sie nicht die elementar wichtige Grundlage späterer Kulturtechniken wie Lesen und Schreiben? Dort, wo wenig mit Kindern gesprochen wird, werden später einmal grundlegende Fertigkeiten und Kenntnisse fehlen. Neben dem Bonding, das bereits angesprochen wurde, die liebevolle Zuwendung und Bindung zum Kind, werden durch das Sprechen der Muttersprache im Kleinkind die sprachlichen Strukturen im Gehirn angelegt. Die Phonetik, die Aussprache der Wörter, die Intonation, die Wort- und Satzmelodie graben sich ins kleinkindliche Gehirn durch unendliche Wiederholungen. Immer wieder sucht der Säugling und das Kleinstkind den Blickkontakt zur Mutter und den anderen Bezugspersonen, die sich um es kümmern. Dies gibt ihm emotionale Sicherheit und Rückmeldung.

In den ersten drei Jahren ist das Erlernen der Muttersprache und nicht Zwei- oder Mehrsprachigkeit von Bedeutung. „Warum hast du mit mir nicht französisch gesprochen, als ich klein war", fragt mich meine jüngere, heute erwachsene Tochter etwas vorwurfsvoll, die heute gerne besser französisch sprechen würde.

Ich muss zugeben, dass ich es versäumte, weil ich es als Deutsche, in Deutschland lebende Frau künstlich fand. Ich wollte meine Lehrbefähigung in diesem Fach und meine Lieblingssprache nicht missbrauchen. Ich sang ihr allerdings häufig französische Wiegenlieder vor, die ich von meiner Freundin Chantal gelernt hatte. Vielleicht weckte genau das, dieses unaufdringliche leise Singen abends am Bett der Kleinen ihr Interesse? „Mama, was macht der „*coq*" mit dem Huhn? Tanzt es noch? Muss es wieder auf das Dach und ein Ei legen? Singst du es nochmal auf Deutsch? Oder das Lied vom Müller und dem schnellen Mühlrad und natürlich *frère Jacques, frère Jaques, schläfst du noch, schläfst du noch? Hörst du nicht die Glocken ...?* Diese einfachen Kinderlieder haben sich in ihr Gedächtnis eingegraben und ich bin überzeugt, ihre sehr gute Aussprache viele Jahre später, als sie Französisch als zweite Fremdsprache wählte, wurde hier mitbegründet. Heute bittet sie mich, wenn sie mal Mutter wird, mit ihren Kindern französisch zu sprechen, als sei ich eine französische *mamie,* die Oma aus Paris. Na ja, bis dahin ist noch ein wenig Zeit, das mache ich natürlich gerne, wenn es ausdrücklich erwünscht wird. Singen, Vorlesen, Sprechen und Klatschen, kleine Rollenspiele entzücken die Kinder, auch in einer Zweitsprache, die in zweisprachigen Familien oder später im Kindergarten und in den Grundschulklassen gesprochen werden.

Muss das aber nun mit Gewalt in allen Krippen schon für die unter Dreijährigen eingeführt werden unter dem Mäntelchen der frühkindlichen Bildung? Müssen Kinder aus Migrantenfamilien unter diesem Argument frühzeitig aus der innerfamiliären Betreuung gerissen werden, damit sie früh genug Deutsch lernen? Was ist denn früh genug? Was ist denn wichtiger, die Bindung und emotionale Sicherheit, unter der optimale Lernbedingungen bestehen oder das Herausreißen aus der Familie? Die schmerzliche Trennung von Mutter und Kind verursacht emotionalen Stress und eine massive Cortisol Ausschüttung, was geradezu zu Lernblockaden führt und damit genau das Gegenteil bewirkt von frühkindlicher Bildung! Es kann sogar sein, dass Kleinstkinder die Sprache verweigern, zu stottern beginnen oder aggressiv werden. Dass sie (wieder) einnässen vor Angst oder nicht „trocken" werden. Muttersprache von der Mutter und Großmutter, in der Familie zu lernen ist ein Menschenrecht, oder nicht?

Die Stuttgarter Sprachwissenschaftlerin Seda Tunç erforschte für ihre Doktorarbeit die Bedingungen, unter denen Kinder zusätzlich zu ihrer Muttersprache eine zweite Sprache lernen. Für ihre Dissertation bekam sie im Dezember 2014 den mit 10 000 Euro dotierten Integrationsforschungspreis des Landes Baden-Württemberg, der in ein Projekt zur Förderung benachteiligter Jugendlicher fließen soll.
Den ersten Fehler machen Eltern und Kitas laut der jungen Sprachexpertin türkischer Herkunft bereits in der frühkindlichen Bildung: Mit enormem finanziellen und personellem Aufwand wird die Muttersprache der Migrantenkinder genau in einer wichtigen Phase des Spracherwerbs durch das staatlich verordnete Deutsch-Programm verdrängt. Statt die Muttersprache in diesem hoch sensiblen Stadium zu stärken – es also den Müttern, Vätern, Großmüttern und anderen innerfamiliären Bezugspersonen zu überlassen, und damit die Erstsprache zu stabilisieren – wird auf die Arbeit der Konsulate und ihrer muttersprachlichen Lehrkräfte verwiesen.

Ein weiteres Hemmnis besteht nach Auffassung der als Gymnasiallehrerin arbeitenden Sprachwissenschaftlerin darin, dass viele Pädagogen noch zu wenig geschult sind, um den Zusammenhang zwischen Strukturmustern der Muttersprache und den Problemen beim Deutschlernen zu erkennen. Muttersprachlicher Unterricht in Schulen und mit Mitarbeitern der Konsulate sei in vielen Bundesländern noch undenkbar.

Warum haben Kroaten die wenigsten Probleme beim Deutschlernen? Weil Kroatische eine Flexionssprache wie das Deutsche ist. Warum hadern türkische Schulkinder mit den Artikeln? Weil es im Türkischen keine Artikel gibt. Warum haben die Griechen ein Problem mit dem korrekten Satzbau? Weil das Griechische viel freier ist in der Satzkonstruktion als Deutsch.

Frau Tunç beweist in ihren Untersuchungen mit 330 Hauptschülern und Gymnasiasten aus der Türkei, Griechenland und Kroatien mit Bildgeschichten und daraus entwickelten 510 Texten, dass Schüler, die ihre Muttersprache nicht gut beherrschten, auch in Deutsch schlecht sind und massive Schwierigkeiten in beiden Sprachen haben. Die junge Pädagogin zieht ihre Schlüsse aus ihrer eigenen Erfahrung als in Deutschland geborenes Migrantenkind türkischer Gastarbeiter, wo zuhause nur Türkisch, allerdings ein gepflegtes Türkisch, gesprochen wurde und ihren wissenschaftlichen Recherchen. Im Kindergarten habe sie anfangs kaum geredet, aber aufmerksam zugehört. Plötzlich begann auch sie zu reden und lernte wie die anderen deutschen Kinder auch, mühelos deutsch zu sprechen. So einfach kann das gehen ohne teure frühkindlich verordnete Sprachförderung.
Die Muttersprache ist das grammatikalische Fundament, auf das die Wörter wie Legosteine zu einem Haus oder eben nur zu einer Hütte aufgebaut werden. Es können weiter Stockwerke aufgebaut, das Dachgeschoss mit Fremdsprachen ausgebaut, verziert, bereichert werden. Welch eine Freude und Chance, in der Muttersprache wie auch in Fremdsprachen heimisch zu werden. Alles zu seiner Zeit!

Die ersten drei Lebensjahre sind bindungsrelevante Jahre. Nichts ist hier wichtiger als emotionale Sicherheit und Nähe zu den Bezugspersonen inklusive das Erlernen der Muttersprache. Erst danach öffnet sich das Zeitfenster für die Entdeckung der Welt draußen.

(siehe dazu auch die Studie von Edele & Stanat 2015, Journal of Educational Psychology 2015: The role of first language listening comprehension in second-language reading comprehension. Advance online publication doi:10.1037/edu0000060)

(5) *Briefe aus Spanien*

miércoles, 06 de abril de 2011

Liebe Ute,

ich habe gerade eigentlich keine Zeit, will dir aber sofort mein OK geben. Von mir aus darfst du meine Story gerne in dein Buch übernehmen. Du weißt ja, dass ich das alles politisch sehr interessiert und etwas heimatlos mit einem linken Auge betrachte, das ist ein sehr persönlicher Zug von mir. Ich weiß, dass dir das nicht gefällt, weil du viel traditioneller denkst als ich, aber ich finde dein Projekt so super, dass ich gerne mitmache.

Mir geht es gerade nicht so gut, weil meine letzten beiden Lendenwirbel mir zu schaffen machen und es nach einer erneuten OP aussieht, das ist schon sehr einschränkend. Aber das kennst du ja aus eigener Erfahrung. Wie geht es dir eigentlich?
Schlimmer aber ist, dass unser Juan trotz seiner mentalen Reife von ca. zehn bis elf Jahren hormonal aber doch schon seinem tatsächlichen Alter von vierzehn entspricht und das auf seinem Hintergrund von Gewalt, auch sexueller Gewalt in seiner Herkunftsfamilie, zu ersten aggressiven Ausrutschern geführt hat. Alles überhaupt noch nicht dramatisch, aber doch besorgniserregend und anstrengend. Wie schön, dass es gleich zwei gute Psychologinnen gibt, eine für Juan, und die andere für den Rest der Familie, die uns hilfreich zur Seite stehen. Und dabei hat er gerade in den letzten Monaten sprachlich und auch schulisch große Erfolge erzielt. Bin durchaus zuversichtlich, dass wir auch das hinkriegen, aber es ist echte Knochenarbeit. Als dreifache Adoptiveltern sind wir hier sehr gefordert.
Großer Trost und Freude, dass die beiden „kleinen Geschwister", inzwischen neun und elf Jahre alt, so toll drauf sind. Gehen seit einem halben Jahr auf dringende Anregung ihrer Musiklehrerin ins Conservatorium und haben nicht nur selbst große Freude an ihrer Geige bzw. Akkordeon, sondern sind inzwischen soweit, dass sie auch unser Herz mithüpfen lassen bei all den schönen Tönen im Haus. Besonders der zappelige Filippe überrascht alle mit seinem Interesse an der Musik und bringt sich so nebenbei gerade auch noch selbst das Klavier spielen bei.
Du siehst, hier ist immer was los und da wir gerade noch beim Umbauen sind, bleibt für Mama kaum Zeit. Geh' aber immer noch schwimmen und zur Gymnastik.
Erstmal nur liebe Grüße und alles Gute für dein Tango-familial-Projekt. Klasse!

Bis bald, Inés

Junio 2012

Sorry Ute,

dass ich mich so lange nicht gemeldet habe, aber die letzten Wochen und Monate waren sehr anstrengend und haben kaum Zeit gelassen für anderes als das Managen von spanischer Finanzkrise, familieninterner Pubertätskrise und meiner neuen Halbtagsstelle als Rezeptionistin in einer der beiden Sprachschulen, in denen ich Deutschunterricht gebe. Ja, wir sind wie Millionen anderer auch von spanischer Krise betroffen, sogar über die drastischen Sparmaßnahmen in Bildung und Gesundheit hinaus, Pablo ist seit 1,5 Jahren arbeitslos und viel Perspektive gibt's für ihn auch nicht. Da kam mein neuer Bürojob gerade recht und ich mach ihn sogar richtig gerne. Aber meinem Rücken geht's nicht so gut, kann kaum noch laufen oder stehen ohne nach 5 Minuten große Schmerzen zu bekommen. Sobald ich aber sitze oder mich auch nur minimal abstützen kann, sind sie wie weggeblasen und deshalb kann ich im Moment Schmerzsituationen noch fast komplett vermeiden, nehme auch keine Schmerzmittel, weil sich das „nur" Stehen oder Gehen so gut vermeiden lässt.

Zum Schluss noch kurz die schönen Seiten meines aktuellen Lebens: Bin nach wie vor überwiegend gern mit Familienleben beschäftigt und glücklich mit Pablo. Ab nächste Woche hab auch ich große Ferien und alle freuen sich auf Camping in Andalusien und Nordportugal. Nächste Woche kommt eine deutsche Freundin von Amanda zu Besuch, auch darauf freuen wir uns alle. Und dann spielen in dieser fünf köpfigen Familie 5 Personen ein Musikinstrument und jeder hat - aller Krise zum Trotz - seinen hoch qualifizierten Musikunterricht! Ende Mai haben die Kinder zu meinem Geburtstag ein Überraschungskonzert gegeben, jeder ein paar einzelne Liedchen und als sie zum Schluss alle zusammen (Akkordeon, Klarinette, Violine) „Komm, lieber Mai" spielten, flossen mir die Tränen vor Rührung....

Muchos saludos
Inés

Weihnachten 2013 per E-Mail

Liebe Ute,

ich danke dir für die Zusendung des Manuskripts. Ich habe es in einem Zug geradezu verschlungen. Ich wünsche dir viel Erfolg damit, später mehr dazu. Ich habe jetzt einfach keine Zeit zu schreiben.

Ein gutes Jahr 2014 wünscht dir Inés

16. Juni 2014 um 9:33 Uhr per E-Mail

Liebe Ute,

Danke für die Glückwünsche zum Geburtstag. Dass du daran denkst!!!???
Deine Bitte nach einem ausführlichen weiteren Brief zur Lage? Als eine Art
Langzeitstudie?
Beim besten Willen, an einen Brief ist überhaupt nicht zu denken für mich.
Wir sind immer noch krisenbetroffen, deshalb arbeite nur ich, aber zu viel
und habe außer für drei pubertierende kidis zu nix anderem Zeit.
Außerdem suche ich verzweifelt nach einem guten Chirurgen für mein
letztes Wirbelsäulen-Segment. Die Krankenkasse will nicht mehr zahlen.
Wie geht's deiner Wirbelsäule?

Ansonsten nichts Neues an der famila-Front.

Gruß

Inés

*(6) Argentinien: Kinder aus der verborgenen Stadt**

Sie ging regelmäßig in ein Slum, dort „villa" genannt, spielte, bastelte, redete mit den Kindern in einem Kinderhort mit Armenküche. Dabei erhielt sie sehr persönliche Einblicke in deren verheerende Familienverhältnisse - von Familie kann meist keine Rede sein. Es sind oft Mütter mit bis zu zehn Kindern von verschiedenen Vätern, manche drogensüchtig, im Gefängnis oder mit dem Liebhaber in der Pampa verschwunden. Andere sind an Aids gestorben oder mit 32 Jahren bereits Großmutter – für uns in Deutschland unvorstellbare Verhältnisse, und gerade deswegen nehme ich diese Geschichten in dieses Buch auf. Fallgeschichten aus Argentinien, dem Land der einstigen Militärdiktatur, des Tangos und saftiger Steaks.

Die Kinder der Slums sind sich selbst überlassen, man „vergisst", sie in die Schule zu schicken. Manche haben nichts anzuziehen, wegen des schlechten Wassers haben sie Hauptprobleme. Mädchen werden mit zwölf Jahren schwanger, es fehlt an Aufklärung, am Willen sowie Befähigung zur Erziehung, an jeglicher Kontinuität. Gleichgültigkeit und Unzuverlässigkeit, Glaube und Fatalismus gehen Hand in Hand. Die sozialen Probleme des Landes wie Unsicherheit, Gewalt, Armut und soziale Not spiegeln sich hier auf das Drastischste und auf engstem Raum.

Sieglinde ließ sich nicht abschrecken. Die Journalistin und Übersetzerin war ihrem Mann in dieses ferne Land gefolgt, fühlte sich unausgefüllt und magisch angezogen von diesen Kindern aus dem Armenviertel von Buenos Aires. Sie ging mit kleinen Gruppen dieser „vergessenen" Kinder in die Hauptstadt und bemerkte, dass sie noch nie Aufzug, U-Bahn, Rolltreppe gefahren sind. Was für ein Abenteuer! Welch eine Attraktion! Sie waren noch nie in einem Restaurant.

Die Kinder fragten Sieglinde: „Dürfen Kinder auch in ein Restaurant? Darf man im Museum reden? Wie gelangt man in einen fünften Stock? Wenn du keine Kinder hast, hast du dann wenigsten Enkel? Prügelt dich dein Mann? Sieht man uns an, dass wir aus der „villa" kommen?"
Sie wollen nicht, dass Sieglinde ein Trinkgeld auf dem Tisch liegen lässt, denn „es wird doch geklaut".

Den Hauptplatz kennen sie, denn man hat sie dafür bezahlt, damit sie dort demonstrieren, wofür wissen sie nicht. Aus den Gesprächen der Kinder und Jugendlichen erfährt sie, dass alle schon einmal bei einer Schießerei dabei waren, bei allen jemand aus der Familie gestorben ist, erschossen, ermordet, verschwunden. Sie schlafen zu dritt in einem Bett, der Vater ist manchmal auch zugleich der Großvater, der drogenabhängige Bruder verklopft die Winterkleidung der Schwestern. Das ist ihre Normalität. Ihr Viertel nennt sich „Ciudad Oculta", Verborgene Stadt – ebenso verborgen ist ihnen ihre Stadt geblieben, eine internationale Metropole, die sich brüstet, die „europäischste Stadt" Lateinamerikas zu sein.

Lichtblicke sind die Kinder selbst: Sie sind wissbegierig und wollen alles lernen und selber tun, sie dürsten geradezu nach Liebe. Hier einige Einzelschicksale aus der Feder von Sieglinde, deren Herz für die Kinder aus der „Verborgenen Stadt" schlägt.

Die vierjährige Celeste wurde im wahrsten Sinne in der Gosse gefunden. Ihre Mutter war an Aids gestorben, der Vater saß im Gefängnis. Weitere Geschwister waren bereits auf wohltätige Familien verteilt worden, die Kleinste war übrig geblieben.

„Unser Haus ist voll von nichts", so schilderte die siebenjährige Rocío ihre Unterkunft, nachdem kurz vor Weihnachten 2005 ein ganzer Häuserblock in der „Ciudad Oculta" abgebrannt und ihr Vater durchgebrannt war, nachdem die Schwägerin auch ihre Kinder bei ihm und seiner Frau „abgegeben" hatte.

Mayra wurde mit 14 schwanger, bekam ihr leicht geistig behindertes Kind eine Woche vor ihrem 15. Geburtstag (der dabei völlig unterging), einige Monate danach wurde der allgemein als Dieb bekannte Vater des Kindes (der als solcher natürlich nie in Erscheinung getreten war) bei einer Schießerei ermordet, einige Monate später ebenfalls ihr drogenabhängiger Bruder; die Mutter – von Beruf Prostituierte – ist zum 6. Mal schwanger, der Stiefvater mal wieder im Gefängnis, aufgewachsen ist Mayra bei ihrer Oma, bis sie dieser „zur Last fiel". Sie ist ein ganz liebes, anständiges, lernbegieriges Mädchen. Bei einem Spaziergang sagte sie vor der Juristischen Fakultät, sie wolle Jura studieren, damit „die Welt besser wird". Doch bei Regen hatte sie, wie so viele, keine Schuhe, um in die Schule zu gehen.

Vivi träumte davon, zu ihrem neunten Geburtstag könnte es ein Überraschungsgeschenk für sie geben, weil ein Zimmer in ihrer Behausung abgeschlossen war, dort könnten die Vorbereitungen stattfinden oder das Geschenk versteckt sein. Im Jahr zuvor hatte sie sich als Geburtstagsgeschenk einen Stadtspaziergang gewünscht. Statt Geburtstagsfreuden gab es eine böse Überraschung: Schwester Evelyn wollte das Fernsehkabel in die Steckdose stecken, dabei erlitt sie einen schweren elektrischen Schlag. Leitungen hängen hier gelegentlich wie Spaghetti von der Decke. Sie hatte das neun Monate alte kleine Geschwisterchen auf dem Arm, nun lagen beide im Krankenhaus. Oft fehlt es jedoch an den wenigen Centavos, um mit dem Bus zum Arzt zu fahren. Evelyn klagte noch Monate danach über Schmerzen.

Im Mai 2008 wurde eine junge Deutsche, die einen Tanzkurs mit einer Gruppe von Kindern organisiert hatte, vor dem Hort überfallen. Zunächst hieß es, Loli habe den Dieb gesehen, dann bekam diese Angst vor der eigenen Courage und war sich lieber „nicht sicher". Sie hat drei Kinder und natürlich Angst, wenn sie einen Dieb „verpfeift", könnte sie oder eines ihrer Kinder das nächste Opfer sein. Ein paar Tage später sagte ihre kleine Tochter Rocío: „Mama hat den Dieb gesehen, es war Omar".

Omar ist der Bruder von Emi, die mir vor kurzem berichtet hatte, ihre Brüder „verhökerten" ihre Winterkleidung, um an Geld für Drogen zu kommen. Nun biss sich Rocío förmlich auf die Zunge und sagte peinlich berührt: „Nein, nein, die Mama ist nicht ganz sicher". Zweifellos hat die Mama ihr beigebracht, sich da nicht einzumischen. Selbst die Achtjährige ist schon dazu verurteilt, an diesem Teufelskreis aus Angst und Gewalt mitzuwirken. Bruder Omar kam inzwischen bei einer Schießerei ums Leben.

Lichtblicke sind Kinder wie Vanesa: Sie kam mit einem abge-brochenen Besenstiel und fragte mich, ob ich schöne Farben habe, sie möchte ihn bemalen; „Die Mama kann nicht richtig gehen und braucht doch einen schönen Stock, wenn sie in die Stadt ins Krankenhaus muss". Vanesa ist die Beste in ihrer Schule und hauste in einem menschenunwürdigen Verschlag, aus dem sie immer geputzt und gut gelaunt hervorkam.
Mit 15 Jahren ist sie ein reifes Mädchen, das Sieglinde in ihren Aktivitäten wie Sexualerziehung, Bibliothek, Drogen- und Aids-

Aufklärung bestärkt. Sie hat es aus eigener Kraft geschafft, Kontakte außerhalb der „villa" zu knüpfen und bei einer Disko ist sie von der Klofrau über Barmädchen auf dem Weg zur Kassiererin (mit anderen Worten, als sie 13 war, hat sie dort nachts die Toilette gereinigt).

Ein weiterer Lichtblick: Micaela, Tochter eines Kartonsammlers, mit dem sie nächtelang, als sie 7 oder 8 war, durch die Straßen zog. Bei einem „paseo" fragte ich: „Wohin wollt ihr gehen?" „Egal, raus aus der ‚villa' und wir sind glücklich".
Versonnen bleibt sie vor einem Blumenkiosk stehen, es duftet nach Jasmin: „Mir hat noch nie jemand eine Blume geschenkt". Sie bekommt eine Rose, weil die sich am längsten hält, nach 5 Minuten hat sie schon Angst, sie könne verwelken, und trägt sie vorsorglich in der Wasserflasche nach Hause – ihr schönstes - weil sicherlich einziges Weihnachtsgeschenk.
Im Einkaufszentrum begeistert sich die 15-jährige für elektronische Kinderspiele, sie will ihre Kindheit nachholen, denn: „Kindheit hatte ich keine". Zwölfjährige passen auf Achtjährige auf, Sechsjährige schleppen ihr dreijähriges Geschwisterchen herum, jeder ist für die Kleineren verantwortlich – so dass es für eine Fünfzehnjährige nichts Neues ist, nun eben auf ihr eigenes Kind aufpassen zu müssen, ja sie ist stolz, endlich etwas „Eigenes" zu besitzen.

Die Wohnverhältnisse bei Mica sind unbeschreiblich, die sieben Kinder schlafen in Bretterverhauen an einem schlauchartigen Gang entlang, ohne Fenster, ohne Heizung, sie haben Asthma. Auf der anderen Seite befindet sich eine Müllkippe. Die jüngeren Geschwister „haben sie mir alle ins Zimmer gestopft", klagt Mica, sie schläft mit 3 Brüdern zusammen, Sieglinde weiß nicht, in wie vielen Betten. Kein Wunder, dass in solchen Verhältnissen Gewalt, Aggressionen und Promiskuität gedeihen – gottlob in ihrer Familie nicht. Sie ist in einer Tanzgruppe, mit der sie schon in einem der großen Konzertsäle aufgetreten ist und als Ballettfee über die Bühne schwebte.

Noch ein Gedanke: Einerseits schön, andererseits natürlich erschütternd: Dankbar angenommen wird in der „villa" schlicht alles. Natürlich fordert Sieglinde nicht dazu auf, entwürdigenden „Ramsch" großherzig zu verschenken, aber es fehlt z.B. an Plastiktüten, die man bei jedem Einkauf in Massen bekommt, aber:

diese Leute haben kein Geld, gehen nicht einkaufen, bekommen keine Plastiktüten. Diese dienen als Einkaufstauschen, zum Abdichten von Dächern und Fenstern, hängen als Ersatzschränke an Nägeln von der Wand. Ein T-Shirt mit einem Fleck ist zum Arbeiten auf dem Bau durchaus verwendbar.

Sieglinde hat nicht den Ehrgeiz, die Welt zu verändern, aber sie glaubt, ein paar Kinder ein paar Stunden in der Woche auf andere Gedanken zu bringen, kann zumindest nicht schaden. Die zierliche deutsche Frau mit dem großen Herzen beantwortete all ihre Fragen und öffnete diesen „vergessenen Kindern" die Tür zu den faszinierenden Möglichkeiten ihrer Stadt. Sie gab ihnen Zuneigung und Wertschätzung, wunderbare Erfahrungen auf einfachen Spaziergängen. Lichtblicke im Dunkel ihrer Herkunft, für einige wenige zeigte sich eine Spur mit Zukunft. Wenn sie doch nur Schuhe hätten, um in die Schule zu gehen.

*Diese Geschichten verdanke ich Frau Dr. Sieglinde Oehrlein, die sie mir freundlicherweise zur Veröffentlichung freigegeben hat. Ausführlich beschreibt sie ihre Erlebnisse aus den Armenvierteln von Buenos Aires in ihrem Buch „Sofia Luces, Kinder aus einer verborgenen Stadt", das in Argentinien auf Spanisch erschienen ist und 2015 in einer Auflage von 1.000 Exemplaren beim argentinischen Verlag colision libros auch in deutscher Übersetzung erhältlich ist.

Mittwoch, 9. April 2014

Besuch bei einer alten Dame im Seniorenstift. Danach gehe ich ins Kino und schaue einen Film über den Psychoanalytiker Wilhelm Reich aus der Serie Film und Psychoanalyse. Da ich in der 17 Uhr-Vorstellung war, verpasste ich die wissenschaftlich begleitete Einführung und anschließende Diskussion des Publikums mit Fachleuten der Universität. Schade. Ich hätte gerne noch mehr erfahren, wäre gerne noch tiefer in Reichs seltsame Forschungen und Erkenntnisse gedrungen. Auch hätte ich gerne mehr über Leben und Werk seiner Tochter Eva erfahren.

Auf meinem Weg zurück zum Auto, das ich weit außerhalb des Stadtzentrums auf einem Schulparkplatz in Derendingen geparkt hatte, treffe ich auf ein Rudel übermütiger junger Frauen. Eine große, gut gekleidete und schick Aussehende kommt plötzlich mit einem in Augenhöhe ausgestrecktem Zeigefinger direkt auf mich zu, ich weiche reflexartig aus, die Gruppe lacht sich halb tot. Wut steigt in mir hoch, am liebsten würde ich zurücklaufen und ihr auf den unverschämten Finger schlagen. Wo hat sie diesen dreisten Einfall her? Was erlaubt sich diese junge Frau? Ist es ein Reflextest? Er ist gelungen. Ist es ein Witz? Ist es versuchte Körperverletzung? Ein Angriff, so empfinde ich es. Ich drehe mich um und sehe, wie sie ihr Spielchen weiter treibt.

An einem Markstand kaufe ich zwei Äpfel. Ich wasche sie am Brunnen vor der imposanten Kirche. In der hochgelegenen Evangelischen Stiftskirche höre ich Chorgesang. Ich gehe hinein und beruhige mich sofort. Die Sonne schickt ihre letzten Strahlen durch die bunten Glasfenster. Hier ist es im Gegensatz zu draußen warm und windstill. Ein kleines Orchester probt gemeinsam mit einem riesigen Chorensemble für die Aufführung um 20 Uhr. Es ist Pause. Dutzende Schülerinnen und Schüler im Alter von etwa siebzehn, achtzehn Jahren in weißen Blusen und Hemden, schwarzen Röcken oder Hosen wechseln die Positionen, manche haben eine längere Pause und strömen zum Ausgang oder in Richtung Toiletten, andere nach hinten in die Sakristei. Sie kommen mit Vesperbroten wieder, trinken einen Schluck aus der Thermoskanne oder der Wasserflasche.

Viele der jungen Mädchen sind langhaarig, blond, schlank, sehr hübsch und adrett. Die jungen Männer ebenfalls adrett, sportlich-schlank in eng sitzenden Hemden. Ich bin begeistert von dieser Ansammlung blühender junger Menschen, von dieser Ruhe und Harmonie. Einige rennen geräuschlos hinaus, holen sich einen Döner beim Imbiss gegenüber, beißen gierig große Stücke ab. Es bleibt nicht viel Zeit bis zum nächsten Probeauftritt.

Solostimmen erklingen: Arioso und Accompagnato für zwei Tenöre, Aria und Recitativo für zwei Soprane aus dem Messias von G. F. Händel. Im Programmheft lese ich weiter, dass hier der Oberstufenchor der Tübinger Freien Waldorfschule singt, unterstützt vom Eltern-Lehrer-Chor und dem Projektorchester aus Schülern, Eltern und Lehrern der Waldorfschule, Ehemaligen, jungen Musikern und Profimusikern. Ein großzügiger Spender sowie der Förderverein SIRIUS finanzierte die Chorfreizeit, Hausmeister und Schüler helfen beim Auf-und Abbau der Podeste, das Kollegium zeigt sich großzügig, wenn aufgrund der umfangreichen Probearbeiten und Vorbereitungen Unterricht ausfiel.

Der Dirigent unterbricht, gibt Erläuterungen, Anweisungen. Wieder strömen junge Menschen zurück auf ihre Plätze. Alles geht ruhig, diszipliniert, reibungslos Klar und stark erklingen die Chorstimmen, zurückhaltend das Orchester. Die Solisten im Vordergrund positionieren sich neu. Teil II der in englischer Sprache gesungenen Ostermesse wird angestimmt: Chorus: *Behold the Lamb of God* (Seht an das Gotteslamm), es folgt die Bassstimme mit der Aria: *He was despised and rejected* (er ward verschmäht und missachtet) und wieder antwortet der Chor: *Surely, he had bone our griefs* (wahrlich, er trug unsere Qual).

Jetzt kommen schon die ersten Zuhörer, wahrscheinlich Angehörige, darunter viele Großeltern. Es wird gewinkt, die reservierte Bankreihe gesucht, leise Gespräche. Ich gehe bedauernd hinaus in den kühlen, sonnigen Abend, komme auf dem Kirchhof an einer Platane vorbei mit angepinnter **foliierter** (dies ist kein Rechtschreibfehler!) Fotokopie. Ein kurzer Text mit Foto. Ein Iraner verbrannte sich am 2. Februar 2014 in Tübingen aus Verzweiflung und Protest gegen die unmenschlichen Bedingungen unter den Islamisten und Kapitalisten in seinem Heimatland. Der Iran, das größte Gefängnis der Welt, schrieb er und ein Gedicht. Ein Blumentopf voller Primeln, verwelkende Blumen liegen im Sand

unter dem frisch grünenden Baum. Ich lese den ganzen Text, das berührende Gedicht, ich denke an die vielen jungen glücklichen Menschen da drinnen in der Kirche, die in einem friedlichen, reichen Land aufwachsen dürfen, an ihre intakten Familien, deren Eltern und Geschwister, deren Lehrer und Freunde nun von allen Seiten dem Haupteingang zustreben. Ich eile die steile Treppe hinunter zum Neckar, verweile kurz auf der Neckarbrücke, packe meine Äpfel aus und esse sie hungrig, den Blick auf das Panorama der Fachwerkhäuser gerichtet, den ruhigen Fluss unter mir, die noch weitgehend kahle Platanenallee, die knospenden Obstbäume, die blühenden grün-weißen Gärtchen gegenüber, den gelben Hölderlinturm, in dem der berühmte deutsche Dichter verrückt seine letzten Lebensjahre in Obhut der Familie Zimmer verbrachte. Weiter geht es Richtung Hauptbahnhof, unter der Unterführung hindurch. Hier überwiegen Asphalt, verschmutzte Steinplatten, Autoverkehr, Ampelstaus, Fahrradfahrer, Hunde, Voll-Tätowierte, rothaarige Frauen mit gepiercten Nasen und Lippen. Bier trinkende Obdachlose, herumlungernde Migranten, Flüchtlinge, Arbeitslose, hastende Bahnreisende, das Kontrast-programm der weniger Glücklichen. Nach einem strammem Fußmarsch der harmlos plätschernden Steinlach entlang erreiche ich erleichtert das Auto.
Mein Mann wird heute erst spät zurückkommen von einem langen anstrengenden Arbeitstag. Ich werde einen frischen Gemüseauflauf servieren, der nur noch für fünfzehn Minuten im Backofen erwärmt werden muss, der Käse gratiniert zur köstlich-würzigen Kruste. In der Pfanne werden zwei Schnitzel brutzeln vom regionalen Hofbauern, der Salat ist schnell gewaschen, abgetropft, angemacht.

Ich bin glücklich als Familienfrau. Ich spüre mein Glück und meine Freiheit. Ich genieße, dass ich heute Abend nicht auf eine Sitzung, keinen Elternabend, keine Besprechung gehen muss. Ich möchte nicht tauschen, nicht für Geld, nicht für irgendeinen sozialen Status, nicht für einen Sitz im Aufsichtsrat. Ich habe Glück, bin privilegiert, bin dankbar. Und ich teilte den Reichtum meiner Zeit am heutigen Tag mit einer alten Dame im Seniorenheim und im Hintergrund mit einem hart arbeitenden, Steuer zahlenden Ehemann.

(7) Brief einer jungen Maschinenbauingenieurin

Stuttgart, im Juli 2014

Hallo Ute,

wie du weißt, habe ich oft gesagt, dass ich es mir nicht vorstellen kann, irgendwann einmal Kinder zu haben. Mit 27 Jahren muss ich nun eingestehen, dass sich meine Meinung doch etwas geändert hat. Zum einen liegt das sicher daran, dass ich den richtigen Mann für mich gefunden habe, zum anderen aber startet ein regelrechter Baby-Boom in meinem Bekanntenkreis. Man beobachtet das Ganze und stellt fest, so einfach wie früher „einer bleibt zuhause und kümmert sich um den Nachwuchs, der andere bringt das Geld nach Hause" ist es nicht mehr.
Meine Arbeitskollegin war kurz nach der Geburt ihres Kindes bereits zurück an ihrem Arbeitsplatz, im Handgepäck die Milchpumpe, während der Vater des Kindes sich zuhause um den Nachwuchs gekümmert hat. Ich kann diese Aufteilung nachvollziehen, da sie mehr verdient als er, doch braucht ein kleines Kind nicht zumindest in den ersten Monaten eine „richtige" Mutter?

Die Frau eines Arbeitskollegen von mir wollte nach dem dritten Kind nicht weiter nur zuhause sein. So sprachen beide bei ihrem Arbeitgeber ab, dass sie Montag und Mittwoch arbeitet und er entsprechend die drei anderen Wochentage. Ich finde es toll, dass beide Arbeitgeber in dieser Hinsicht flexibel sind. So bekommen auch beide Elternteile was vom Alltag der Kinder mit, wobei die Absprache sicher nicht einfach ist. Die größte Frage ist doch aber: Reicht das Geld, wenn nur noch einer verdient? So bei einem meiner engsten Freunde. Es war von Anfang an klar, dass er seiner Ingenieurs-Stelle in Vollzeit nachgehen wird. Für ihren Job ergab eine Kalkulation allerdings, dass es unter dem Strich keinen Unterschied macht, ob sie sich um das Kind zuhause kümmert oder arbeiten geht und dafür von dem Geld eine KiTa bezahlen muss. Daraufhin fasste sie den Entschluss, sich von zuhause aus weiterzubilden, um einfach nicht stehen zu bleiben.

Ein weiteres großes Fragezeichen ist natürlich auch, wann der richtige Zeitpunkt ist für ein Kind. Ich sehe täglich unsere Nachbarin, die mit ihren 22 Jahren und den zwei Kindern einfach völlig überfordert ist. Ich sehe meinen Trainingspartner, der erst das späte Glück gefunden hat und sich mit über 40 Jahren über den Nachwuchs freut – hat er bedacht, dass die Kinder noch zuhause wohnen werden, wenn er in Rente geht? Außerdem sehe ich meine beste Freundin, deren Freund 15 Jahre älter ist und bereits zwei Kinder im Jugendalter hat – sie wird mit ihm wohl kein Kind haben werden. Momentan teilt sie die Meinung, die ich bis vor einem Jahr hatte – wird es bei ihr in einem Jahr auch anders sein?

Was ist nun mein Plan? Wie weit plant man sowas überhaupt? Reicht es, dass ich zufrieden bin, oder brauche ich die Akzeptanz der Gesellschaft? Hat sich die Generation meiner Eltern auch so viele Gedanken darüber gemacht? Für mich persönlich ist es wichtig, dass das Kind denselben Nachnamen trägt, wie beide Eltern. Somit könnte ich aus heutiger Sicht sagen „erst mal heiraten und dann sehen wir weiter", doch wie oft bekommt man zuhören, dass die biologische Uhr tickt?

Liebe Grüße, Sandra

Althengstett, den 18.8.2014

Liebe Sandra,

ganz herzlichen Dank für deinen vertraulichen Brief. Vom Alter her könntest du meine Tochter sein und ich wäre gewaltig stolz auf dich!
Dass du noch nicht so richtig auf Babykurs liegst, trotz des Babybooms um dich herum, kann ich gut nachvollziehen. Ich war auch schon 29 Jahre alt, bis ich von einer Sportkollegin infiziert wurde, die einen so niedlichen Neun-Monats-Babybauch hatte wie ein Volleyball. Keine zehn Monate später trug ich selbst einen - dank Disziplin im Essen und Trinken sowie viel Bewegung - einen kleinen runden Kugelbauch vor mir her. Ich ging bis kurz vor der Entbindung täglich schwimmen, war von der Sonne verwöhnt, kleidete mich schick und leger, sodass die Leute mir auf der Straße hinterher sahen. Das würden sie bei dir auch!
Nicht, dass ich auf meine beiden Mädels nicht auch stolz bin, denn es stecken so viel Liebe, so viel intensive Zeit und Förderung, auch harte Zeiten, gestörte Nächte, Kummer und Sorgen hinter der Erziehungsarbeit . Und wir haben es prima hingekriegt.

Die hingebungsvolle und verzichtsreiche Erziehungsleistung von Eltern wird leider total unterschätzt. Mein Mann und ich haben uns auf das Beste ergänzt, immer an einem Strang gezogen, die konsequente Linie gefahren mit klaren Grenzen bei viel Freiraum für die Entfaltung der eigenen Persönlichkeit. Ganz selbstverständlich bin ich das erste Jahr zuhause geblieben, mir blutete das Herz, als ich nach den Sommerferien wieder in den Schuldienst zurückkehrte. Mit halbem Deputat zwar, aber trotzdem in einen

Stundenplan eingezwängt, in Konferenzen, Besprechungen, Ausflüge, Korrekturen und Vorbereitungen am Abend und an Wochenenden. In den Schulwochen waren das insgesamt immerhin ca. 35 Arbeitsstunden. In der Metallbranche wie z.B. bei VW entspricht das einem Vollzeitjob, oder?

Hätte ich 1987 nur das damals neu eingeführte Landeserziehungsgeld von 400 DM beantragt, es hätte mir bzw. uns ein weiteres wichtiges Lebensjahr lang ermöglicht, auch ohne meine Berufstätigkeit als Lehrerin über die Runden zu kommen. Mein Mann war damals Forstreferendar mit kleinem Gehalt im Prüfungsjahr zum zweiten Staatexamen, das außerordentlich schwer und umfangreich ist. Anders als einige seiner ehrgeizigsten Kollegen hatte er seine kleine Familie unter der Woche nicht zu Studier- und Prüfungsvorbereitungszwecken verlassen. Er kam jeden Abend nach Hause, spielte und alberte mit unserer Kleinen herum oder wir machten noch einen gemeinsamen Spaziergang vor dem Schlafengehen. Für ihn hatte die Familie eindeutig Vorrang, leider kostete ihn das seinen Beamtenjob in der Forstverwaltung. Seine Noten waren zwar gut, aber nicht gut genug für die höhere forstliche Laufbahn. Er hatte einfach keine Lust, sich den forstlichen Gepflogenheiten gänzlich anzupassen, zum Beispiel spät abends in Leder und Loden auf die Jagd zu gehen oder den Herren Forstdirektoren oder Ministerialbeamten die Stiefel zu lecken. Er fuhr zum Dienst nicht im Jeep, sondern mit dem Rennrad vor, dazu in skandalösen kurzen Radlerhosen oder in langen, weiten Sporthosen, um die ein Einmachgummi gespannt war.

Das zu meinen frühen Ehejahren, die ganz und gar nicht traditionell waren, sondern ausgesprochen fortschrittlich emanzipiert – verdiente und ernährte ich doch als junge Mutter drei Jahre lang die Familie und hatte einen Hausmann aus Liebe und Leidenschaft - bis ich es leid war und aus freien Stücken und großem inneren Bedürfnis heraus den Spieß nach der Geburt der zweiten Tochter wieder umdrehte. Zu meinem großen Glück! Aber das ist natürlich meine subjektive Erfahrung.
Liebe Sandra, wie auch immer du dein Leben gestalten wirst - ich freue mich sehr für dich, dass du einen jungen, nicht vorbelasteten Mann gefunden hast und ihr schon seit einem Jahr zusammen wohnt. Du klingst ganz offensichtlich glücklich. Das ist doch schon mal eine gute Voraussetzung. Heirat nicht ausgeschlossen, gleicher Name angepeilt, Nachwuchs erwünscht. Keine Panik, Sandra, die biologische Uhr tickt zwar, aber du hast noch Zeit. Du bist jung, gesund und belastbar. Dazu so kreativ! Als Maschinenbauingenieurin erfindest du ganz neuartige Dinge wie diese vollautomatisierte Reinigungsmaschine, von der du mir so präzise erzählt hast, dass sogar ich technisch Unbedarfte es mir vorstellen kann wie sie

funktioniert - einfach super. Herzlichen Glückwunsch!! Aber glaube mir, Kinder machen auf ein ganz andere Art und Weise glücklich, ja reich. Seelisch, innerlich reich.

Berufliche Erfolge, Geld, Karriere, materielle Dinge wie ein eigenes Haus, tolle Autos, noch tollere Reisen in die exotischsten Länder, sportliche Erfolge, hartes Training, Familie, persönliche Freizeit und Freiheit. Man kann von allem etwas haben, aber nicht alles auf einmal und schon gar nicht alles gleichzeitig. Das geht eben nicht. Alles zu seiner Zeit also.

Ich bin sehr zuversichtlich, Sandra, dass Dein Freund und du, dass ihr euer Leben klug und verantwortungsvoll angehen werdet. Das erste Lebensjahr aber – besser noch die ersten drei - in einer engen Mutter-Kind-Beziehung zu leben ist sicher die natürlichste, die einfachste, die glücklichste Variante.

Ich spreche aus Erfahrung. Meine zu frühe Berufstätigkeit als junge Mutter hat mein Nervenkostüm schwer angegriffen und die Bindung an meine erste Tochter gestört, während mein Mann die Vaterjahre als Hausmann in vollen Zügen genoss (darf ich sagen, dass er seine Zeit sehr häufig in der Garage bei seinen Oldtimern verbrachte?). Die ältere Tochter ist bis heute eindeutig ein „Vaterkind". Da wir nicht geschieden sind, ist das auch voll in Ordnung. Wenn doch, hätte ich ein Problem. Die tiefste Bindung entsteht in den ersten drei bis sechs Lebensjahren. Wir haben sie nicht an Au-Pair-Mädchen, nicht an Krippenpersonal, nicht an Kindertagesstätten delegiert. Wir haben die Eltern-Kind-Bindung und Beziehung bis heute selbst geschaffen und erhalten. Denn die Zeiten der Pubertät sind auch nochmal eine Herausforderung.
Alles geschafft! Das ist zwar immer noch keine Garantie auf Lebenszeit, aber sie lässt für unser Alter hoffen, nicht allein und verlassen in irgendeinem Heim vor uns hin dämmern zu müssen. Das macht uns ruhiger und zuversichtlicher als jedes Geld und Gold der Welt.

(8) Brief einer alleinerziehenden jungen Mutter aus Deutschland

1. Januar 2015

Sehr geehrte Frau Steinheber,

ich habe mittlerweile einen kleinen Sohn, der schon 5 Jahre alt ist, Sie kennen mich ja von früher, als sie mich unterrichtet haben, in der Realschule im Fach MUM, was mir persönlich immer sehr gut gefallen hat und man auch was mitgenommen hat für den Alltag, was heutzutage in den Schulen wirklich aus eigener Erfahrung total untergeht und ich das als sehr wichtig empfinde.*

Mein Sohn besucht einen Waldkindergarten, da er ein richtiger „Wildfang" ist und die Natur für seine viele Energie genau das richtige ist, da wir seit zwei Monaten umgezogen sind, müssen meine Mutter und ich täglich an die 30 min hin und her fahren, um das Kind aus dem Kindergarten zu holen, auch die Zeiten sind eigentlich von 8.00- 12.45 Uhr, für einen Menschen, der eine Vollzeit stelle oder eine Ausbildung hat, unmöglich. Wie soll man sich nach diesen Zeiten richten?

Zum Glück habe ich die Unterstützung von meiner Mama, sonst wäre ich ganz ehrlich eine junge Frau, alleinerziehend, würde vom Amt leben und könnte weder eine Ausbildung noch sonst was erreichen, ohne mein Kind in eine Kindertagesstätte von morgens um halb sieben bis abends um 18.00Uhr zu stecken, was für mich undenkbare wäre und zum zweiten einen so hohen Kostenfaktor hätte, dass ich das nicht bewältigen könnte. Das Geld ist auch knapp, da ich eine Teilzeitausbildung als Krankenschwester absolviere in 75 %. Man bekommt zwar noch Zuschüsse, jedoch würde das ohne die Hilfe von meinen Eltern hinten und vorne nicht reichen.

Mit dem Kindesvater bin ich nun seit fast zwei Jahren wieder zusammen, wir wohnen jedoch nicht zusammen, weil er das nicht möchte. Es ist heute zu Tage nun alles möglich und man bekommt das im Alltag immer wieder zu spüren. Nun habe ich eine eigene kleine Wohnung im Haus der Mama, das macht mich sehr glücklich, da ich endlich mein eigenes Zimmer habe und das für mich wirklich Luxus ist.

Ich bin immer auf eine Person angewiesen, da meine Schichtzeiten im Krankenhaus von der Frühschicht beginnend ab 6.00 Uhr morgens, die Spätschicht endet erst um 22.00 Uhr in der Nacht, zudem gibt es noch die drei Nachtschichten im Monat am Stück. Für alle Schichten bin ich auf eine Betreuung für meinen Sohn angewiesen. Auch mal das eben fort gehen, mit meinen Freunden in einer Kneipe zu sitzen oder ins Kino zu gehen ist alles unter Absprache mit meiner Mutter oder meiner Schwester verbunden, man muss eben ein gutes Organisationstalent an den Tag legen, wie auch eine gute Betreuungsperson haben, in diesem Fall eben meine Mutter, mit der ich früher auch viele Konflikte hatte bzw. habe, da wir oft verschiedener Meinung sind und jeder es eben anders sieht.

Ich weiß noch nicht, wie mein zukünftiger Weg für mich und meinen Sohn weitergehen wird, doch ich bin sehr zuversichtlich, er ist ein gutes Kind, offen, aufgeschlossen und blüht nur vor Lebensfreude. Klar er ist ein wilder kleiner Junge, der oft auch Grenzen fordert, aber das ist ganz normal. Ich liebe dieses Kind über alles und es war mein größtes Glück, dass ich solch ein Kind haben darf und der liebe Gott mir ihn geschenkt hat, er bereichert mein Leben um einiges und ich bin dadurch auch viel reifer geworden. Ich sehe die Dinge in meiner Umgebung in meiner Arbeit und auch in meiner Denkweise dadurch ganz anders und mit Augen einer Mutter mit Verantwortung und treffe dadurch andere Entscheidungen. Was ich nur sehr schade finde ist, dass er ein Einzelkind ist und alle seiner Freunde immer ein Geschwisterkind zum Spielen haben und er eben nicht. Nun ja meine Familienplanung muss sich nach hinten verschieben, um meine Zukunft zu sichern mit einer Ausbildung und eventuell noch einem Studium, um ihm nachher ein gutes Leben zu bieten.

Mit herzlichen Grüßen, Nadine

*MUM: Das Fach Mensch und Umwelt, das in Baden-Württemberg an Hauptschulen, Werkrealschulen und Realschulen als Pflicht-bzw. als Wahlpflichtfach in den Klassen 7-10 unterrichtet wird. Es ersetzt den früheren Fachbegriff Hauswirtschaft/Textiles Werken. Ab dem Schuljahr 2016/17 wird dieses Fach in „Alltagskultur, Ernährung, Soziales, kurz AES, umbenannt.

Althengstett, den 3. Januar 2015

Liebe Nadine,

vielen Dank für deinen so offenen Brief. Ich hatte mich sehr gefreut, dich kürzlich im Schwimmbad mit deinem kleinen Sohn und dem Papa zu sehen. Oft erkenne ich meine früheren Schüler gar nicht mehr wieder, weil sie sich so stark verändert haben. Das gilt besonders für die jungen Männer. Manchmal wundere ich mich, wenn ich durch die Stadt gehe, dass mich so nette junge Menschen grüßen und anstrahlen. Wenn wir ins Gespräch kommen, stellt sich gleich heraus: Ein ehemaliger Schüler oder Schülerin. Dich, liebe Nadine, habe ich gleich wieder erkannt. Du bist immer noch die blonde Hübsche, die an Cameron Diaz erinnert, du bist mir schon als

Fünftklässlerin aufgefallen, als wir bei den Projekttagen mal einen Tanz-Video-Clip gedreht haben. Als Zehntklässlerin warst du schon ausgewachsen, sahst aus wie heute noch. Wir haben Teddybären genäht und ihr wart alle ganz aus dem Häuschen, damit das Kuscheltier auch zeitgerecht fertig wird, einen individuellen Ausdruck und eine gute Note bekommt. Hast du ihn noch?

Ich bewundere deinen Mut zum Kind, das du blutjung bekommen hast. Andere hätten die Schwangerschaft kurzer Hand abbrechen lassen. Du bist zu deinem Kind gestanden, trotz der schwierigen Beziehung zum ebenfalls sehr jungen Vater. Du hattest den Mut, dich von ihm zu trennen, als es zu problematisch wurde. Welch ein Glück für euch drei, dass ihr nun wieder zusammen seid. Für den Vater ist es die beste Voraussetzung, Fuß im Leben zu fassen, Verantwortung zu übernehmen und nachzureifen. Wie du mir erzähltest, ist der Kleine ja ganz verrückt nach seinem Vater und das ist gut so. Sie brauchen sich und für dich ist es eine Entlastung, auch wenn sie sich noch nicht im Alltag zeigt.

Wie gut, dass deine Eltern, die ja leider geschieden sind, dich tatkräftig und finanziell unterstützen, dir helfen, Kind und Ausbildung unter einen Hut zu bringen. Das ist alles nicht so leicht, trotz ausgebauter Kinderbetreuung, Ganztagsschulen etc. Was tun, wenn die Kinder krank sind? Was tun, wenn sie die langen Trennungszeiten von der Mutter nicht verkraften? Wenn sie die Trennung der Eltern nicht verwinden? Oft zeigt sich das erst Jahre später in Schulverweigerung, Aggression oder Depression, Verhaltensstörungen, psychosomatischen Erkrankungen wie zum Beispiel unklare Bauch- oder Kopfschmerzen oder Essstörungen. Ich konnte als Lehrerin ein Liedchen davon singen und das wird immer schlimmer. Es macht auch die Lehrer krank, wenn sich solche Fälle in einer Klasse häufen und ganze Kollegien nicht nur mit Kindern in Schwierigkeiten zu tun haben, sondern auch mit überbesorgten Helikoptereltern, die sich ständig in alles einmischen oder mit vernachlässigenden Eltern, die sich um rein gar nichts kümmern.

Es freut mich zu lesen, dass du so glücklich in deinen eigenen vier Wänden bist. Ich wünsche dir für das Jahr 2015 alle Gute, viel Freude und Erfolg in der Ausbildung und späteren Berufstätigkeit. Ich hoffe von Herzen, dass du später noch weitere Geschwisterkinder für deinen Sohn bekommen wirst. Wie stolz wird er als großer Bruder sein: Beschützer, Begleiter, Entlastung, was ich dir auch vom Kindsvater wünsche. Das sind zwar geschlechtertypische Klischees und dürfte die kinderlosen Genderixen (das sind die Menschen, meistens Frauen, die meinen, es gäbe keinen Geschlechts-

unterschied außer dem rein biologischen, den sie einfach nicht leugnen können. Es sind Ideologen, die behaupten, die Geschlechterrollen seien lediglich anerzogen, es gäbe keinen weiblichen oder männlichen Instinkt etc., die mich auf die Palme bringen. Dennoch ist es doch eher so, dass wir uns einen starken Mann an unserer Seite wünschen, auf den wir uns verlassen können, oder?

Was deinen Traum vom Studium angeht. Glaube nicht, dass nur studierte Leute gute Eltern sind. Es ist viel wichtiger, in der frühen Phase der Kindheit und auch während der Pubertät, Zeit und Kraft für die Kinder und die Partnerschaft zu haben, statt sich für Geld und Karriere, für Statussymbole wie „schau mal mein Haus, mein Auto, mein Urlaub, meine super Position in der Firma" aufzureiben. Unsere Gesellschaft braucht die praktischen Leute weitaus dringender. Und sie braucht viele gesunde, starke Kinder, wilde Jungs und mutige Mädchen, die später selbstbewusst ihren eigenen Weg gehen, selbstverantwortlich ihr eigenes Leben in die Hand nehmen, statt ewig den Eltern oder dem Staat auf der Tasche zu liegen. Junge Erwachsene, die später einfach zugeben dürfen: Ich wünsche mir eine große Familie. Ich wünsche mir Kinder. Ich wünsche mir einen starken Partner. Ich wünsche mir eine Gesellschaft, die Erziehungsarbeit genauso honoriert wie Erwerbstätigkeit. Mit einem Erziehungsgehalt, mit einer eigenständigen Rente für Erziehungszeiten. Dann muss keine Mutter, kein Vater mehr fürchten, durch Kindererziehung arm zu werden. Ich glaube fest daran – und dieses Buch soll dazu beitragen-, dass unsere Steuer-, Sozial- und Rentensysteme radikal geändert werden, werden müssen, um die Rahmenbedingungen für eine familienfreundliche Gesellschaft zu schaffen, wo es wieder Freude macht, Kinder zu haben.

Weißt du, dass ich als Fachübungsleiterin im Behindertensport und Rehabilitationssport arbeite? Wir nahmen mal an einer Umfrage teil, wo unsere geistig Behinderten für ein Magazin Fragen beantworten sollten. Auf die Fragen: „Warst du schon einmal im Krankenhaus? Wie hat man dich dort behandelt? Was hat dir besonders gefallen? Was hat dir Angst gemacht?" sagten sie einstimmig. Ja, wir waren schon im Krankenhaus, man hat uns gut behandelt, wir hatten keine Angst, weil die Leute so nett waren. Und am besten haben uns die Krankenschwestern gefallen, die waren sooooo hübsch!!!

Ja, liebe Nadine, du siehst, Krankheiten, Unfälle, Schmerzen und Nöte erträgt der Mensch viel leichter, wenn die Menschen, die ihn behandeln und pflegen, nett sind, menschlich sind, sich dem Patienten zuwenden, gerade auch wenn er alt oder behindert ist. Das ist nicht selbstverständlich bei all der Hektik, all dem Stress, all dem Arbeitsdruck auf den Stationen, im OP, in den Ambulanzen, Tag und Nacht, Schicht um Schicht.

In diesem Sinne wünsche ich dir ein Durchhalten im Beruf, auch wenn es manchmal hart ist und nicht so toll bezahlt wird.
Mein Respekt, meine Hochachtung vor deiner Leistung als junge Mutter in Ausbildung!

Gehe weiter deinen guten Weg!

Liebe Grüße

Deine ehemalige Lehrerin Ute Steinheber,

die dich in bester Erinnerung hat.

(9) Wüstenblume

April 2010. Ein Anruf aus Hamburg. Die Tochter einer Freundin aus Algerien macht Abitur und soll die Abschlussrede halten zum Thema Bildung und Integration. Sie laden mich ein zum Dank und als Anerkennung meiner Verdienste in der Sache.
Arlette kam 1993 nach Deutschland. Sie floh vor ihrem schlagenden Mann, der sich einst dem Militärdienst in seinem Land entziehen wollte und erst in Paris, dann in der elsässischen Hauptstadt Medizin studierte. Seine reiche Familie finanzierte das Studium im Ausland. Zurück konnte er nicht mehr, er wäre sofort in den Knast gewandert oder gleich erschossen worden. Jedenfalls war er unglücklich, entwurzelt, unbeherrscht, trotz seiner brillanten Intelligenz. Er flüchtete sich in Ehrgeiz, Fußball, Alkohol und in die Ablenkung mit anderen Frauen.

So setzte sich Arlette in ihrer Verzweiflung mit ihrem dreijährigen Kind in Straßburg ohne Fahrkarte in einen Zug. An der Grenze wurden sie aufgegriffen, Karlsruhe war die erste Haltestelle. Dort kam sie in ein Asylbewerberheim für Frauen und Kinder, später gelangten sie über ein Kontingent in unsere Gemeinde, wo ich gebeten wurde, für sie zu dolmetschen und ihr Deutschunterricht zu geben. Meine Jüngste und ihre Tochter waren gleichaltrig, was sich noch als sehr problematisch erweisen sollte.
Ich war damals vom Schuldienst beurlaubt, man kannte meine Sprachkenntnisse und wusste, dass ich Zeit hatte und so wurde ich einfach angesprochen und eingespannt. Ich begleitete sie zum Arzt, auf Behörden und Ämter, gab Nachhilfe bei mir zuhause, in der Hoffnung, Kinderbetreuung und Ehrenamt auf das Beste zu vereinbaren. Arlette war damals hilflos und alleine, ich war ihre einzige Vertraute, ihre Freundin, ihr Tor zur deutschen Sprache und Kultur. Die Gemeinde sorgte für Unterkunft, Erstausstattung und Taschengeld. Ab und zu kochten wir zusammen: algerische, französische, deutsche, italienische Küche. Wir sangen mit den Kindern Lieder: französische, arabische, deutsche.

Wir beiden Frauen verstanden uns prächtig, denn ich war so interessiert an ihrer Geschichte, an ihrem Land, an ihrer Kultur. Ich bewunderte die Schönheit dieses kleinen Mädchens, sie war das schönste Kind, das ich je gesehen hatte.

Aber unsere Töchter konnten sich nicht ausstehen. Sie schlugen und bissen sich, sie rissen sich an den Haaren und als es einmal verdächtig still war und leichter Brandgeruch durch die Wohnung zog, war es dann genug. Die beiden hatten sich eine Höhle gebaut. Die Wolldecke von der Couch über den Esstisch gezogen, einige Teelichter und Kerzen, die sie finden konnten, darunter angezündet, um ... Friseur zu spielen. Die Haushaltsschere in der Hand überraschte ich Mirjam. Sie und meine Tochter Celina saßen brav mit einseitig kurz geschnippelten Stufen, den Pony direkt am Stirnansatz gestutzt, unter der kokelnden Decke. Noch waren es keine Flammen, der Parkettboden blieb unbeschädigt, aber ich wusste, jetzt muss ich die Reißleine ziehen, mich abgrenzen. So geht das nicht weiter.

Fünfzehn Jahre später. Ich sage der Einladung spontan zu, richte es ein, einige Tage zu verreisen. Wieder einmal nach Hamburg fahren, ein kulturelles Ereignis, verbunden mit einem Besuch meiner alten Bekannten. Was ist aus ihr geworden, seit sie aus unserer Gemeinde weggezogen ist? Wo und als was arbeitet sie? Als Haushaltshilfe, als Kassiererin im Drogeriemarkt? Als Friseurin? Oder hat sie sich weitergebildet, sogar studiert? Lebt sie alleine? Hat sie einen Mann gefunden? Ein neues Zuhause?

Wir sprechen französisch-deutsch durcheinander, alles so vertraut, sie bedankt sich immer wieder für die Starthilfe, damals in den neunziger Jahren. Sie ahnt nicht, welch schwere Zeiten ich inzwischen erlebte.

Diese Einladung macht mich neugierig. Arlette will mich unbedingt sehen, mit mir sprechen, mir ihre nun erwachsene Tochter vorstellen. Dieses neunzehnjährige, sehr begabte Mädchen erzählt mir begeistert vom bilingualen Theaterprojekt ihres Profilkurses Französisch, von ihrem Hobby, dem Theaterspielen. Und sie, Mirjam, in einer Hauptrolle! Was für eine Chance. Und jetzt soll sie sogar die Abirede halten! Als Vorbild, als gelungene Integration.

Die Mutter ist natürlich stolz auf ihre erfolgreiche, natürlich gebliebene Tochter mit diesen maghrebinischen Touch ihres außergewöhnlichen Äußeren. Die dichten schwarzen gekräuselten Haare, oft in einem dicken, eleganten Knoten am Hinterkopf gebändigt.

Fördern, fordern und verzichten, eine bewundernswerte Leistung über all die Jahre als alleinerziehende Mutter. Die Kämpfe um den Unterhalt seitens des Vaters. Die Härten des Wegs durch zahlreiche Sprachkurse, Prüfungen bis hin zu einer eigenen Ausbildung Arlettes als Zahnarzthelferin. Die Distanz, diese Zerrissenheit zwischen den Eltern, zwischen den Kulturen und Sprachen. Die Mutter spürt, wie gut der Tochter diese Rolle tut, diese Aufmerksamkeit, wie sehr sie sich auf den Auftritt beim Abiball freut.

Die Anerkennung durch die Rollenbesetzung erhöht Mirjams Selbstbewusstsein, das schon viele Dämpfer einstecken musste. Zu fremd der Name, zu exotisch das Aussehen, zu zurückhaltend das Benehmen. Mirjam Boupascha, dein Papa ist ein Pascha, deine Mutter eine Maghrebiiiiiene. und du bist eine Wüstenziiiiege, so die primitiven und gemeinen Kommentare neidischer Mitschülerinnen ... deshalb hat sie die Schule gewechselt, eine Klasse wiederholt. Wäre fast gestrauchelt im pubertären Unverstand durch Schwänzen, Lügen, Abhängen mit den falschen Freunden. Aus Trotz und Rebellion.

Doch Arlette, meine alte Freundin, geschieden, resolut und inzwischen der deutschen Sprache sehr gut mächtig, hielt zu ihrer Tochter. Sie verhandelte hart mit den Schulleitungen, ließ sich nichts gefallen. Sie setzte sich durch. Heute wartet ein Stipendium auf Mirjam. Wegen exzellenter Leistungen. Wunschfach Psychologie. Mirjam Boupacha, du schaffst es. Wir brauchen dich. Deutschland braucht dich.

(10) Gut gemacht, Alphamädchen! *

Susanne Klingner, geboren 1978, studierte in Leipzig Politik und Journalistik. Sie absolvierte ein Volontariat bei der taz und arbeitet als freie Journalistin in München. Sie ist Gründerin des feministischen Weblogs maedchenmannschaft.net. 2008 veröffentlichte sie mit Meredith Haaf und Barbara Streidl „Wir Alphamädchen". Dieses Trio zählt(e) sehr zum Ärger von Alice Schwarzer zu den wilden, jungen Spaßfeministinnen. Der Einfluss von Radikalfeministin Bascha Mika ist unübersehbar. Doch, welch Wunder, 2011 erschien Klingners Buch „Hab ich selbst gemacht", auf das hier Bezug genommen wird.

Sie hat gerade ein Baby gekriegt und war auf dem Selbstmach-Trip. Ich frage mich, ob das nicht einfach ein PR-Gag war. Nicht das Baby, aber das Selbermachen. Sie hat Seife gekocht und Marmelade, sie hat genäht, gestrickt und geschreinert wie einst Großmama oder Großpapa. Das war ihr doch lange zuwider. Zu rückwärtsgewandt, zu bürgerlich, zu spießig. Sie hat natürlich Abitur gemacht, dann Journalistik und Politikwissenschaften studiert. Und dann hatte sie diese Idee, ein Buch darüber zu schreiben. Feminismus und Selbermachen passen zusammen. Aha. Interessant. Sie hat das jetzt mal ausprobiert, weil sie Lust darauf hatte und eigene Ideen umsetzen wollte, kochen und stricken als Ausdruck des Selbst. Rolle rückwärts also. Wir sind gespannt.

Sie wollte Produzentin sein, nicht Konsumentin. Wie sonderbar das klingt aus dem Mund einer jungen bekennenden Feministin, eines Alpha-Mädchens. Irgendwie total befremdlich, irgendwie verlogen oder doch eher verzweifelt, weil der Acht- bis Zehn-Stundenjob am Computer sitzend doch irgendwie unbefriedigend ist und sie unglücklich macht?

Was Frauen über Jahrtausende hinweg zuhause leisteten und arbeiteten, um zu überleben, um zu leben, was sie an ihre Töchter und Söhne weitergaben, damit auch sie leben und lieben, zufrieden und glücklich sein konnten, wenn nicht Kriege oder Hungersnöte, Seuchen, Brände oder Unwetter alles töteten oder vernichteten.

Die Arbeit der Frauen sicherte das Überleben zuhause und niemand zweifelte am Sinn ihres Tuns. Das sollte sich dramatisch ändern, als es wirtschaftlich aufwärts ging, die Bildung auch für die Menschen einfachen Standes Einzug hielt und nicht nur Adels Töchter in den Genuss von Schulbildung kamen.

Die Emanzipation lehrte doch, dass aus Traditionen ausgebrochen werden muss, häusliche Betätigung und Mutterschaft in die

Knechtschaft, in die Unfreiheit, in Abhängigkeiten vom Mann führe und dies die Frauen zwangsläufig unglücklich mache.

Was jetzt? Also wieder Rolle rückwärts? Hat Alpha-Mädchen doch noch andere, ganz menschliche, ganz weibliche Sehnsüchte? Ein Baby, etwas Selbstgemachtes, Selbstproduziertes? Sie hat das Bedürfnis, ihre Hände zu benutzen. Etwas anzufassen, anzupacken.

Das hatten unsere Mütter, Großmütter, Urgroßmütter auch schon. Es war für sie selbstverständlich, Kinder zu kriegen, sie anzufassen, zu berühren, zu stillen, in den Schlaf zu wiegen. Trotzdem wurden die Säuglinge häufig an die Wand genagelt in ihren Tragekörbchen oder Stoffwickelcocons, damit sie im engen Stall nicht von der Kuh getreten wurden, während die Mutter molk oder ausmistete, Stroh und Heu verteilte. Im Haus wurden sie an ein Tischbein gebunden, damit sie nicht davon krabbelten oder in ein Laufställchen gestellt, wo sie an einem harten Brotkanten lutschten und herumbissen und die größeren Geschwisterkinder Großvaters selbst geschnitztes Holzpferdchen ritten oder ihr Püppchen an- und auskleideten. Alles selbst genäht von der Mama, der Oma oder der Tante oder der Magd.

Und alle waren beisammen, eine Einheit, menschlich, wirtschaftlich, harmonisch oder zerstritten, aber sie waren nicht allein, selbst wenn Kriege die Männer und Söhne entzogen, so waren die Frauen und Kinder und Alten eine Einheit und halfen sich gegenseitig über die Generationen und Stände hinweg in guten und in schweren Zeiten. Nur so haben sie es geschafft. Das Leben und die Arbeit waren hart.

Hat das Alpha-Mädchen mit Superabitur tatsächlich Aristoteles gelesen? Dieser alte Grieche, der als erster erkannte und schrieb, dass die Mutter der Betriebswirtschaft die Hauswirtschaft ist? Und dass Geld nur einen sozialen Tauschwert hat, einen imaginären Scheinwert?
Wir alle und insbesondere seine eigenen Landsleute im 21. Jahrhundert sollten sich seiner Worte erinnern. Heute wird in Griechenland, genauso wie bei uns, die Volkswirtschaft beherrscht durch Verantwortungslosigkeit, Verlogenheit, Konsum, Kredit, Korruption bei den Großen, woraus Proteste, Brandsätze, Vandalismus, Enttäuschung bei den Kleinen entstehen? Täusche ich mich? Und unser Euro? Welchen Scheinwert hat er heute und welchen morgen?

Alpha-Mädchen protestiert gegen ausbeuterische Arbeitsbedingungen in unserer modernen Industrie- und Dienstleistungsgesellschaft. Sie will wissen, was in einem Produkt drin ist an Zusatzstoffen, an Gewürzen, an Zutaten. Sie will ihrem Baby keine Gifte in der Muttermilch weiterreichen. Keine Chemie in den Spielsachen und Textilien akzeptieren. Sie will ein Zeichen setzen für ökologisches und ökonomisches Handeln. Selbst bestimmt und frei und gleichberechtigt. Wow. Was Alpha-Mädchen** doch für Umwege gehen, bis sie erkennen, was unsere Ahnen so alles gut gemacht haben. Dass Selbermachen frei und unabhängig macht. Dass Selbst-Hergestelltes eine Seele hat, mit Herzblut gekocht, doppelt und dreifach so gut schmeckt und so preisgünstig ist. Wo doch Bofrost-Produkte tiefgekühlt und überteuert, mit ökologisch schwieriger, weil verschwenderischer Energiebilanz daher kommen.

Das Selbermachen ist wie ein Flow. Frau schwimmt dahin auf Wogen des Glücks, der Entspannung, des Wohlgefühls beim Marmelade kochen, beim Teigkneten, beim Kleidchen nähen. Da versinkt frau in die Ruhe der Tätigkeit, in die Wärme des Herdes, in die Sinnlichkeit der Gerüche, selbst wenn etwas anbrennt, karamellisiert, was heute wie ein Fruchtbonbon von der Ceranplatte gekratzt werden kann. Was früher verkohlte, ungenießbar, mit Schmutz verbunden war.
Selbermachen macht frei und glücklich, ja selig, denn da vergisst frau alles andere, diese harte fremde Arbeitswelt da draußen in Großraumbüros und Fabrikhallen, in Supermärkten und S-Bahnen. Und dann, abends, wenn der Mann heimkommt, hungrig, durstig, vielleicht nass und frierend, dann freut er sich auf diesen Moment des Heimkehrens. Auf diesen Eintritt in die Welt der Gerüche, der Wärme, der Trockenheit am Ofen. Früher, es ist nur ein paar Jahrzehnte her, da freute man sich auf den selbst gemachten Braten mit den Klößen oder das Brot oder den Kuchen. Man genoss das umschlungen Werden kleiner Arme und Beine, die Freudenschreie der Kinder.

Aber leider sind heute alle so satt, so übersatt und trocken und körperlich nicht ausgelastet, aber die Nerven liegen blank, sodass sie nicht mehr heim wollen zu einer Hausfrau und sehnsuchtsvoll wartenden Kindern, sondern ins Fitnessstudio rennen oder zum Italiener. Oder sie fahren 200 Kilometer zur Freundin. Immer mehr Männer und Frauen wollen keine heulenden Kinder mehr trösten, noch den Abwasch machen. Sie wollen ihre Ruhe. Sie bleiben kinderlos. Denn diese Arbeitswelt da draußen und all dieser Wohlstand und Überfluss haben schon ihre menschlichen Bedürfnisse abgestumpft oder abgetötet. Nur ganz drinnen in ihren Herzen und Seelen, fest umschlossen und verborgen unter ihrem zwanghaften, politisch korrektem Karrieredenken, dem Streben nach Prestige und Image, nach der Sicherung des Sozialstatus auch im Alter und Börsennotizen gibt es das noch, diese Sehnsucht nach den alten, einfachen Lebensweisen, die uns glücklich machen. Aber wissen wir, spüren wir noch, was wir wirklich brauchen, was uns wirklich fehlt?

Alphamädchen ist heute, nach dem Experiment mit all seinen Erfahrungen, den Mühen, den Erfolgen und Misserfolgen ein bisschen schlauer, ein bisschen weniger überheblich und einfach glücklicher. Wunderbar gemacht, Alphamädchen. Gratulation! Eine tolle Sache, dieser Erfahrungs-trip. Zum Weitererzählen. Zum Nachmachen. Zum Selbermachen.

* siehe Susanne Klingner: Hab ich selbst gemacht! 365 Tage, 2 Hände, 66 Projekte im Kiwi-Verlag 2011
** siehe auch: Wir Alphamädchen von Meredith Haaf, Susanne Klingner und Barbara Streidl 2008 Hoffmann und Campe, Hamburg

Bindung statt Trennung (Reflexion)

Plädoyer für eine innerfamiliäre frühkindliche Erziehung statt staatlicher Krippenerziehung

So wie Pflanzen Licht und Wasser brauchen, um zu wachsen und Wurzeln zu schlagen, so brauchen Kinder die Nähe, die Liebe, die Resonanz fürsorglicher und zuverlässiger Erwachsener. Kein anderes Lebewesen ist so ausgeprägt und derart lange auf liebevolle Fürsorge angewiesen wie der heranwachsende Mensch. Bekommt er diese nicht, kann er nicht gedeihen.

Die erste, die primäre und wichtigste Bezugsperson im Leben einen kleinen Menschen ist und bleibt die leibliche Mutter. Nicht immer und immer seltener wird diese ideale und natürliche Bindung Realität. Starben früher die Mütter häufig im Kindbett, so ziehen die gesunden, gut ausgebildeten Frauen heute Beruf oder Karriere vor. Bieten der Vater, die Großeltern oder weitere Bezugspersonen Ersatz, erfüllen sie ihre Rolle fürsorglich und zuverlässig, entwickelt sich die elementar wichtige emotionale Bindung des Kindes auch hier, in der Sicherheit eines innerfamiliären Rahmens.

Liebe ist Fühlen. In den ersten Monaten und Jahren bedeutet das für den „Tragling" Mensch natürlicherweise enger Körperkontakt mit der Mutter. Einzig die leibliche Mutter kann und darf ein geradezu erotisches Verhältnis zu ihrem Baby haben und genießen, so die Paar- und Familientherapeutin Esther Perel (*Wild Life: Buchtipp siehe Anhang*). Das Stillen und Nähren an der Mutterbrust ist dafür beispielhaft, aber auch die natürlichen Gesten der Pflege, des Säuberns und Wickelns machen Mutter und Kind glücklich, sie sind fühlbarer Ausdruck der Liebe und wichtig für eine gesunde Entwicklung.

Fehlt diese Art der sinnlichen Zuwendung, wird sie erst gar nicht als elementares Bedürfnis wahrgenommen, so zählt das im späteren Leben zu den Entbehrungen, die sich in Neurosen wie zum Beispiel in Depression, diversen Suchtverhalten oder in einer gestörten Sexualität niederschlagen können. Auch wenn es einer der extremen Einzelfälle ist, die in den letzten Jahren ans Licht kamen: Der 2009 verurteilte Inzesttäter Josef Fritzl - er war ein unerwünschtes, ungeliebtes Kind. Auf grausame Weise „besorgte" er sich später das, was er seit frühester Kindheit vermisste, nämlich Liebe. Sind Inzest, Pädophilie und Kinderpornographie – ein ansteigendes gesellschaftliches Phänomen der Männerwelt durch alle Schichten – Zeichen frühkindlicher, mütterlicher Versäumnisse? Nachwirkungen eines lieblosen Umgangs, von Misshandlung und Grenzüberschreitungen in der traurigen Kindheit der Täter? Statt Liebe und gesunde Sexualität zu erleben, setzt die Flucht in virtuelle Welten ein, in verrohenden Voyeurismus, in Suchtverhalten und verheerende Brutalität. Es ist bittere Wahrheit, dass hier in Deutschland, einem reichen Industrie- und Sozialstaat, Säuglinge und Kleinkinder verwahrlosen, verhungern, zu Tode geprügelt, getötet werden. Man fragt sich: Wer tut so etwas? Was sind das für Menschen? Warum haben sie kein Mitgefühl, kein Erbarmen, kein Gewissen?

Die moderne Mutterschaft passt nicht mehr in die natürliche Mutter-Kind-Idylle. Die moderne Mutter will außerhäuslich arbeiten, das wird ihr hartnäckig suggeriert. Der Preis ist der Verlust der Nähe zum Kind, der innigen Bindung, die ein Leben lang hält oder fehlt.
Frauen, die in den ersten Jahren bei ihren Kindern bleiben wollen, werden nicht gefragt. Sie werden pauschal als rückständige Heimchen am Herd diskriminiert. Nach 12 oder 14 Monaten Elternzeit, gefördert durch das Elterngeld, sollen professionelle Kinderpflegerinnen und Erzieherinnen ersetzen, was die berufstätige Mutter der Zielgruppe, Akademikerin der Mittelschicht, politisch korrekt nicht mehr bieten soll, zeitlich gar nicht mehr leisten kann, unter dem eigenen und dem gesellschaftlichem Erwartungs-druck freiwillig aufgibt: Ihre Mütterlichkeit, ihre enge Bindung zum (Einzel?-)Kind zugunsten ihrer beruflichen Karriere, ihrer Unabhängigkeit und Flexibilität. Denn: Bindung macht abhängig und verletzlich. Bindung macht neurobiologisch süchtig. Trennung verursacht Schmerz.

Der moderne Mensch strebt aber nach Unabhängigkeit, die Wirtschaftsunternehmen wollen flexible, allzeit bereite Mitarbeiter-Innen. Firmeninterne und/ oder staatliche Krippenerziehung sind politisch erwünscht, werden mit immensen Summen an Steuer-geldern gefördert und ausgebaut, das schlechte Gewissen abgeschafft. So wettert die Wirtschaft heftig gegen das von der CSU initiierte verlängerte Betreuungsgeld von 14 auf 24 Monate „als

Rückschritt, der den mühsam errungenen Verdienst aushebele, Mütter etwas zügiger in das Erwerbsleben zu bewegen", so z.B. Thomas Straubhaar vom Wirtschaftsforschungsinstitut HWWI. Zu welchem Preis?

„Trotzdem wird die Geburtenrate weiter sinken", so der Bevölkerungswissenschaftler Prof. Herwig Birg in einem Interview mit der Stuttgarter Zeitung, „denn in einer dynamischen Wirtschaftsgesellschaft sind langfristige Festlegungen im Lebenslauf, wie es Heirat oder Kinder nun einmal sind, für die Karriere tödlich. Immer mehr Menschen wollen ausdrücklich keine Kinder, auch wenn alles Wünschenswerte und Machbare in der Familienpolitik gemacht würde. Das ergibt sich aus Umfragen." Der Kanadische Bindungsforscher und Entwicklungspsychologe Dr. Gordon Neufeld, sowie sein Co-Autor und Arzt Gabor Maté betonen in ihrem Buch „Unsere Kinder brauchen uns" (siehe Anhang) „Viele Phänomene, die die postindustrielle Welt überschwemmen, sind in der Trennung der Kinder von ihren Eltern begründet. In all unserer Modernität haben wir vergessen, dass es ein Naturgesetz ist, das Kinder an ihre Eltern bindet oder an die Personen, die sie vertreten. Das können auch Adoptiveltern sein, Pflegeeltern oder Großeltern. Es ist eine Verletzung dieses Naturgesetzes, dass im Krippenalter von 0-3 Jahren Professionelle mitmischen, die niemals diese wichtige Bindung zu einem Kind aufbauen können".

Professionelle müssen einen angemessenen Umgang mit den ihnen anvertrauten Kindern üben. Sie dürfen nicht wirklich zärtlich sein. Sie brauchen für sich selbst eine sichere emotionale Distanz. Bindung im tieferen Sinne findet hier nicht statt. Einfach, weil es sich um fremde Kinder handelt und nicht um eigene. Weil sie nicht nur eines, sondern im günstigsten Fall mindestens drei oder gar fünf oder mehr Kinder zu betreuen haben. Weil sie sich selbst vor allzu viel Bindung und damit auch vor Trennungsschmerz schützen müssen.

Für professionelle Erzieher, egal wie qualifiziert auch immer, ist Betreuung, Erziehung und frühkindliche Bildung ein Job. Eine Arbeitsstelle kann gekündigt werden, kann wegfallen. Eine Erzieherin kann schwanger werden und ihren Arbeitsplatz verlassen, sie kann umziehen, sie kann wiederkommen oder auch nicht. Praktikanten kommen und gehen innerhalb weniger Wochen oder Monate. All diese Unwägbarkeiten sind ein Risiko für die gesunde Entwicklung von Kleinstkindern, die in sozialen Störungen, in einem Stillstand der körperlichen und sprachlichen Entwicklung und insbesondere in Bindungsunfähigkeit münden können. Das alles ist derart wohl bekannt und durch zahlreiche wissenschaftliche Studien (*z. B. die NICHD- Studie der USA und Anschlussbericht in Child Development März/April 2007*) belegt, dass man es kaum wiederholen mag. Trotzdem werden diese Erkenntnisse verleugnet und verkannt. So fragt der leitende Autor der Studie, Dr. Jay Belsky, mit Sorge: „Was passiert in Klassenräumen, Schulen, Spielplätzen und Gemeinschaften, wenn mehr und mehr Kinder in immer jüngerem Alter mehr und mehr Zeit in Krippen verbringen, von denen viele unstreitig von begrenzter Qualität sind?" *(siehe Familiennetzwerk-Wissensdatenbank: NICHD-Studie unter http://wissen.familie-ist-zukunft.de S.1 von 4)*

Unter der Trennung leiden übrigens auch Eltern, was unter den Teppich der Emanzipation und der Verdrängung, sprich der Verleugnung, gekehrt wird. Fließt während des gesamten Schöpfungsaktes reichlich Oxytocin, ein Glückshormon, das an den Rezeptoren des Emotionszentrums, dem Limbischen System im Mittelhirn, andockt und unbeschreibliches Wohlgefühl hervorruft, Schmerzempfindungen dämpft und emotionale Nähe und Bindung fördert, so reagiert der Körper bei Trennung mit Ausschüttung des Gegenspielers Cortisol. Bei Trennung meine ich hier insbesondere die frühzeitige, vorzeitige Trennung von Mutter und Kind. Auch wenn es der Mutter oder dem Vater schwer fällt: Sie wissen, dass sie – nach der Arbeit oder nach einer kurzen Auszeit zur Erholung – ihr Kind bald wiedersehen.

Das Kleinstkind aber weiß das nicht. Es ist entwicklungspsychologisch gesehen noch nicht in der Lage, bei körperlicher Trennung von seinen Bezugspersonen das Gefühl der Bindung aufrecht zu erhalten. Es fühlt Schmerz, es leidet, es fühlt sich verlassen. Neueste Langzeitstudien aus den USA beweisen *(siehe Dr. Böhm, Kinder- und Jugendarzt am Sozialpädiatrischen Zentrum Bielefeld-Bethel, auch unter www.fachportal-bildung-und-seelische-gesundheit.de)*, dass eine große Zahl krippenbetreuter Kinder einen ähnlich erhöhten Cortisol Spiegel aufweisen wie misshandelte, in ständiger Angst lebende Kinder, und von der frühen, lang anhaltenden Trennung von den Eltern sowie von der Gruppensituation emotional massiv überfordert ist.

Mit Langzeitfolgen!

Lernprozesse werden unter solchem Trennungsstress verhindert. „Black holes" statt „hot spots". Schwarze Löcher, Erinnerungslücken, das Nichtabspeichern von Wörtern und Sätzen statt heißer Stellen, die ein rasches Lernen durch neurophysiologische Vernetzungen im Gehirn ermöglichen würden. Was viel besser gelingt, wenn das frühkindliche Lernen in emotionaler Sicherheit z.B. auf dem Schoß einer festen Bezugsperson beim Vorlesen stattfindet. Dass diese ersten Lernprozesse nicht mehr selbstverständlich dort ablaufen, wo sie hingehören, nämlich in den innerfamiliären Kontext, erklärt eine der Ursachen für die spätere Bildungskatastrophe. Deshalb: Bindung vor Bildung!

Eine weitere Ursache ist, dass in vielen Familien aus Interesselosigkeit, Zeitmangel oder Erschöpfung gar nicht mehr gelesen wird, keine Kinderbücher, keine Jugendliteratur. Es ist ernüchternd, dass immer häufiger keine Märchen mehr erzählt, keine Geschichten mehr erfunden werden. Dass keine Fantasie mehr ausgebildet, kein Memory Spiel das Gedächtnis trainiert, kein Kartenspiel mehr gespielt wird. Es wird zunehmend geglotzt, getwittert, gechattet. Die Folgen sind verheerend.

Es ist eine Tatsache, dass immer weniger Kinder ihre Zeit mit Basteln oder Bewegungsspielen im Freien verbringen, was ihre fein- und grobmotorischen Fähigkeiten nicht zur Entfaltung bringen lässt. Es ist eine Tatsache, dass immer mehr Kinder fehl ernährt werden und immer häufiger zu Essstörungen neigen. Es ist eine Tatsache, dass immer mehr junge Eltern erziehungsunfähig, bindungsunfähig, depressiv oder süchtig sind, was auch nicht stoffliche Süchte einschließt wie permanentes Online- Sein, Handysucht, Partnerwechsel. Wo bleibt da die Zeit, die Kraft, die Sorge um Kinder und Haushalt? Ein trauriges Szenario. Dann also doch lieber frühkindliche Krippenerziehung mit gesunder Kost, Waldspaziergängen und sozialer Interaktion in der Gruppe?

Laut Professor Gordon Neufeld, *(siehe Rezension im Anhang: Unsere Kinder brauchen uns)* leiden wir heute an der größten Bindungsstörung, die es jemals gegeben hat und die sich unter anderem darin zeigt, dass Gleichaltrige im Leben vieler Kinder die Eltern ersetzen und dass Bindung beliebig geworden ist. Trennung, das bedeutet auch eine nicht mehr statt findende tiefe Beziehung zwischen Kindern und anwesenden, aber sich nicht mehr kümmernden Eltern. Das bedeutet auch die Kluft zwischen Teenagern und leiblichen Eltern, die abwesend sind weil sie hart arbeiten und die sich gerne mehr kümmern würden. Das bedeutet aber auch die Kluft zwischen Eltern, die emotional völlig unbeteiligt oder Eltern, die getrennt, überfordert bis zum Burnout, desinteressiert oder gar psychisch krank sind. Das bedeutet immer häufiger die Beziehungslosigkeit zwischen Elternteil und beliebigen, wechselnder Sexualpartnern als Ersatzelternteile.

Diese Massenphänomene erzeugen Flachwurzler, so möchte ich sie nennen, die den Stürmen des Lebens nicht mehr gewachsen sind, die leicht ausrasten, die niemals tiefe Wurzeln, sprich tiefe, vertrauensvolle, zuverlässige Bindungen erfahren durften, die sie im späteren Leben selbst vor traumatischen Erlebnissen schützen könnten. Was in der frühen Kindheit (nicht) angelegt wurde, zeigt sich später in vielfältigen Neurosen, die nach Arthur Janov *(Der Urschrei)* den Deckel bilden, um den Urschmerz der nicht empfangenen Liebe und Wertschätzung in Schach zu halten. Immer häufiger lesen wir von Amokläufen, von der Auslöschung ganzer Familien, von Kindstötungen und erweiterten Suiziden. Immer häufiger entlädt sich die unerträglich gewordene Spannung nicht wahrgenommener, ungeliebter, nicht Wert geschätzter Menschen in solch schrecklichen Taten. Koma-Saufen, Vandalismus, Mobbing, fehlende Empathie Fähigkeit sind weitere ganz und gar nicht harmlose Formen falscher Orientierung, fehlender Grenzen und zerfallender humanistischer Werte.

Glücklicherweise leisten nach Ansicht der Experten immer noch 1/3 aller Eltern sehr gute bis gute Erziehungsarbeit. Noch! Das zweite Drittel wurstelt sich mehr oder weniger durch und erzielt zumindest noch ausreichend gute Erziehungsergebnisse, auch dank einer gesunden natürlichen Widerstandsfähigkeit (Resilienz) der meisten Kinder. Ein Drittel allerdings kommt schon heute nicht mehr klar mit dem Nachwuchs und braucht dringend Unterstützung, von der Schwangerschaft, über Geburt und Wochenbettbegleitung bis durch die schwierige Zeit der Pubertät. Und es sind die Eltern dieser Gruppe, die dringend in Elternkursen mehr Wissen und Sicherheit in Erziehungsfragen vermittelt bekommen sollten.

Die wahre Erziehungskatastrophe wird erst noch auf uns zurollen, der gesellschaftliche Niedergang wird nicht ausbleiben, wenn nicht energisch entgegen gesteuert wird. Schon heute gibt es viel zu viele Familien mit schädlichem partnerschaftlichem, symbiotischem oder gar vernachlässigendem Erziehungsstil und produzieren launische Prinzessinnen, kleine Terroristen, große Tyrannen, **sprich lebens-, lern- und alltagsunfähige Kinder und junge Erwachsene.**

Der ökonomische Wert des so genannten Humankapitals droht dramatisch zu sinken, die Ausgaben des Gesundheitswesens werden genauso dramatisch ansteigen und letztlich das krank machende System sprengen. Erst dann werden wir wieder zurückgeworfen auf uns selbst. Auf Werte, die im emanzipatorischen, im kapitalistischen Rausch verloren gingen, nämlich, dass Kinder und Eltern zusammen gehören und auch zusammenleben. Der Mensch kann sich an seine Bank, sein Unternehmen, seinen Fernsehsender, seine Aktien binden, es wird ihn oder sie vielleicht reich und bekannt machen, nicht aber glücklich. Das Glück, das uns ein gelungenes Familienleben geben kann, sollte uns angesichts steigender Lebenserwartung in den ersten Lebensjahren unserer Kinder drei, fünf oder zehn Jahre und mehr an innerfamiliärer Vollarbeitszeit und Erfahrung wert sein. *(lesenswert dazu „Fremdbetreuung im frühen Kindesalter" von der Diplompsychologin und Psychoanalytikerin aus Hamburg Ann-Katrin Scheerer unter www.psychoanalyse-aktuell.de)*

Krippenerziehung soll nicht verteufelt werden. Sie kann ein wertvoller Ort sein für Eltern, die ihre Kinder nicht selbst betreuen können oder wollen. Aber auch nach der neuesten Gesetzgebung muss keine Mutter mit Kindern unter 3 Jahren erwerbstätig sein, ihr Unterhalt ist gesichert. Leider, so muss eingeräumt werden, ist in wachsendem Umfang staatliche frühkindliche Erziehung förderlicher als nicht statt findende innerfamiliäre Erziehung. Fremdbetreuung kann ausgleichen und ergänzen. Sie kann den natürlichen Ort der optimalen Entwicklung eines Kindes aber nicht ersetzen. Es bleibt die Hoffnung, dass die klugen jungen Frauen der Mittelschicht, die gebildeten Akademikerinnen erkennen, dass ihre potentiell (hoch) begabten Kinder u n d ihre Mütterlichkeit für das Überleben einer humanen Gesellschaft unersetzlich sind und dass ihr Wunsch nach einer erfüllten, glücklichen Mutterschaft u n d einer beruflichen Zukunft keine Utopie ist. Alles gleichzeitig zu wollen, birgt aber erhebliche Risiken für die Gesundheit von Müttern und Kindern, für das Überleben der Familie, für die Volkswirtschaft, für die Volksgesundheit, für die gesamte Gesellschaft. Alles hat seine Zeit. Alles hat seinen Preis.

Wann hören wir auf, Naturgesetze zu verleugnen? Wie viele Verzweiflungstaten braucht es, bis wir aus den Irrtümern des Kapitalismus, der Emanzipation, des Feminismus, der Beziehungslosigkeit aufwachen? Wie viel Leid, wie viel Unglück, wie viel Einsamkeit ließe sich vermeiden durch die natürliche Bindung der Menschen an ihre Bezugspersonen, von Anfang an bis zu ihrem natürlichen Ende!

(11) *Tango Argentino*

Der Tango Argentino ist ein toller Tanz. Wange an Wange, Brust an Brust. Enge Führung, Berührung, Nähe, Sinnlichkeit. Leidenschaft fließt aus der Musik in die Bewegung.

Nun, sie wollte es kürzlich einfach mal probieren. Mal schnuppern. Etwas tun, was sie immer schon mal tun wollte. Also wagte sie es endlich und meldete sich zu einem Tango Argentino Workshop an unter dem Motto Carpe diem: Nutze den Tag, nutze deine Chance. Das Problem war, alle hatten einen Partner, sie nicht. Ihr Mann tanzt nicht gerne, es interessiert ihn einfach nicht, dieses Herum-Gehopse, er nutzt seine rare Freizeit lieber anderweitig. Das ist schade, doch sie versteht und lässt ihn in Ruhe. Aber die erforderliche Nähe mit einem fremden Partner herstellen? Geht das? Nein, so einfach geht das nicht. Sie will das auch nicht. Also konzentriert sie sich ganz alleine auf die Schrittfolgen, die Drehungen, die Musik. Manchmal tanzt die grazile Tanzlehrerin mit ihr, manchmal werden die Herren durchgewechselt, manchmal schaut sie auch nur zu. Das genügt ihr. Dann aber folgen Einladungen zu Tanzkursen, wo Herren alleine tanzen, Fortgeschrittene, die eine Partnerin suchen. Sie lässt sich zweimal darauf ein, flexibel sollte man schon sein. Die Tochter kann auch mal alleine zu Abend essen nach einem langen Arbeitstag in der Klinik, ist alt genug mit ihren 18 Jahren. Aber eigentlich wäre die Mutter gerne mit ihr auf der Loggia gesessen. Doch Tango Argentino, das gibt es nicht jeden Tag. Vielleicht ist der neue, erwartungsvolle Tanzpartner ja der Hammer. Also rein in das schwarze lange Sommerkleid, die neuen Schuhe. Auf in das Abenteuer Tanz. Tango Argentino. Nun, machen wir es nicht länger spannend. Es wurde ein Flop. Der Tanzpartner, ein schüchterner, kleiner, dünner Waldorflehrer. Ein wirklich netter, aber der Tanz nichts weiter als ein hoch konzentriertes Gestolper. Drehungen, Ochos vorwärts und rückwärts, Wiegeschritt, Grundschritt, aber bitte mit Distanz. Nichts Leidenschaftliches, Sinnliches, keine Nähe. Harte Arbeit, kein Vergnügen.
Tags darauf hatte sie Schmerzen. Keine Rückenschmerzen, Knie-schmerzen. Die Drehungen auf dem Standbein taten dem rechten Knie nicht gut, das sie vor vielen Jahren mal überdehnt hatte. Es tat so weh, dass sie humpelte und den letzten Termin des Tango-Workshops absagte. Plötzlich war ihr das alles zu viel. Sie wäre eh

wieder alleine gewesen, es sei denn, es sei denn, der kleine Waldorflehrer hätte seine Konferenz geschwänzt. Sie will es gar nicht wissen. Tango Argentino, ich habe dich geschnuppert. Mehr wollte sie nicht. Es ist OK so, Tangokurs ist abgehakt auf der carpe diem-Liste.

Übrigens ging sie kürzlich mit ihrem Mann, einem viel beschäftigten und hoch belasteten Wissenschaftler, in ein Variété. Ein Sommergastspiel zu Sonderpreisen für Menu und Champagner: Radio Tango, ein modernes Tanz- und Musikspektakel über Menschen, Tango und die Magie des Radios. Mit Enrique y Judita, Tanz. Mit einem Sextett aus Profimusikern an Piano, Bandoneon, Kontrabass, Violine und Gesang.

Sie wollten schon lange mal wieder etwas für ihre Zweisamkeit tun, ausgehen, sich anstecken lassen von der Leichtigkeit des Seins, des Lebens. Wieder Kraft und Lust auftanken für die eigene Beziehung. Berufliche Anstrengungen, die Bedürfnisse der Kinder, das schmerzende Knie vergessen und das sein, das genießen, was sie auch nach langen entbehrungsreichen Jahren immer noch sind und sein wollen: Ein Paar. Ein Liebespaar. Sich in Tangoschritten wiegend, Wange an Wange, Brust an Brust, taumelten sie kichernd und küssend auf den Teppich im Badezimmer, für ein paar zärtlich-leidenschaftliche Momente im Paradies.

Julia macht einen 400 €-Job, aber sie macht ihn sehr gut. So kommt sie mal raus aus ihrer Wohnung, rein in den Nachbarort. Verdient sich ein kleines eigenes Einkommen.

Schwimmen und Saunieren sind meine Refugien, meine kleinen Inseln des Glücks. Ich komme heute erst spät, auf den letzten Drücker, kurz vor 21 Uhr. Um 22 Uhr schließen Hallenbad und Sauna. Trotzdem zieht es mich noch dorthin. Julia staunt, was, so spät noch? Das berechnen wir jetzt aber nicht mehr. Sie lacht und freut sich, dass ich es noch geschafft habe. Ja, geschafft, nach meinem Krankenbesuch in der Neurochirurgie der Universitätsklinik Tübingen bei meiner Freundin und Sportkameradin, eine drahtige, fitte Frau Mitte fünfzig. Fit bis vor zwei Wochen. Nach Zusammenbruch die Diagnose Hirntumor. Bereits drei Operationen am Gehirn, auch wegen Nachblutungen, dann noch ein Luftröhrenschnitt. Zehn Tage Koma auf Intensivstation, jetzt liegt sie im Zweibettzimmer neben einer Schlaganfallpatientin, einer etwa gleichaltrigen Türkin. Auch diese ist teilweise kahl geschoren, mit Lähmungen, sie kann nicht sprechen, aber küssen. Der erwachsene Sohn demonstriert es stolz.

„Schauen Sie mal, Mama, küss mich!" Und die Mama schließt die Augen und küsst ihren Sohn auf die Wange. Und noch einmal.

„Schauen Sie, sie küsst mich."

Und er strahlt über den Liebesbeweis seiner Mama, die mit der Hand der beweglichen Seite immer wieder verzweifelt über ihren rasierten Schädel streicht. Sie vermisst ihr prachtvolles schwarzes Haar, das so schön und glatt gewesen sein mag wie das ihres Sohnes.

„Mama wird morgen nach Göppingen verlegt, dort ist eine gute Rehaklinik!"

Auch meine Freundin wird man verlegen, sobald sie stabil und transportfähig ist. Mein Gott, transportfähig. Diese schnelle Bergläuferin, diese konditionsstarke, zähe Mountainbikerin. Ihr Leben war Arbeit, Arbeit, Arbeit und Sorge für ihre zwei Mädels als alleinerziehende Mutter. Die beiden sind längst erwachsene, tolle junge Frauen, auch dank des selbstlosen Einsatzes der Großeltern, der kinderlosen Tante Gerlinde und des Onkels, die alle immer für sie da waren, wenn sie gebraucht wurden.

Ich verabschiede mich, als das Pflegepersonal zum Waschen und Überwachen kommt. „Das wird wieder, das kommt alles wieder, Marlene, du bist zäh. Du wirst wieder gesund, du schaffst es. Ich muss jetzt gehen, an die frische Luft, dann schwimmen, du weißt schon".

Ich tauche ein in diese Wärme, diese Gerüche und Düfte, die nicht immer angenehm sind, aber eben menschlich. Auch das mit Gelassenheit zu ertragen, gehört dazu. Zum Berufsleben einer Saunameisterin, wie auch für Schwimmbadbesucher. Julia ist Mitte Vierzig, von Beruf Krankenschwester. Den Job kann sie nicht mehr machen, er ist viel zu hart, viel zu schwer für die dreifache Mutter. Drei Töchter hat sie geboren. Nach der Geburt der Zwillinge riss das innere Bauchbindegewebe, man musste ihr mehrfach Gitter einsetzen, die die Bauchdecke zusammenhalten.
Schwer lupfen ist nicht mehr drin. Gerade noch Handtuchschwingen in der Sauna, zusätzlich zu ihrer Arbeit in ihrem sieben Personen-Haushalt mit pflegebedürftigem Schwiegervater. Die übliche Geschichte. Der Opa will nicht ins Pflegeheim, er sitzt tagein, tagaus in seinem Stuhl am Fenster, um die Passanten zu sehen, um am Leben dort draußen ein bisschen teilzunehmen. Julia nimmt das alles gelassen hin. Sie tut mir gut, weil sie so mitfühlend ist, selbst viele Leidenserfahrungen mitbringt. Trotzdem klagt sie nicht, sie schafft und macht und wirbelt für ihre Familie. Mann und Töchter helfen bei der Pflege des Opas. Er ist nie alleine. Hat der ein Glück.

Nach der langen Autofahrt kann ich im Wasser endlich entspannen, die schmerzlichen Gedanken an meine Freundin loslassen. Ich kraule mich dreißig Minuten frei, dann lege ich mich bäuchlings auf das harte Holz der Sauna. Die Kabine ist fast leer. Keine störenden Gespräche, keine Neuigkeiten aus der Schule, Problemerörterungen über pubertierende Teenager, besorgte, Rat suchende Mütter. Stattdessen pinienduftender Aufguss, Schweißperlen, Wohlgefühl. Dankbarkeit, dass ich hier sein kann, dass ich selbst wieder die Kraft zum Leben fand. Weil es Menschen gibt, die mich lieben, die an mich glaubten, die mir halfen. So kann ich heute auch wiederum weitergeben und empfinden, was andere Gutes tun und das Schlechte, Böse vermeiden. Schmerz und Leiden überwinden, das ist die Kunst. Das Leben lieben und genießen, hier und heute, in einer kleinen Sauna der Provinz.

(13) Marlene

Was ist, wenn keiner mehr Zeit hat? Was ist, wenn es keine familiären und nachbarschaftlichen Netzwerke mehr gibt? Was ist, wenn man keinen Computer mehr starten kann, nicht mal mehr Kontakt zu virtuellen Freunden halten kann? Was ist, wenn es kein Fachpersonal mehr gibt für die ambulante hauswirtschaftliche und pflegerische Grundversorgung? „Geld pflegt nicht", so der Parlamentarische Staatssekretär und Pflegebeauftragte der CDU Laumann, im Februar 2015. Dazu braucht es Menschen. Oder wollen wir Roboter? *(Siehe dazu meine gehässige Satire zum Aufrütteln unter Visionen)*

Marlene ist meine Freundin und Nachbarin, an die ich in der Sauna dachte.

Nachdem sie nach vielen Wochen auf der Intensivstation, nach vier Schädel- bzw. Hirnoperationen zur Entfernung großer Tumoren und nach zwei gefährlichen Nachblutungen aus dem Universitätsklinikum Tübingen entlassen wurde, stellt ihre Zwillingsschwester Gerlinde folgenden Plan auf: Rund um die Uhr muss eine Betreuung durch vertraute Personen gewährleistet sein, bis die Zeit reif ist für eine langwierige Rehabilitation in einer Fachklinik. Marlene ist verwirrt, steht unter starkem Medikamenteneinfluss, darunter hoch dosiertes Cortison. Ohne Unterstützung der Familie und Nachbarschaft müsste Marlene in ein Altenheim zur Kurzzeitpflege eingewiesen werden! Wenn alle diese beteiligten Frauen berufstätig wären, in Aufsichtsräten sitzen würden, auf Konferenzen Reden halten müssten, in Unternehmen, Ämter oder Schulen präsent sein müssten, müssten alle Verunglückten, alle hilfsbedürftigen Alten, alle Pflegebedürftigen, alle kranken Kinder, alle, alle vom Staat versorgt werden.
In überfüllten Heimen, in überfüllten Krankenhäusern, in überfüllten Versorgungstationen mit überlastetem Personal, jeder Willkür, jeder Panne ausgeliefert.

Anonym, unpersönlich, eine Nummer, ein Bericht, ein Aktenzeichen, ein Fall.

Aber hier plant noch ein liebevoller Mensch für Marlene, damit die Versorgung zu Hause klappt.

Hier ihr Merkzettel:

Gerlinde: Was wir grundsätzlich bei Marlene beachten sollten!

Treppen nicht alleine gehen! Draußen Hartschalenhelm tragen. Drinnen Schlafhelm.

- hoch = hinterher gehen
- runter = voraus gehen
- wenn Treppe breit = nebenher gehen
- Herd, Backofen nicht alleine betätigen
- nur mit Gerlinde (Schwester von Marlene)
- Melanie (Tochter von Marlene)
- Besuch/Betreuung (Ute, Silvia, Uschi sind Nachbarinnen)
- Beim Abholen schauen, dass sie zeitig weg kommt zu Terminen
- Bei Eis und Schnee auf der Straße Marlene leicht fest halten
- Brot schneiden, Brötchen/Brezel aufschneiden

Dienstag, den 7. Februar 2012

9.00-10.00 Uhr
Frühstück bei Ute. Ute holt Marlene ab. Gibt Tabletten aus vor dem Frühstück.
10.00-11.00 Uhr
Ausruhen bei Ute auf der Couch.
11.15 Uhr
Ute bringt Marlene zur Mutter zum Mittagessen. Danach Ausruhen.
13.30 Uhr
Silvia holt Marlene bei der Mutter ab und fährt sie zur Ergotherapie.
15.00 Uhr
Uschi holt Marlene am Krankenhaus ab und fährt sie nach Hause. Ausruhen. Notfallpiepser umhängen.
ab 17.00 Uhr
Melanie kommt bis 19 Uhr. Abendessen. Tabletten geben.
ab 19.00 Uhr
Gerlinde kommt und bleibt über Nacht.

Mittwoch, den 8. Februar 2012

9.00-10.00 Uhr
Frühstück bei Marlene. Ute kommt und bringt zwei Laugenbrezeln

mit. Ute überwacht Medikamenteneinnahme vor dem Frühstück. Genug Tee dazu trinken.
10.00-11.00 Uhr
Ausruhen
11.30 Uhr
Ute fährt Marlene zur Hausärztin, da Marlene Schnupfen hat.
12.15 Uhr
Ute fährt Marlene direkt zu Oma Anna zum Mittagessen. Ruhen bis 15 Uhr.
15.00 Uhr
Silvia holt Marlene zu Fuß ab und begleitet sie in ihre Wohnung. Trinkt dort Tee mit ihr, dann wieder ruhen. Notfallpiepser umhängen.
17.00 Uhr
Melanie kommt nach der Arbeit bis ca. 19 Uhr.
19.00 Uhr
Gerlinde kommt, schläft bei Marlene.

Mitte Februar bis Ende März 2012 weilt Marlene zur Rehabilitation in einer Spezialklinik am Bodensee. Danach wird ihr die entfernte Teil-Schädelplatte wieder eingesetzt. Es folgen nochmals drei Wochen am Bodensee mit intensiver Gangschule, Ergo- und Logotherapie. Marlene hat glücklicherweise keine Lähmungen. Sie nuschelt stark beim Sprechen, hat Gedächtnisstörungen, läuft und radelt aber problemlos.
25 Sitzungen beim Neuropsychiater zur Wiedererlangung des Führerscheins. Erst nach 14 Monaten, im April 2013, besteht sie nach wiederholtem Scheitern die Fahrprüfung. In der Zwischenzeit erledigte sie fast alle Wege mit dem Fahrrad. Sie hat dadurch alles Gewicht wieder verloren, was die Cortison-Therapie anschwemmte. Die Zwillingsschwester, der Bruder, die Töchter, auch deren Lebensgefährten, besuchen sie regelmäßig.
Oft geht Marlene zum Mittagessen zu ihrer betagten Mutter im Ort, die sich noch vollständig alleine versorgen kann. Immer noch hat sie 10 Hühner, einen großen Garten mit Kartoffeln, Lauch, Karotten, Zwiebeln, Johannisbeeren, Birnenbaum. Sie kocht jeden Tag frisch, backt jeden Samstag einen Kuchen, bekommt jeden Tag Besuch von mindestens zwei Familienmitgliedern.

August 2013

Marlene hatte einen Unfall. Beim Kirschenpflücken verrutschte die Leiter. Sie fiel aus geringer Höhe, brach sich beide Arme, links ein offener Bruch knapp über dem Handgelenk, rechts sind Elle und Speiche in einen glatten Bruch betroffen. Schon wieder war sie im OP, beide Arme sind in Schienen, die Hände rot vom Jod, noch hängen zwei Plastikflaschen mit Drainagen aus den Wunden. Schon wieder ein Pflegefall. Die Familie, die Freundinnen, die Nachbarn sind geschockt. Das darf doch nicht wahr sein. Sie kommen zu Besuch. Die 90jährige alte Mutter erträgt es kaum noch. So viel Pech und doch so viel Glück. Marlene, sie fiel nicht auf den Kopf. Der Kopf ist heil geblieben und die Einsicht ist da: Sie darf sich nicht zu viel vornehmen, nicht überfordern. Schon wieder geht es los. Wer hilft beim Anziehen? Wer beim Waschen? Wer schläft bei ihr, denn sie hat langsam Angstzustände. Eine Haushaltshilfe wird von der Krankenkasse bezahlt und eingestellt. Wie lange? Wer schreibt die Anträge? Rente, Beihilfen, Überweisungen? Marlene hat Glück, ist nicht allein. Gerlinde springt ein, die Tochter Melanie, sie machen den Schriftkram, beantragen die Rente. Es ist klar, Marlene wird nie wieder arbeitsfähig sein. Aber: Sie kann in ihrer Wohnung bleiben, in ihrem Garten sitzen und später dort wieder ihr Äckerchen umgraben, pflanzen und ernten, Blumen säen und wachsen sehen.

Kurzreflexion:

Was ist mit Alleinstehenden in einer solchen Situation? Wohin mit denen, die keine Familienangehörigen mehr haben oder keine, die sich kümmern? Wohin mit denjenigen, die ihren Verstand, ihre Gesundheit, ihren Mut, ihre Unabhängigkeit im Alltäglichen verloren haben?

Manche, insbesondere Männer, sind so vereinsamt, so krank, so kaputt, dass keine Rehabilitationsmaßnahme mehr greift und auch keine mehr bezahlt wird. Wozu auch? Diese Leute sind nicht mehr leistungsfähig, nicht mehr eingliederungswürdig, ihre Ressourcen sind erschöpft oder zerstört. Mit 55, 60, 65 Jahren ins Betreute Wohnen, eine Art offenes Seniorenheim? Ins Mehrgenerationenhaus? Oder kurz und bündig abgeschoben ins Altenheim? Was für ein Albtraum. Wenn sie unkontrolliert trinken, randalieren, gewalttätig werden, gibt es noch die Psychiatrie, betreute Wohngemeinschaften, die psychiatrische Geriatrie. Wenn sie alleinstehend sind, wer wird sie dort besuchen? Wer wird Zeit haben für sie? Ist das der Preis für

ein Single-Leben? Nach Karriere, Freiheit und Unabhängigkeit, Dauerstress, Partys, Drogenrausch. Es bleiben am Ende nur noch Einsamkeit, Krankheiten und Tod.
Ein überleitendes Kontrastprogramm zu Marlene bietet Michel Houellebecq, erfolgreicher französischer Bestsellerautor. Er ist so ein einsamer Wolf, genauso wie seine Protagonisten aus „Elementarteichen oder „Unterwerfung", sein neuestes Buch, erschienen im Februar 2015. Haben Sie ihn im Interview bei der Vorstellung der deutschen Ausgabe seines aktuellsten Buches im Fernsehen gesehen? Diesen kleinen, gebeugten, ungepflegt und depressiv wirkenden Mann? Wer will mit ihm tauschen? Wer steht an seiner Seite? Wer begleitet ihn auf seinem Weg? Dreimal verheiratet, geschieden, ein erfolgreicher Autor, ein gescheiter Mensch und doch, was für ein trauriger Anblick. Tröstet da der berufliche Erfolg? Der grandiose Feldzug seines Romans „Unterwerfung" an deutschen Bühnen, dessen Inszenierung am Hamburger Schauspielhaus Anfang 2016 für Furore sorgte? Die schleichende Islamisierung Frankreichs im hypothetischen Jahr 2022, die diese bittere Satire zum Thema hat, schreckt sie uns nicht auch auf? Das Staatsschauspiel Dresden (Premiere am 5. März 2016) und das Deutsche Theater Berlin (Premiere 22. April 2016) setzen das Stück auf ihre Spielpläne, andere werden sicherlich nachziehen.

Wie angenehm, dass ein Franzose unsere Ängste thematisiert und deutsche Bühnen nun spielen, was vielleicht schon bald Realität sein wird. Bindungs- und orientierungslose Menschen passen sich einer neuen Religion an, es herrscht Vielweiberei, die Mädchen werden heiratswilligen Männern zugeführt und in Burkas gehüllt. Öffentliche Ämter dürfen nur noch Männer ausüben, aber nur diejenigen, die zum Islam übergetreten sind. Michel Houellebecq ist Charlie Hebdo. Ein Provokateur. Er hat nichts zu verlieren als sein Leben. Also provoziert er weiter bis zum bitteren Ende. Sein Leben und sein Werk sollten uns Warnung sein. Obwohl ich mit Satirikern à la Houellebecq nichts am Hut habe, sehe ich doch wie er die große Gefahr der islamistischen Unterwanderung unserer europäischen Gesellschaften. Der Preis unseres Wohlstands, unserer Freiheiten, die wachsende Dekadenz durch die Aufgabe unserer ethischen und moralischen Werte wird die Unterwerfung unter ein aggressives islamistisches Religions- und Kulturregime sein. Wer Pech hat wird erschossen.

Zur Meinungsfreiheit in Deutschland (Reflexion)

Was in Frankreich die Satirezeitschrift Charlie Hebdo mit bekanntem
Ergebnis wagte, nimmt sich im April 2016 im Namen der Presse-und
Meinungsfreiheit ein Moderator namens Jan Böhmermann heraus.
Tief, tief unter der Gürtellinie bezeichnet er öffentlich in einem
Gedicht Recep Tayyip Erdogan u.a. als pädophil, pervers, verlaust
und zoophil. Kein Wunder, dass daraus eine Staatsaffäre wird und
sich selbst Angela Merkel nur mühsam von diesen unglaublichen
Beleidigungen eines Staatoberhaupts distanzieren kann. Satire hat in
Deutschland – noch – Grenzen.
Der § 103 des Strafgesetzes, die Majestätsbeleidigung, soll
schnellstens abgeschafft werden, so Bundesjustizminister Heiko Maas
(SPD). Meiner Meinung nach sollte dieser § zum Schutz von
Persönlichkeitsrechten verschärft und erweitert werden. Die
Schriftstellervereinigung Pen fordert die Abschaffung des
Blasphemie-Paragrafen 166 des Strafgesetzbuches, der Sanktionen bei
Beschimpfung von Bekenntnissen, Religionsgemeinschaften und
Weltanschauungsvereinigungen regelt. Pen Präsident Josef Haslinger
dazu am 24.4.2016 „Paragrafen, in denen die Würde von bestimmten
Menschen größer ist als von anderen, sind veraltet und müssen
ersatzlos gestrichen werden." Die letzten Schutzdämme verbaler
Schmutzlawinen sollen also eingerissen werden, die letzten Reste von
Anstand im Namen der Würde aller weggeschwemmt? Ist die
deutsche Gesetzgebung noch zu retten?
In Deutschland wird jeder Straftäter, Mörder, Geldwäscher, Dealer
mit mehr Schonung und Zurückhaltung behandelt als z.B.das Ex-
Präsidentenpaar Bettina und Christian Wulff, als Merkel, Putin oder
jetzt Erdogan. Wie einseitig tolerant sind doch die Deutschen.
Prominente, die gegen den Mainstream schwimmen wie z.B. Thilo
Sarrazin oder Gabriele Kuby werden mit Eiern beworfen,
verunglimpft, bedroht, obwohl sie – und zwar auf nachdrücklich-
anständige Weise – ihre Meinung veröffentlichen.

Was ist denn nun politically correct? Alles soll erlaubt sein, alle
dürfen sich frei äußern, alle dürfen alles? Haben wir wirklich die
unbegrenzte Meinungsfreiheit in Deutschland? Oder gilt dies nur für
diejenigen, die der Ideologie von Freiheit und Gleichheit nicht
widersprechen, die alles erlauben und gleich machen wollen?

Wer ordnende und eben nicht alles erlaubende und gleichmachende Ansichten oder sogar Wahrheiten wie Naturgesetze im Zusammenhang mit Mann und Frau, mit der naturgegebenen und sinnvollen Verschiedenheit der Geschlechter, die ja erst eine Fortpflanzung und ein gedeihliches Aufwachsen des Nachwuchses ermöglicht, ausspricht ... ja der wird niedergemacht, ausgegegrenzt, verleugnet oder in die rechte Szene gesetzt. Siehe Frau von Beverfoerde, Frau Kelle, Eva Herman, Frau Kuby.
Wo bleiben hier Gleichbehandlung und Freiheit auf Meinungsäußerung? Der Widerspruch ist offensichtlich.

Sind hier Ideologien wirksam?

Ideologien entstehen, wenn Ideen an der Realität scheitern. In der Folge werden dann „störende" Ansichten und Fakten niedergemacht. Und so drängt sich die Ansicht auf, dass es hier Ideologien sind, die längst die öffentliche Meinungshoheit beherrschen.
Nun, ihre Ideen werden scheitern, an der Wirklichkeit und so werden sich Thilo Sarrazins Prognosen in wenigen Jahrzehnten als real erweisen können: Deutschland schafft sich im doppelten Sinne ab.

Eine Rückschau: Es ist schon eine Weile her. April 2008. Das Thema ist immer noch aktuell. Gewisse Sendungen will ich mir nicht mehr antun. Manchmal erledigt sich das von selbst.
Haben Sie früher auch Schmidt & Pocher gesehen? Erinnern Sie sich noch an diese beiden Spaßvögel? Mir war öfter zum Abschalten. Zum Senken der Zuschauerquote. Damit die Macher vom ARD endlich kapieren, dass sich nicht jeder Zuschauer und Gebührenzahler eines Öffentlich Rechtlichen Senders auch zu später Stunde Obszönitäten anschauen möchte. Ich erinnere mich an ein geladenes Pseudo-Flittchen namens Dr. ..tz, das sich Bitch Ray nennt. Also ich finde Playboy Bunnies dagegen süß. Aber dieses Miststück fand ich nur ekelhaft und vulgär. Im richtigen Leben wird sie vom Staat bezahlt und lehrt, was auch immer, an der Uni Bremen. Ihre Masche sind schrille Outfits, schwarz und pink, schräge Musik, Schlampen-Image. Gott schütze uns und unsere Kinder vor solchen Lee(h)rkörpern!
Genauso wie vor Charlotte Roche. Die durfte bei Roland Backes in SWR 3 am Freitag darauf im Nachtcafé Platz nehmen. Ich wette, Backes hatte ihre Feuchtgebiete nicht gelesen. Dieser Ekelroman ist in der gleichen Masche gestrickt, auf die Schmidt & Pochers Gast setzte. Deswegen wurde sie natürlich eingeladen. Hauptsache provozierend ordinär.

Sie sehen, ich werde polemisch: Früher gingen Männer in ein Haus, das man Freudenhaus nennt, um solche Frauen zu sehen und an ihnen ihre Freude zu haben. Das waren noch Zeiten. Heute springen uns sogar vom Fernsehsofa aus ein nackter Hintern oder verbale Obszönitäten entgegen, man mag sich gar nicht mehr hinsetzen. Es ekelt. Diese beiden jungen Rotzgören haben Migrationshintergrund. Die Ausfälligkeiten über unsere türkischen Mitbürger und Mitbürgerinnen hätte sich kein Deutscher erlauben dürfen. Da wäre etwas los gewesen. Vorwürfe wegen Diskriminierung, Fremden-feindlichkeit, Volksverhetzung, Faschismus. Aber diese angebliche Doktorandin darf das sagen. Kanaken und so.
Unglaublich. Ich glaube es einfach nicht, dass dieses öffentliche Auftreten und diese verbalen Ausfälligkeiten ungestraft möglich sind.

Deswegen diese Zeilen, dieser Aufschrei: NEEEEIIIN, ICH WILL SO EINEN SCHWACHSINN NICHT SEEEEEEEHEN; ICH WILL MIR DIESE Sprache nicht AAAAANHÖÖÖÖREN!!!!!

Haben wir denn keinen Anstand mehr? Geht unsere Fernsehkultur nur noch den Bach runter? Wer stoppt diesen Blödsinn, diese ekelhaften Leute einzuladen, ihre ekelhaften Produkte vorzustellen, um deren Bekanntheitsgrad und um die Einschaltquoten zu erhöhen? Haben denn Zuschauer keine Macht? DOOOOch, wir haben MAAAAAAcht! Ich schalte aus.

P.S. Aktualisierung: Erinnern Sie sich noch an Donnerstagabende mit Schmidt & Pocher? Nun, Schmidt & Pocher gibt es schon länger nicht mehr. Dafür steht nun Blödmann Böhmermann mit seiner Satireshow. Pocher ist inzwischen dreifacher Familienvater und hat ein Partygirl zur dreifachen Mutter gemacht. Da hat das Sternchen noch mal Glück gehabt auf seinem Weg, kurz vor dem Absturz. Inzwischen gehen sie bereits wieder getrennte Wege und Pocher hat eine Liaison mit einem Tennisgirl. Wann kommt die Nächste dran? Und schon ist es wieder passiert. Treue ist ein veralteter Wert. Gibt es noch so etwas wie Anstand? Wie Verantwortung, wie Verzicht auf schnelle Lustbefriedigung zugunsten der Familie?

Schmidt trieb sein Unwesen weiter bei Sat. 1. Da schaute ich sowieso nie rein. 2015 hat er das Genre gewechselt und ermittelt nun als Tatort-Kommissar. Noch einer dieser überflüssigen Figuren. Inzwischen gibt es *die Heute-show im ZDF*. Na ja, ganz witzig, dieser Oliver Welke, aber auch immer wieder zu tief unter der Gürtellinie. Muss das denn sein?

Und schon wieder diese Charlotte Roche. Diesmal mit Schoßgebeten. Geht es noch obszöner, noch perverser? Ist das nicht eine weitere Ladung Schmutzwäsche? Die reine Blasphemie? Wo bleibt der Aufschrei der Katholiken? Die gute Frau darf sich gerne ihrer Therapeutin anvertrauen, aber muss sie uns mit diesen widerlichen Sexgeschichten belästigen? Muss man jede Neurose an die Öffentlichkeit zerren? Ist das nicht sowieso erstunken und erlogen? Und sie selbst im Grunde eine verklemmte, biedere, berechnende Frau? Ist ihre Geschichte jetzt ein Roman oder die autobiographische, authentische Verarbeitung ihrer höchst unglücklichen Familiengeschichte? Oder ist es einfach nur krank, krank, krank? Ist das eine Bewältigungsstrategie oder eine perverse Art des Geldmachens? Dazu geben sich renommierte Verlage her?

Was ist das für eine sensationsgierige Gesellschaft, die das liest, die sich das auf Lesungen anhört? Die sich das reinzieht?
Ich würde beim ersten Zitat jede Sendung verlassen, die diesen Schund verbreitet. Mir tut ja ihr Mann Leid, den sie angeblich sogar ins Bordell begleitet. Gönnt sie ihm denn keinen Ruhetag? Wie lange hält der Ärmste noch durch? Ach, der will das selbst so? Kriegt der denn den Hals nicht voll, in seinem Alter? Oder ist das alles nur reine Provokation? Ja, die pure Provokation. Mir wird schlecht. Ich habe keine Lust auf diese Schweinereien. Charlotte kennt weder Moral, noch einen Gott, nur ihre verkorkste Vergangenheit mit einer Männer hassenden Feministin als Mutter. Und dieser schreckliche Autounfall natürlich, dieser Verlust der drei jungen Brüder. Von wieviel Vätern? Jedenfalls nicht alle vom Selben. Keine Kontinuität. Blickt da noch einer durch? Kein Wunder, dass diese Roche durchknallt. Wer oder was kann da noch helfen? Die Therapiebemühungen einer Frau Ratschläger oder Drescher? Die Sorge und Verantwortung für die Kinder, diese armen Patchwork Kinder, die ebenfalls ungefragt aus ihren natürlichen Familienverbänden herausgerissen wurden?
Vielleicht könnten sie die Schutzengel sein und nicht einfach nur Ersatzprodukte. Vielleicht könnte es der Glaube sein, an das, was man nicht sieht und nicht weiß, was aber da ist, eine natürliche Ordnung, so wie die Zahlen eine natürliche Ordnung haben und ohne die alle Berechnungen zusammenbrechen würden, jede Statik, jeder Halt, jedes Bauwerk, jeder Gewinn. Und so widme ich Charlotte Roche ein Gedicht. Mein lyrisches ICH schickt ihr ein Gebet durch einen Schutzengel, in Gestalt ihrer Tochter. Sie möge mir diese Anmaßung verzeihen, ich verzeihe ihr auch ihre Bücher, diese Zumutung, denn ich verstehe, was dahinter steckt.

Ich verstehe ihr Leid, ihren Schmerz, ihre Wut, ihre Aggression. Ich wünsche ihr auf diesem Weg Heilung und Besserung. Dass sie durchhält für ihren Mann und ihre Tochter, ihren Stiefsohn. Damit sie überwindet und nicht weitergibt, was ihre Eltern, die DonaldDuckPresse, das Schicksal ihr angetan haben. Ihr nächstes Buch sollte ein Märchen werden. Ja, sie sollte Kinder- und jugendfreie Literatur schreiben von Hexen und Monstern, die Lizapippi und Max und Moritz begeistern und helfen, deren Ängste zu bewältigen, dass sie stattdessen Neugier und Arbeitseifer entwickeln. Geschichten, die Kinder stark machen, damit sie alltagsfähig werden, damit sie in ein erfolgreiches, schönes, glückliches Leben starten, selbstbewusst, mit Eigenverantwortung, mit Selbstdisziplin. Charlotte Roche möge uns allerdings mit weiteren Drecksgeschichten verschonen, von Sexorgien und Obszönitäten. Aber nein, im September 2013 erscheint diese Geschichte auch noch als Kinofilm. Kriegt einen Filmpreis. Im Herbst 2015 dann ein weiteres Buch: *Mädchen für alles*. Schon ein Blick auf den Buchrücken verrät Perverses. Ich werde es nicht lesen. Vergiss es!

Da hilft nur noch ein:

Stoßgebet

Lieber Vater, ich geh' jetzt zur Ruh,
schließe meine Äuglein zu.
Vater, schließ die Augen dein,
vor meiner Mutter schlechter Träum.
Lieber Vater, ich bete zu dir,
meine Mutter ist ein verwundetes Tier.
Hilf ihr über ihr Leiden hinweg,
dass sie nie mehr schreibe solch einen Dreck.
Lieber Vater, ich bitte dich sehr,
sie braucht unsere Liebe immer mehr.
Doch wie soll ich achten eine solche Frau,
die sich ausdrückt wie eine wilde Sau.

Lieber Vater, hilf ihr bitte über den Berg,
denn ich bin doch nur ein kleiner Zwerg.
Lieber Vater im Himmel und auf der Erd,
ich wünsch mir eine Mutter, die man verehrt.

Nicht schämen möchte ich mich nimmermehr,
denn wenn ich groß bin, setz' ich mich zur Wehr.
Lieber Vater, heile der Mutter Sexneurose,
strafe sie mit einer Fingerarthrose.

Aus ihrem Schoß bin ich gekrochen,
meine Ehre, sie ist gebrochen.
Lieber Vater, verzeih, mach mich stark
für alles, was auf mich zukommen mag.

Amen

(aus: Petra Levator: AlltagsHELDEN, erschienen bei literareon im Utz-Verlag 2012)

Ist der Feminismus ein Humanismus? (Reflexion)

Schon Jean-Paul Sartre fragte sich 1943 „Ist der Existenzialismus ein Humanismus" und „Ist der Existenzialismus ein Feminismus"? Wir fragen uns heute:" Ist der Feminismus ein Humanismus?"
Selbst in Frankreich, der Wiege des Feminismus, empörte man sich 2008 über den unmenschlichen Zwang, der die damalige französische Justizministerin Rachida Dati fünf Tage nach der Geburt ihrer Tochter per Kaiserschnitt zurück an den Kabinettstisch trieb. Umsonst, denn ihr fester Wille weiterhin in ihrem Amt zu bleiben, er scheiterte am Willen des Präsidenten Nicolas Sarkozy. Umsonst die Disziplin, wieder elegant und pünktlich zur wöchentlichen Kabinettssitzung zu erscheinen als wäre nichts gewesen. Nichts. Als wäre die Geburt des ersten, des ersehnten Kindes einer 43-Jährigen nur ein Termin. Eine Art fünftägige Fortbildung in Sachen Mutterschaft. Abgehakt. Nächster Termin. Abgehakt. Übernächster Termin. Abgeblitzt. Zur Kandidatin der französischen Regierungspartei UMP zur Europawahl 2009 gekürt. In ihrem Fall müsste man sagen: degradiert. Dieser Fall ist schon Geschichte, aber ein Paradebeispiel. Justizministerin wollte sie bleiben, um jeden Preis. Um den Preis der körperlichen und seelischen Schmerzen, die es kostet, das Wochenbett für die Karriere so schnell zu verlassen. Ein Kaiserschnitt ist keine Lappalie. Die Sehnsucht, das erste Kind in den Armen zu halten, keine Sache von fünf Tagen. Es zu stillen, keine Angelegenheit zwischen Tür und Angel, zwischen Konferenzen, Sitzungen, wichtigen Entscheidungen, konzentriertem Aktenstudium im Büro des Elysée. Die top modische Kleidung darf nicht bespuckt, befleckt werden, gar einen säuerlichen Geruch ausströmen. Eine Amme ist nicht mehr zeitgemäß.

Ein Vater wohl auch nicht. Er bleibt im Verborgenen, darf nicht in Erscheinung treten. So der Wunsch und Wille der Spätmutter. Nach den langfristigen Bedürfnissen eines Kindes wird nicht gefragt. Irgendjemand wird schon für die heranwachsende Zohra sorgen. Geld ist genug da. Die Betreuung in allem Luxus kann sich die kluge und ehrgeizige Mama leisten. Das wird das geringste Problem sein. Aber wo bleibt die Menschlichkeit? Wo bleibt die kostbare Zeit für Mutter und Kind? Wo der Vater? Wo, angesichts des Alters, der Lebensumstände der Mutter, die Geschwister? Wann sollen zwischen Mutter und Kind die Bindung, die Zuwendung, die Liebe, die Zärtlichkeit wachsen und reifen? Zwischen Konferenzen und Arbeitsessen? Zwischen Mitternacht und Morgengrauen? Zwischen prallen Ordnern und Dossiers, zwischen zahlreichen Telefonaten? Nach dem Ärger mit Richtern und Staatsanwälten? Im Namen welcher Gesetzmäßigkeit? Der Druck des hohen Amtes ist enorm.

Vier Jahre später, 2012, bricht eine junge deutsche Frau unter einem ähnlichen Druck zusammen, obwohl sie „nur" eine repräsentative Aufgabe zu erfüllen hatte. Bettina Wulff, die jüngste und modernste First Lady der Bundesrepublik Deutschland, sieht sich während und nach der kurzen Amtszeit ihres Mannes als Bundespräsident Christian Wulff (30. Juni 2010 bis 17. Februar 2012) nicht nur wilden Gerüchten und Spekulationen um ihr Vorleben ausgesetzt. Ihr Tattoo, der Hauskredit, ihre Kleidung, Partys und Reisen sowie Vorwürfe, die ihren Mann betreffen erregen die Öffentlichkeit und erzeugen Schlaflosigkeit, Übelkeit und Erbrechen, Herzrasen, Appetitlosigkeit. Längst ist die junge Mutter an ihre Grenzen gestoßen. Sie muss erkennen, dass das Leben, die Fülle der Aufgaben, das Protokoll an der Seite des höchsten Staatsmannes nicht mit den Bedürfnissen einer jungen Familie und den Ansprüchen einer „modernen" eigenständigen Frau harmonieren. Sie sieht ein, dass sie selbst und die junge Patchwork Familie dabei auf der Strecke bleiben.

Im September 2012 wehrt sich Bettina Wulff in ihrem Buch „Jenseits des Protokolls" gegen ehrverletzende Gerüchte. Sie lässt uns hinter die Kulissen von Schloss Bellevue blicken, sie schreibt über die schlimme mediale Belagerung, über die Unsicherheit, die Ängste, die gesundheitlichen und partner-schaftlichen Folgen des enormen öffentlichen Interesses auf ihren Körper, auf ihre Seele, auf ihre Ehe und die beiden Söhne. Das Scheitern dieses Präsidentenpaares kostet den Bürger und Steuerzahler auf Jahrzehnte hinaus Millionen Euros an Ehrensold, man könnte es Schmerzensgeld nennen, für alle Seiten.
Im Januar 2013 dann die Trennung in Scheidungsabsicht. Wieder ist eine moderne Beziehung gescheitert und doch lesen wir im Frühjahr 2015 von der Versöhnung des Paares. So hat doch die Liebe, das Verzeihen, der Familiensinn gesiegt über all den Klatsch und Tratsch, im Oktober 2015 folgte die kirchliche Trauung.

Das Rad muss neu justiert werden. Dringend. Der alte Feminismus ist ausgereizt bis fast zur Unmenschlichkeit.

Das sehen auch heutige Feministinnen so wie zum Beispiel die französischen Journalistinnen Isabelle Germain oder die Frauenrechtlerin Florence Montreynaud, selbst Mutter von vier Kindern. „Wird Mutterschaftsurlaub zum Luxus?", sorgt sich die große Pariser Tageszeitung „Le Monde" um den zweifelhaften Vorbildcharakter der „schönen" Ministerin. „Ist Rachida Dati vom Adrenalin der Macht gedopt", ist das nicht ein schlimmes Signal für alle Frauen?", so Isabelle Germain, „werden wir wieder in die Ausbeutung der frühen Industrialisierung zurückgeworfen, als jede fünfte Arbeiterin an ihrem Arbeitsplatz entbunden hat?"

Jahrzehntelang wurde für den in Frankreich 16 Wochen dauernden, im Gesetz verankerten Mutterschaftsurlaub gerungen und gekämpft. In Deutschland beträgt er 12 Wochen bei voller Bezahlung, vier Wochen vor und acht Wochen nach der Geburt eines Kindes. Danach gibt es noch 12 Monate Elterngeld bis maximal 1.800 €. Davon können französische Frauen nur träumen. Ist in Deutschland der Vater bereit, ebenfalls für mindestens zwei Monate auf eine volle Berufstätigkeit zu verzichten und sich dem Baby zu widmen, gibt es vom Staat um diese zwei Monate verlängertes Elterngeld. Schön für zuvor gut verdienende Frauen und Männer. Schlecht für Studierende, Geringverdiener, zuvor nicht Erwerbstätige wie z.B. Mütter mehrerer Kleinkinder, die sich bewusst für eine häusliche Früherziehung und Betreuung entscheiden. Sie stehen schlechter da als mit dem früheren Erziehungsgeld in Höhe von 600 €.

Der familienpolitische Fortschritt, ein geradezu lächerliches Betreuungsgeld von 100 oder 150 Euro an Familien zu zahlen, die den ab 1.8.2013 gesetzlich zustehen Krippenplatz für die ein- und zweijährigen Kleinkinder nicht nutzen, war nur ein Tropfen auf den heißen Stein.
Und selbst dieser winzige Betrag wurde vom Obersten Gerichtshof in Karlsruhe 2015 gekippt. Es ist zu hoffen, dass die neu gewählten Landesregierungen wieder ein Landeserziehungsgeld einführen und die frei gewordenen Bundesmittel in Höhe von 900 Millionen Euro direkt an die Eltern, die ihre Kinder selbst erziehen wollen, weiterleiten.

Eltern brauchen materielle Sicherheit, ein höheres Kindergeld, stärkere steuerliche Entlastung. Kinder brauchen ihre Eltern länger als einige bezahlte, karrierekonforme Tage oder Monate. Es interessiert sie nicht, ob ihre Eltern schön oder erfolgreich sind. Es ist von Bedeutung, dass sie da sind, dass sie erreichbar sind. Dass sie sich nicht wegen des Grundeinkommens abhetzen, abplagen, verschulden oder gar schlagen müssen. Es ist von Bedeutung, dass Kinder erwünscht, geliebt, bedingungslos angenommen werden. Es ist von Bedeutung, dass sie in den ersten Jahren ihrer Entwicklung stabile Beziehungen erleben und ihre Umwelt in Vertrautheit und Sicherheit erfahren. Dass sie nicht von wechselndem Personal, an wechselnden Orten hin und her geschoben werden, bis die überreizten Eltern, die Karrieremutter, ein viel beschäftigter Vater, endlich einmal ein paar Stunden Zeit für sie haben.

Ist der Feminismus ein Humanismus im Sinne der ursprünglichen antiken und abendländischen Geisteshaltung, dass alle Menschen den gleichen Wert haben? Im Sinne des griechischen Gedankens, dass der Wert des Menschen in der freien, maßvollen Entfaltung der Persönlichkeit liegt?
Erlebten wir in den vergangenen Jahrzehnten, ausgehend von den radikalen Thesen Simone de Beauvoirs, nicht eine fortschreitende Abwertung der Mutterschaft, der Mütterlichkeit und damit der Menschlichkeit? Erleben wir nicht eine stetige Aufwertung, geradezu eine Glorifizierung der außer-häuslichen Erwerbstätigkeit von Frauen und Müttern? Wollen wir dem Zerfall der Familien, der Verrohung der Gesellschaft, der zunehmenden Depression und Aggression weiterhin zuschauen?

Das Rad ist überdreht. Die Gesellschaft ist auszurichten auf ein menschlich zumutbares Maß an Arbeitsbelastung und Risiken, an gerechte Löhne und Steuerbelastung ohne Schlupflöcher für die Reichen und Superreichen.
Wir brauchen Sicherheiten und Werte, die eine gesunde Weiterentwicklung der Menschheit ermöglichen. Sonst landen wir schneller als wir uns das vorstellen in der Barbarei, in der Selbstzerstörung, in neurotischen, krankmachenden Gesellschaften und Systemen. Wir haben sie schon. In den Industriestaaten, aber auch in der arabischen Welt. Die Brutalität und Grausamkeiten des IS sprechen Bände.

Wie können wir die zu uns Flüchtenden, den hier lebenden, entwurzelten und vielfach entrechteten Migrantinnen an ein Zahnrad ankoppeln und aus der Unterdrückung ihrer Traditionen helfen, ohne ihnen gleich unsere emanzipatorischen Wertmaßstäbe überzustülpen? Ist das mit Deutschunterricht getan? Müssen wir ihnen wegen möglichst schneller Integration ihre Kinder wegnehmen und frühest möglich in die Krippen stecken? Traumatisieren wir sie damit nicht noch mehr? Lesen Sie doch bitte nochmals das Kapitel „Muttersprache" zu dieser Thematik. Und: Sind Mütter, egal ob deutsch oder muslimisch, nicht selbstverständlich Teil der Gesellschaft, indem sie den Nachwuchs, unsere Zukunft und Chance von morgen gebären, beschützen, erziehen, ernähren, umsorgen?

Was ist das für eine Arroganz zu behaupten, das sei nichts wert? Das sei keine Teilhabe? Das sei keine Leistung? Dass man diese Frauen und Mütter mit Gewalt in Sprachkurse pressen und in den Arbeitsmarkt integrieren müsse, obwohl zuhause für zahlreiche traumatisierte Kinder in einem völlig fremden Kulturkreis die Mutter unverzichtbar ist und die Mütter über diese ihnen völlig fremden Zwänge höchst unglücklich sind? Schaffen wir damit nicht mehr Probleme als wir lösen? Oder haben Sie vielleicht mehr Ahnung als ich, die als ehrenamtliche Deutschlehrerin die aktuelle Situation dieser Frauen und Kinder aus unmittelbarer Nähe kennt? Kinder, die sich weigern, in den Kindergarten zu gehen, die lauthals schreien und untröstbar brüllen, sobald die Mutter oder der Vater den Raum verlässt, was für die anderen Kinder und die Erzieherinnen unzumutbar ist? Schickt zuallererst die Männer in die raren Intergrationssprachkurse, damit sie nicht auf dumme Gedanken kommen, mit Drogen dealen, dem Alkohol verfallen, zu Dieben und Straftätern werden. Macht sie fit für den Job, damit sie sich selbst und ihre großen Familien selbst ernähren können, selbstbewusst und stolz. Macht sie nicht zu ewigen Almosenempfängern.

Muss man nicht der ausgebeuteten „Ware" Frau/Mädchen/Kind aus dem Sumpf der Prostitution und Pornografie heraus helfen? Aber da Alpha-Mädchen öffentlich ihren „entspannten Umgang" mit Pornografie bekennen und allen Ernstes Amy Winehouse als Vorbild der emanzipierten, wilden jungen Generation postulierten, da eine Charlotte Roche ihren Schmerz über den Verlust ihrer drei Brüder, ihrer kaputten Familiengeschichte in schamloser Weise herausbrüllen darf, fragen wir uns entsetzt: In welcher Gesellschaft leben wir? In welcher Gesellschaft wollen wir zukünftig leben? Im Sumpf der Schamlosigkeit, der Gier, der Hemmungslosigkeit und Beliebigkeit?

Noch gibt es gesunde Keimzellen, gesunde Familien. Sie werden immer weniger, sind immer gefährdeter. Wir brauchen eine neue Familienphilosophie im Sinne eines Humanismus. Die Forderung nach einer humanen Gesellschaft in Gleichberechtigung und Gleichwertigkeit von Frauen, Männern und Kindern muss laut erschallen. Die gesellschaftliche Anerkennung der geleisteten Erziehungs- und Pflegearbeit und deren Anrechnung auf Renten und Pensionen müssen kommen. Erste positive Ansätze sind Gesetz.
Wer sich für Kinder, alte, kranke oder pflegebedürftige Menschen in häuslicher Familienarbeit einsetzt, verdient diese Anerkennung und finanzielle Entlohnung sowie materielle Sicherheit im Alter. Würde Familienarbeit eine entlohnte Erwerbsarbeit in einer neuen Arbeitsgesellschaft, gäbe es genug Arbeit für alle arbeitsfähigen Menschen, gäbe es mehr Generationen- und Geschlechter-gerechtigkeit.
Es gäbe auch bedeutend mehr zwischenmenschliches Glück sowie bedeutend weniger Konflikte. Stattdessen wird der Staat Milliarden Euro umverteilen müssen in außerfamiliäre Einrichtungen, nicht nur in die schon genannten, sondern leider auch in Kinder- und Jugendpsychiatrien, in die Forensik, in Gefängnisse, Gerichte, in das Gesundheitswesen, Frühverrentungen usw.

Was bringen uns neurotische Krämpfe von feministischen Aktivistinnen einer Claudia Roth, einer Bascha Mika, was bringen uns diese bösartigen Anschuldigungen und Beschimpfungen? Von Frauen, die selbst zu feige waren, sich den wahren Heraus-forderungen des Lebens, des Frauseins zu stellen?

Soll „frau" sich doch mit Gewalt ihren Kopf durch die „Glasdecke stoßen"! Macht sie das glücklich? Macht die Frauenquote oder das Sitzen in Vorstandsetagen, in endlosen Verhandlungen und Konferenzen die Frauen wirklich glücklich und die Gesellschaft menschlicher, während unser Nachwuchs, unser kostbares Humankapital, falls überhaupt noch erwünscht und vorhanden, emotional verkümmert, verroht und verwahrlost? Haben diese Frauen eigentlich keinen blassen Schimmer von Physiologie und

Neurophysiologie, von Hormonen und Neurotransmittern, was süffisant „das Hormonkomplott" genannt wird? Haben sie keine Ahnung von den biologischen Zusammenhängen, von Bindungsglück und Trennungsschmerz und deren Folgen, auch für Männer und insbesondere Kinder?

Nein, daran denken sie nicht. Das wird verdrängt, das ersparen sie sich. Dafür kreisen sie wie einst Simone de Beauvoir nur um die Frau, um ihre Selbstbestimmung, um ihre Karriere, um ihre ureigensten Lebensentwürfe, sprich um sich selbst.

Unter dem Schutzschild der Tübinger Biologin und Nobelpreisträgerin Prof. Dr. Christine Nüsslein-Vollhardt glaubt sich Bascha Mika unangreifbar. Aber auch diese kennt den Schmerz der Entbehrung, diesen hohen Preis ihrer Entscheidung für die Wissenschaft und gegen die Mutterschaft. Ihr Engagement in Form von Promotionsstipendien für junge Wissenschaftlerinnen ist löblich. Aber grau, ja grau ist alle Theorie. Die Bedürfnisse junger Eltern und ihrer Kinder sind andere.
Der 24-Stunden-Familienbereitschaftsdienst plus Zwölf-Stunden-Job oder mehr im Labor, auch ohne begleitende Berufstätigkeit dank Stipendium, bringen die stärksten und willigsten Menschen an und über die Grenze der Belastbarkeit. Muss das denn sein? Alles in der gleichen Lebensphase? Haben wir nicht, je nach Anzahl, ein Zeitfenster von mindestens drei, fünf, zehn oder gar fünfzehn Jahren für unsere Kinder? Ich erinnere mich an eine Filmszene, wo Denise Kandel mit ihrem kleinen Jungen ins Labor ihres Mannes, des jüdisch-stämmigen Gedächtnisforschers und Wissenschaftlers Eric Kandel, kam und ihn anschrie: „Was glaubst du, wer du bist? Du verbringst Tag und Nacht in diesem Kabuff, Tag und Nacht mit deinen Mitarbeitern. Und wo bleibe ich? Ich bringe dir deinen Sohn. Schau ihn dir an. Wenn du noch einmal sehen willst, dann komme jetzt sofort nach Hause, sonst gehe ich für immer."

Statt uns in emanzipatorischem Kampf zu verausgaben, sollten wir dringend umschwenken zu einem humanistischen Einsatz im Namen der Gerechtigkeit, im Namen der Gleichwertigkeit, im Namen der Menschlichkeit. Für eine natürliche Gesellschaft, in der Männer auch rein biologisch Männer und Frauen biologisch Frauen sind, gerne auch mit zeitweiligen sozialen Rollenwechseln. Für eine

Gesellschaft, wo Kinder noch unbeschwert Kind sein dürfen und auch Alte, Kranke und Behinderte als Menschen wahrgenommen werden und nicht nur Leistung, Status, Erfolg und Einkommen zählen.

„He or she is a mensch".“ Diese Bezeichnung entspricht einer Art Nobelpreis der persönlichen Wertschätzung und gehört zum Besten, was man in New York gelegentlich über einen anderen hören kann“, so schreibt der renommierte Mediziner und Psychotherapeut Prof. Dr. Joachim Bauer in seinem brillanten Buch „Prinzip Menschlichkeit“.

Unsere ehemalige, als konservativ geltende Familienministerin Dr. Kristina Schröder hat sich im Gegensatz zu Rachida Dati drei Monate Mutterschaftsurlaub gegönnt. Aber statt diesen einfach zu genießen, zur Ruhe, intensiv zu sich selbst und ihrem Baby zu kommen, schreibt sie ein Buch. Was für eine heroische Aufgabe. Schon wieder Druck. Auch hier wird deutlich, dass es nur um eines geht: die Rechtfertigung des eigenen ehrgeizigen Lebensentwurfs.
Die Vereinbarkeit von Beruf, Karriere und Familie muss her, koste es, was es wolle. Alle müssen mitziehen: Unternehmen, Arbeitgeber, eine milliardenschwere Infrastruktur für Krippenplätze, Frauenquoten, flexible Arbeitszeiten, ein durchorganisiertes Leben, das funktionieren muss, dem jede Spontaneität fehlt. So macht das Leben keinen Spaß. So wird das Leben zu einer Zwangsjacke von Verpflichtungen. Trotz aller Hilfen und Unterstützung, trotz Ministerinnengehalt und Dienstwagen mit Chauffeur, trotz immer bereit stehender ehrgeiziger, stolzer Großeltern: Wer beneidet Madame Schröder?
Wie lange hält sie das durch? Bis zum Ende der Berliner Legislaturperiode? Doch möchte ich an dieser Stelle anmerken, dass ich ihre Leistungsfähigkeit und Durchhaltekraft durchaus bewundere. Aus eigener Erfahrung machte ich mir aber ernsthafte Sorgen. Stand sie nicht bereits am Rande des Burnouts? Ihr Gestotter bei der Präsentation ihres Buches „Danke, emanzipiert sind wir selbst!“ lässt vermuten, dass sie Mühe hatte, nach einem langen Arbeitstag abends noch einen klaren Aussagesatz zu formulieren. Wo bleibt die Kraft, die Zeit, die Muße zum Glücklich sein?
Frau Dr. Schröder hat dazu gelernt. Sie ist eine überaus kluge Frau. Sie stieg aus. Sie hat nach der Bundestagswahl im September 2013 ihren Verzicht auf das Ministeramt erklärt. Das ist mutig. Das ist

Klartext. Sie will mehr Zeit für ihre Tochter, für ihre Familie. Sie hat vollkommen Recht. Inzwischen hat sie bereits eine zweite Tochter geboren und ist als Familienministerin nicht mehr angetreten, „nur noch" als Bundestagsabgeordnete aktiv.

Mit Manuela Schwesig (SPD) ist die nächste Familienministerin mit anderen Überzeugungen bereits im Amt. Doch auch für diese Dame gilt: Erfülltes Muttersein ist unvereinbar mit einer zeitintensiven Karriere. Sie bekam im März 2016, genauer am Internationalen Frauentag, den 8. März, ihr zweites Kind. Tochter Julia. Nur 3 Monate Auszeit will sie sich gönnen. Dann übernimmt der Vater, kaufmännischer Leiter eines Entsorgungsunternehmens, die Mutterrolle für ein Jahr. Und dann?

Grit von der Mühlen

Geboren wurde ich Mitte der 1960-er Jahre im Jahr vor dem „Pillenknick". Meine Eltern wurden in das Nazi-Reich hineingeboren und haben braune Sturköpfe, Zerstörung und einen abwesenden Vater, weil beim Militär oder in Gefangenschaft, erlebt. Beide wollten nach den Erlebnissen nicht auffallen und in der Masse eintauchen. Einfach das Leben leben können, ohne Angst vor Denunziantentum. Mein Vater als selbständiger Handwerksmeister und meine Mutter als Hausfrau und Landwirtin, die vor ihrer Ehe jedoch Kontakte zur Hochschulszene in Tübingen hatte, wo sich zu der Zeit Menschen wie Prof. Ralf Dahrendorf u.a. mit der neuen Freiheit in unserer aufstrebenden Republik und dem neuen Menschen beschäftigt haben. Meine Mutter muss das Leben auf dem Dorf wohl wie einen Rückschritt ins Mittelalter empfunden haben. Gemeinsam mit meinem 2 1/2 Jahre jüngeren Bruder erlebte ich eine glückliche Kindheit in unserer kleinen Familie. Landleben mit Kühen, die noch nicht lila waren und Fahrten auf dem herrlich duftenden Heuwagen.

Meine Eltern waren konservativ, aber aus meiner Sicht die ersten „Alternativen", da wir fast alles aus eigener Produktion hatten. (Immer dieses schreckliche Vollkornbrot!) Der Beginn meiner schulischen Laufbahn fiel in die Zeit von großen Veränderungen: Lesen in Ganzwortmethode, Mengenlehre statt Einmaleins! Meine Eltern waren da schon ziemlich verwundert über die neuen Leerinhalte der Grundschule. Beide Kinder wurden ins Gymnasium geschickt und sollten studieren. Meine gesamte Schulzeit wurden an der Schule Veränderungen eingeführt, sodass unser Jahrgang meist im ersten Schulhalbjahr keine Bücher hatte, weil die zum aktuellen Lehrplan passenden noch nicht fertiggestellt waren. Soweit hat das auch alles funktioniert.

Aber da hatte sich in der Gesellschaft etwas verändert. Wenn ich die Clique aus meiner Jugendzeit betrachte, stelle ich fest, dass der größere Teil weder eine dauerhafte Partnerschaft gefunden, noch Kinder hat. Noch ein oder zwei Geburtsjahrgänge davor sieht das anders aus. Es wurde geheiratet, gearbeitet und Kinder bekommen. Auch die nachgeborenen Jahrgänge ab Beginn der 1970-er Jahre führen heute ein Leben mit Partnern/Ehegatten und Kindern. Nur die Jahrgänge der Mitte 1960-er Jahre haben häufig keine

Partnerschaften und Kinder. In den 80-ern schlugen die gesellschaftlichen Veränderungen, deren Ursprung ich in der „68-er Bewegung" sehe, voll durch: Frauenbewegung, sexuelle Revolution und eine sozialdemokratische Regierung. Die schöne neue Welt: Überfluss, Wegwerfgesellschaft, Glamour und Premium. Wir wollten dabei sein in der modernen Welt und uns ausprobieren. Vor allem die jungen Männer wollten sich nicht festlegen. Unsere Eltern hatten uns Werte mitgegeben, die zu dieser neuen Gesellschaft nicht passen wollten. Wir mussten uns ausprobieren. Wir wollten nicht altmodisch und out sein. Wir wollten dazu gehören. Die Gesellschaft war in einem solchen Aufbruch begriffen, dass alles im Fluss war.

Die Werte unserer Eltern waren hinfällig geworden. Nur laute Töne zählten. Gutes Benehmen und fundierte Bildung oder gar christliche Werte waren nicht mehr so wichtig. Alles war möglich, wenn man es sich nur genommen hat. Für Jeden persönlich nach seinen eigenen Wünschen. Der Mensch konnte alles beherrschen. Die Soziologen sprechen vom „Modernen Individualismus".

Auch muss sich die Politik den Vorwurf gefallen lassen, nicht schnell genug auf die veränderten Biographien der Frauen eingegangen zu sein. Es ist davon auszugehen, dass die heute kinderlosen Frauen, größten Teils mit akademischer Bildung, gerne Kinder bekommen hätten, wenn die Möglichkeit zu Berufstätigkeit und Familie gegeben gewesen wäre. Mein Wunsch nach Förderung, wie bei meinen männlichen Kollegen, wurde mit dem Satz des Firmeninhabers: „Was wollen Sie denn? Sie bekommen ja eh mal Kinder!" vom Tisch gefegt. Ich habe erst mit über 40 Jahren eine dauerhafte Partnerschaft gefunden. Wir sind nicht verheiratet und ich habe keine Kinder. Auch meinem Bruder ist es nicht gelungen eine dauerhafte Partnerschaft einzugehen und eine Familie zu gründen.

Aus heutiger Sicht sage ich: **„Wir sind eine verlorene Generation! Wir haben unseren Auftrag zur Reproduktion nicht erfüllt. Wir tragen in gewisser Weise die Last schuld zu sein am demographischen Wandel, auch wenn der Ursprung der Misere aus meiner Sicht die Umstürze der 68-er sind!"**

Und die Veränderungen wirken weiter: Wenn ich die Lebensweise der jungen Frauen betrachte, sehe ich nun das Pendel in die andere Richtung ausschlagen. Für diese Frauen ist alles möglich: Beruf,

Karriere und Kinder. Aber der Preis ist hoch. Frauen wird häufig eine Vollzeit-Berufstätigkeit und Familienarbeit abverlangt, während die Herren der Schöpfung, wenn es ihnen zu viel wird, die Kurve kratzen und mit neuen Partnerinnen weitere Familien gründen. Die Frauen tragen schon wieder die Hauptlast der Gesellschaft.

Bei einer Abendeinladung konnte ich einer Unterhaltung beiwohnen, die große Zweifel am Umgang mit unseren Kindern in mir auslöste:
Am Tisch des repräsentativen Einfamilienhauses in einer süddeutschen Stadt saßen Juristen und Mediziner. Die Gespräche gingen um dies und das, aber was ich dann zu Ohren bekam war ungewöhnlich. Plötzlich war ein junger Mann Gesprächsthema, der offensichtlich für alle am Tisch sitzenden Experten „ein Fall" war und natürlich jeder Experte kannte nur einen Teilaspekt des Lebens und des Charakters des jungen Mannes.
Der für Betreuungen zuständige Richter beschrieb den Fall eines 20-jährigen Mannes, der immer wieder in geschlossenen psychiatrischen Einrichtungen untergebracht werden musste, weil er im Leben nicht zurechtkam. Der Richter war in den vergangenen Jahren alle paar Monate immer wieder mit dem Fall betraut. Es fand ein ständiger Wechsel der Einrichtungen statt, weil man keine adäquaten Therapieansätze gefunden hatte und immer wieder etwas Neues versuchte, um den Jungen zu stabilisieren und in ein normales Leben zu führen.

Der junge Erwachsene war einer völligen Antriebslosigkeit ausgesetzt. „Solange er sich in geschlossenen Einrichtungen aufhält und strengen Regeln unterworfen ist läuft alles. Er will dann den Hauptschulabschluss nachholen, ist motiviert und macht den Anschein auf einem guten Weg zu sein! Sobald man die Maßnahmen lockert, ihm mehr Freiheiten lässt und er selbständiger an etwas arbeiten soll, bricht er wieder ein." Ein weiterer Herr in der Runde nahm Bezug auf den Fall und erklärte, dass er den Jungen kenne. Dieser Herr war der Scheidungsrichter, der mit der Scheidung der Eltern betraut gewesen war. Zum Zeitpunkt der Scheidung war der Teenager nicht auffällig gewesen. Ein Kind, wie die anderen Kinder, auf die man als Scheidungsrichter eben trifft. Die Verhältnisse seien schwierig gewesen, aber nicht hoffnungslos. Die Prognose für den Jungen sah ganz normal aus: Schule, Ausbildungsplatz, Berufstätigkeit. Dann ergriff auch einer der anwesenden Mediziner das

Wort und schilderte seine Kontakte zu diesem Patienten. Auch er beschrieb die immer wiederkehrenden Phasen von Antriebslosigkeit und Einweisung in geschlossene Einrichtungen, Therapie(versuche), Neubeginn und Rückfall.

Jeder Experte beleuchtete die Situation aus seiner fachlichen Perspektive. Somit zeichneten sie dann ein umfassendes Bild zur Lebenssituation des Klienten. Nach der Scheidung in der Pubertät hatten die Erziehungsberechtigten den Zugang zu ihrem Kind verloren. Die Großmutter versuchte ihrem Enkel Halt und Zukunft zu geben. Leider ohne Erfolg. Der verstörte Junge war nicht zugänglich und für die ältere Dame nicht steuerbar. Sie holte sich in ihrer Not schließlich Hilfe von außen. Von da an nahm die Sache ihren Lauf. Einweisung und Versuche der Eingliederung wechselten sich ab. Ein ständiger Wechsel zwischen familiärem Umfeld und wechselnden Einrichtungen: völliger Verlust jeglicher Stabilität! Unisono: ein hoffnungsloser Fall! (Die Experten sind mit ihrem Latein am Ende.)
Der Richter hatte den jungen Mann erst einige Tage zuvor in eine spezielle Einrichtung für Jugendpsychiatrie in einem anderen Bundesland einweisen lassen, welche Erfolge mit solchen jungen Erwachsenen aufweisen kann. In der Hoffnung mit dieser allerletzten Chance dem jungen Mann doch noch ein halbwegs normales, selbstbestimmtes Leben außerhalb einer Einrichtung zu ermöglichen. Seinem persönlichen Einsatz ist der Aufenthalt in dieser speziellen Einrichtung zu verdanken. Denn üblicherweise werden solche Aufenthalte nicht finanziert. Nun vertrauen alle Beteiligten darauf, dass die neue Therapie anschlägt. Vor allem aber, dass sie diesen Fall endlich ad acta legen können!
Was war wohl geschehen, dass ein 15-jähriger Junge so aus der Bahn geworfen wurde? War die Scheidung der Eltern so einschneidend? Sorgte der Verlust von Strukturen dafür, dass er, wie ein Huhn in bedrohlichen Situationen, in Bewegungslosigkeit verharrte? Erklärungsversuche…

Ich wünsche mir für unsere Kinder keine großen materiellen Dinge. Ich wünsche mir ein stabiles soziales Umfeld, wo Kinder in Geborgenheit ihre Talente entfalten können, als starke Persönlichkeiten ins Leben gehen und ihren Beitrag zum gesellschaftlichen Leben leisten.

Und für die Gesellschaft wünsche ich mir Eltern, die ihre eigenen Probleme mit einander/ihren Egoismus hintenanstellen und ihre Kinder stärken für einen guten Start ins Leben. Wir werden alle davon profitieren!

Gegen den GENDERWAHNSINN: Eine neue Ideologie zerstört die Familie.

Familienverbände gehen auf die Straße: Stimmungsbilder aus Stuttgart 2014/2015.

Demonstration gegen die Bildungspläne der rot-grünen Regierung in Baden-Württemberg. Wir sagen NEIN zur Aufnahme der „Akzeptanz sexueller Vielfalt" in die Leitlinien der Lehrpläne ab Klasse 1 bis hin zum Abitur, die spiralcurricular in allen relevanten Fächern immer und immer wieder behandelt werden und damit das Bewusstsein unserer Kinder und Schüler von Anfang an durchdringen soll, ob sie dafür reif sind oder nicht.
Wir sind der Überzeugung, dass die Psyche des jungen Menschen durch die verfrühte und verstärkte Vermittlung mit sexueller Orientierung verwirrt, desorientiert und in der eigenen Findung seiner geschlechtlichen Identität gestört wird. Dies ist ein impertinenter Eingriff in die gesunde geschlechtliche Entwicklung unserer Kinder. Er ist erzieherisch gefährlich und schafft mehr Probleme als er löst.

Auch ich war am 5.4.2014 in Stuttgart live dabei. Ich war erschrocken über die enorme Präsenz der Polizei, die zu unserem Schutz eingesetzt wurde (werden musste) wegen einigen Dutzend Störern, Chaoten, Linksradikalen. Es war aber auch hoch interessant zu sehen, wie ruhig und toll die Polizei organisiert ist. Es waren an der Spitze des Zuges eine Reiterstaffel, also 10 Polizisten auf Pferden, im Einsatz.

Insgesamt viele junge Beamte, viele junge Frauen darunter. Das wirkte sehr deeskalierend. Auch unter uns hörte ich einige aggressive Töne und ich sprach mehrfach beruhigend auf empörte Mütter ein: „Bleiben Sie ruhig, lassen Sie sich nicht provozieren!" Die gesellschaftliche Entwicklung hin zu immer mehr familienfeindlichen Maßnahmen unter dem Deckmäntelchen von Toleranz und Akzeptanz, ja Dominanz sexueller Minderheiten aus sogenannten LSBTTI-Kreisen, scheint auch Familienkreise langsam, aber sicher zu radikalisieren. Geradezu in Gegenwehr marschieren hier viele besorgte Großmütter und Großväter mit. Großfamilien mit drei, vier, fünf Kindern u.a. auch aus christlichen Kreisen und Schulen reisten an, z.B. aus Schwäbisch Gmünd, vom Bodensee, von

der Schwäbischen Alb. Alles dumme Landeier? Darunter Lehrer und Lehrerinnen, Pfarrer, Ingenieure, Ärzte im Ruhestand, Psychologinnen. Blinde, aufgeregte Hühner? Auch wir wissen, dass in vielen Familien der Segen schief hängt, dass es auch dort Gewalt und Missbrauch gibt.
Wir sind auf der Straße, um unsere Familien zu schützen, zu stärken, denn wenn wir zerbrechen, zerbricht auch die Gesellschaft.

Die Veranstaltung war professionell vorbereitet worden, die Sprecher alle sachlich, ruhig, gemäßigt und klar in ihren Forderungen und Stellungnahmen wie z.B. die Statements von Frau von Beverfoerde, Gabriele Kuby, Kerstin Kramer, Karl Simpfendörfer, der Franzose Guillaume Got von der Pariser Organisation *Manif pour tous.*

Von wenigen, immer denselben aggressiven Aktivisten aus dem Homosexuellenlager begleitet, wurden folgende Parolen skandiert:

- Haut ab, haut ab!
- Neonazis raus!
- Schützt eure Kinder vor euch selbst.

Folgende Slogans las man auf Plakaten oder Bannern der linken Gegendemonstranten:

- Keine Liebe ist illegitim.
- Inzestuöse Landeier.
- Gegen Homophobie
- We hate the ruling class (gelbes Banner mit Aufdruck einer männlicher Person, die ein Gewehr im Anschlag hat)
- Gegen Neonazismus und Antisemitismus
- Mutter, Vater, 5 Kinder und kein Hirn
- wir sind heterophob

Unsere Parolen waren (soweit ich sie mitkriegte und auch mit skandierte):

- Finger weg von unseren Kindern
- Schützt unsere Kinder
- Kinder brauchen Liebe und keinen Sex
- Vater, Mutter, Kinder, Familien voran
- Eins, zwei, drei, danke Polizei

In den Wartezeiten, wenn eine Blockade geräumt wurde:

- Räumen, räumen manchmal verstand ich auch träumen, träumen
- manche sangen christliche Lieder
- es war eine friedliche Atmosphäre innerhalb des Demo-Zuges
- wir ließen uns nicht provozieren

Unser Anliegen wird in der Bevölkerung oft missverstanden. **Wir protestieren gegen übersexualisierende Bildungspläne!! Wir protestieren nicht gegen Homosexualität.** Wir wehren uns gegen die Beeinflussung unserer Kinder und Enkelkinder schon ab Grundschulalter, in einem noch unreifen Alter. Wir wehren uns gegen den Griff des Staates in die Intimsphäre der Familien.

In den Leitlinien der Bildungsplanreform ist vorgesehen, Schüler ab Klasse 1 mit den verschiedenen Lebensformen von lesbischen, schwulen, bisexuellen, transsexuellen, transgender und intersexuellen Menschen bekannt zu machen, sie zur „Akzeptanz sexueller Vielfalt zu erziehen". Den Verfassern geht es offenbar darum, die Ausbildung nicht-heterosexueller Lebensweisen von den frühen Schuljahren an zu „unterstützen" und sie gleichzeitig in allen Schulbüchern mit entsprechenden Rollenvorbildern zu versorgen. Eine neue Kultur mit solchen positiven Rollenbildern soll geschaffen werden.

Was spricht aus seriöser wissenschaftlicher Sicht dagegen? Christa Meves, eine seit Jahrzehnten aktive und erfahrene Sexualpädagogin schrieb bereits in den siebziger Jahren von den Gefahren falsch verstandener Aufklärung. Denn sowohl Prüderie wie auch deren Gegenpole, sexuelle Schamlosigkeit und Hemmungslosigkeit und Perversionen können daraus resultieren.
Wie Recht sie damit hatte, zeigt sich heute, vierzig Jahre später in aller Deutlichkeit. Kommunarden wie Reiner Langhans sind mit ihrer freien Liebe in paradiesischer Nacktheit gescheitert. Sie leben gealtert und allein statt im Harem. Der Altkommunarde Langhans gibt aber nicht auf. Seine B-Prominenz und Geldmangel zogen ihn bereits schon ins TV-Dschungelcamp. 2015 gibt er ein Gastspiel beim TV-Experiment „Newtopia" des Senders Sat.1, wo er für ein

paar Tage in eine Scheune bei Berlin einzieht, um mit anderen Kandidaten, genannt „Pioniere", unter Kamerabeobachtung und mit 5.000 € Bargeld eine neue Gesellschaft aufzubauen. Da sind wir ja mal gespannt, was da Sinnvolles herauskommt: Ein Lehrbuch für erfüllten Sex im Alter?

Die Kinderladenbewegung und Reformpädagogik der siebziger Jahre brachte seltsame Blüten hervor. GRÜNE wie Daniel Cohn-Bendit, aber auch andere Namen sind aufgetaucht, haben sich in der Pädophilie verirrt, die Jahrzehnte später nun endlich aufgearbeitet wird.
„Vordenker" der aktuellen Aufklärung über sexuelle Vielfalt ist zum Beispiel der Kieler Uwe Sielert, Mitbegründer und Vorstand der Gesellschaft für Sexualpädagogik, GSP. „Ziel ist eine Gender-sexualpädagogik, die drei Lebensumstände **„entnaturalisieren"** möchte: die Kernfamilie, die Heterosexualität und die Generativität, sprich, die Altersgrenzen zwischen den Generationen."
(Zitat aus www.faz.net/aktuell/politik/inland/experten-warnen-vor-zu-frueher-aufklärung ... aufgerufen am 8.6.2015.)

Der Kieler Universitätsprofessor Dr. Uwe Sielert hat mit seiner ehemaligen Doktorandin und Kollegin, Frau Prof. Elisabeth Tuider aus Kassel, das Buch „Sexualpädagogik weiter denken, postmoderne Entgrenzungen", geschrieben und ist auch "Mentor" des öffentlich heftig diskutierten Praxishandsbuchs "Sexualpädagogik der Vielfalt" von Prof. Dr. Stefan Timmermann und Frau Tuider.
Durch praktische Übungen, die für Schule und Jugendarbeit gedacht sind, sollen sich Kinder und Heranwachsende intensiv mit Facetten sexueller Vielfalt beschäftigen. Gemeint sind sowohl vielfältige sexuelle Orientierungen, Identitäten, Lebensweisen und Praktiken. Heterosexualität und klassische Familien finden kaum noch Erwähnung. Während es in aktuellen Bildungsplänen vor allem um die Förderung von Toleranz und Akzeptanz sexueller Vielfalt geht, geht es in diesem Handbuch offenbar eher um die Förderung der sexuellen Vielfalt selbst - ohne Rücksicht auf die Bedürfnisse und Befindlichkeiten der Jungen und Mädchen oder die Erwartungen der Eltern an Sexualerziehung in der Schule.
Auch Konservative gehören zum Kreis bekennender Homosexueller, was an sich kein Problem ist. Aber: Sie sitzen in Parlamenten und Regierungen, sie lenken die öffentliche Meinung

als Redakteure und Intendanten, als Schulbuchautoren und Moderatoren. Es wurden pseudowissenschaftliche Institute und Lehrstühle zu Gender Studies und Sexualpädagogik gegründet, mit Millionen an Steuergeldern gefördert und pseudoaufklärerische Schriften verfasst, die die Eltern heutiger Kinder bis ins Vorschulalter zu manipulieren versuchen. Wer versteckt sich heute hinter den Schreibtischen, hinter den Mandaten, wir kennen häufig ihre Namen nicht, noch ihre Anzahl. Sie wirken im Hintergrund und üben dort ihre unheilvolle Macht aus.

Wenn man Kinder im Grundschulalter – also bis ins Alter von ca. zehn Jahren – mit unverblümter Sexualität konfrontiert wie zum Beispiel mit Nacktbildern, Pornografie, Zurschaustellung von Genitalien oder gar Aufforderung zu sexuellen Handlungen, so kann das zu ernsthaften Störungen in der Jugend bis ins Erwachsenenalter hinein führen in Form von unüberwindbarer Genitalangst, zu Ekel, Abscheu und Verdrängung von Sexualität bis hin zu psychosomatischen Symptomen wie Übelkeit und Erbrechen, Bauchschmerzen, Herzrasen usw., was man früher als unerkannte Hysterien bezeichnete.
Eine verfrühte und derart intensive Konfrontation mit Sexualität, dazu noch mit allerlei nicht-natürlichen Formen, die in den neuen Bildungsplänen zur Norm deklariert werden, ist verantwortungslos, ja übergriffig. Sie greift in das überaus komplizierte und störanfällige Reifungsgeschehen der jungen Menschen ein, zerstört das natürliche Schamgefühl, das als Schutz und moralisches Gewissen eine natürliche Schranke vor Missbrauch, vor sexueller Verführung, unerwünschter Schwangerschaft et cetera schützt. In diesem Zusammenhang sind die technologische Entwicklung und der Gebrauch moderner Medien im Kindesalter ebenfalls äußerst verhängnisvoll. Ungezügelter Exhibitionismus aus allen Kanälen schafft freie Bahn zu allerlei Perversionen oder aber zu einer völligen Abscheu und Abwendung von gesunder, natürlicher Sexualität.

Die Entwicklung zu reifer Sexualität bereitet den Menschen zu mehr vor als zum Geschlechtsverkehr. Reife Sexualität heißt in erster Linie nicht Lust und Diversität, ein kindliches oder künstliches Sichaus-probieren, sondern Liebe und Verantwortung, Bindungsfähigkeit und Treue. Nicht auf schnelle Lustbefriedigung fußt das Glück des Menschen, noch das Überleben der Menschheit. Der Mensch braucht

Sicherheit, Kontinuität und Identität: Wo komme ich her? Von der Samenbank? Von irgendeiner Leihmutter, aus welchem Land, aus welcher Kultur? Wer ist meine biologische Mutter, wer ist mein leiblicher Vater? Wie könnte sich die Suche nach den wahren Eltern auswirken, wenn Kinder aus unklaren Verhältnissen stammen?
Wer sich gegen eine Überbetonung homosexueller Lebensweisen ausspricht wird als homophob bezeichnet, als braunes, rechtes inzestuöses Landei. Quoi vadis, Deutschland – du schaffst dich ab.

Ich habe auf diesen Demos keinen Nazispruch, keine Springerstiefel, keine rechtsradikale Gruppierung gesichtet. Wer das behauptet, hat ganz eindeutig bösartig und falsch berichtet. Karl Simpfendörfer, Vorstandmitglied des Verbandes Familienarbeit e.V. legte Beschwerde beim Südwestrundfunk ein gegen die spätere Berichterstattung. Die Teamleiterin der Landesschau aktuell, Kristina Böker, sowie den Intendanten Herrn Boudgoust forderte er auf, klar und deutlich die rechtsextreme Gruppe zu benennen, die das Ansehen der zur Demonstration aufrufenden Familienbündnisse beschädigt.
Die weltweit agierende Bürgerinitiative CitizenGo setzt sich für das Leben, die Familie und für Grundrechte ein. Sie informiert online über ihre Kampagnen und Petitionen. *Siehe unter www.facebook.com/citizengo oder Twitter oder über die Nachrichten-Adresse citizengo@citizengo.org.*

Martin Lohmann, bekannter Journalist und Sprecher der Christlichen Aktion (CA) richtete Ende 2014 eine Petition an Bundeskanzlerin Dr. Angela Merkel, Bundesministerin Prof.Dr. Johanna Wanka und Frau Ministerin Sylvia Löhrmann, Vorsitzende der Kultusministerkonferenz, mit dem Ziel:

- Kein Schulunterricht über Vaginalkugeln und Vibratoren!
- Kein Schulunterricht über das Einrichten von „Puffs für alle"!
- Altersgemäße und jugendgerechte Sexualkunde!

Lohmann und die Unterzeichner der Petition wehren sich gegen eine übergriffige Sexualkunde, basierend auf Empfehlungen aus dem bereits erwähnten Buch „Sexualpädagogik der Vielfalt" aus der Feder von Prof. Dr. Elisabeth Tuider et al. Die Thesen dieses Buches riefen inzwischen auch den Missbrauchsbeauftragten der Deutschen Bundesregierung auf den Plan, vor einem übergriffigen

Sexualkundeunterricht zu warnen: *„Wenn Mädchen und Jungen beispielsweise in der Klasse dazu aufgefordert werden, vor Mitschülern über ihre Sexualerfahrungen zu sprechen: Das überschreitet die Intimsphäre der Kinder und Jugendlichen. Dasselbe gilt, wenn Schüler dazu aufgefordert werden, gemeinsam körperliche Erkundungsübungen zu machen."*

Ein Beispiel gefällig? In Tuiders Buch S. 151 f. werden Kinder ab 13 Jahren dazu aufgefordert zu berichten, wie sie sich "ein erstes Mal" vorstellen. Dazu gehört unter anderem auch "ein erstes Mal Analverkehr". Welcher Lehrer erlaubt sich solche Unterstellungen, solch perverse, unangemessene Fragen? Er gehört sofort ohne Dienstbezüge beurlaubt. Ein solches Lehrbuch gehört unter Verschluss. Es ist ein Skandal, wie unsere Kinder und Enkelkinder unter dem scheinheiligen Deckmäntelchen der Aufklärung verunsichert, verstört, verdorben werden!

Christa Meves, anerkannte Kinder- und Jugend-Psychotherapeutin, unterstützt ausdrücklich diese Petition mit ihrem deutlichen NEIN zu übergriffiger Sexualkunde. NEIN, NEIN, NEIN!

Am 28. Juni 2014 gehen die Bündnispartner ein zweites Mal in dieser Sache in Stuttgart, der Hauptstadt Baden-Württembergs, auf die Straße. Bei strömendem Regen versammeln sie sich friedlich auf dem Schillerplatz vor der imposanten Kulisse der Stiftskirche, des Alten Schlosses, der alten Kanzlei. Eindrückliche Reden und Grußworte zeigen die Bandbreite wachsender Unterstützung für das Anliegen, Ehe und Familien zu stützen und die frühe Sexualisierung der Kinder durch Lehrpläne hin zur Akzeptanz sexueller Vielfalt zu schützen.
Viele der Bündnispartner im Aktionsbündnis DEMO FÜR ALLE sprachen live zu den etwa 1.000 Demonstranten, die von sage und schreibe 900 Polizisten und einer großen Reiterstaffel mit 10 Pferden vor etwa 150 Randalierern und Gegendemonstranten aus dem Antifa und dem Lesben/Schwulenlager geschützt wurde. Etwa 100 gewaltbereite Personen wurden vorläufig in Gewahrsam genommen. Sie fordern Toleranz und Akzeptanz, sind aber nicht bereit, diese selbst zu üben gegenüber friedlichen Müttern und Vätern, Kindern und Großeltern, Christen und Muslimen, Protestanten und Katholiken, Konfessionslosen und Bibeltreuen, Studenten und Alten. Beeindruckt von der gesellschaftlichen Vielfalt, der friedlichen Eintracht, der engagierten Reden wie zum

Beispiel von Birgit Kelle, der Vorsitzenden der Frauenbewegung frau2000, von Organisatorin Frau von Beverfoerde, von Guillaume Got aus Paris, Köksal Eroglu von der muslimischen M.I.H.R. Foundation, CDU-Politiker Karl-Christian Hausmann, Hubert Gindert vom Forum Deutscher Katholiken, dem Erzpriester Ilya Limberger, dem Landessprecher und AfD Europaabgeordneten Bernd Kölmel, die sich alle für eine nachhaltige, eine familienfreundliche Politik einsetzen, statt einer frühsexualisierten, alle Lebensformen gleichschaltende Indoktrination bereits im Kindergartenalter und in den Schulen, stehe ich der besseren Sicht wegen auf dem Sockel der Schillerstatue.

Zwei blumengeschmückte Oldtimer-Mercedes fahren auf den Platz, die Glocken der Stiftkirche läuten laut zur Hochzeitsmesse. Hier möchte sich ein Paar auch den kirchlichen Segen sichern für eine Zukunft, die aus familienpolitischer Sicht geradezu torpediert wird. Werden sich diese Jungvermählten für eine Familie entscheiden? Oder doch lieber kein Kind? Oder nur eines, weil die Krippe und die Karriere locken?

Das Kirchengeläut verstummt, die Demonstration kann noch nicht gleich beginnen, deshalb wird die Psychotherapeutin und Unterstützerin aller Familienverbände Frau Gabriele Kuby auf die Bühne gerufen. Sie hält eine kleine Rede aus dem Stegreif. Sie betont, dass wir die Homosexualität nicht verteufeln und diese Menschen, die Schwulen und Lesben mit einschließen, ihre Lebensformen tolerieren. Sie weiß, dass viele dieser Menschen kein Vertrauen mehr in die Familie haben, weil ihr Schmerz so groß ist, weil ihnen auf unterschiedliche Weise Leid angetan wurde. Das darf aber doch nicht heißen, dass Familienleben grundsätzlich schlecht ist, dass dort immer Gewalt herrsche, Unterdrückung, Vernachlässigung, sexueller Missbrauch an der Tagesordnung sei. Nein, im Gegenteil, ist die Familie grundsätzlich der Ort des Vertrauens, der Geborgenheit, des Halts, gerade auch in schweren Zeiten. Vater, Mutter, Kinder sind die Grundpfeiler der Gesellschaft. Wenn immer mehr Familien zerbrechen, bricht auch die Gesellschaft zusammen. Deshalb müssen wir die Familien stützen und schützen – ein großer Dank geht an die Polizei.

Am 22. Oktober 2014 fand eine weitere DEMO FÜR ALLE in Hannover statt. Die Familiendemonstranten trafen auf die geballte

Feindseligkeit der Vielfaltsideologen. Obwohl die friedlichen Demonstranten eindeutig für Werte unserer Verfassung - den Schutz von Ehe und Familie - auf die Straße gingen, wurden sie wiederum massiv beleidigt und verbal angegriffen. „Fickt euch doch alle" stand auf einem großen Transparent. „Für Respekt – Gegen Hass und Homophobie" im Untertitel.

Wir fragen uns, wo bleibt der Respekt vor den Familien, vor der Ehe, vor dem Zusammenleben von Mann und Frau in der lebenslangen Verantwortung füreinander, in der aufopfernden Fürsorge für die eigenen – und oft sogar für fremde – Kinder? Wo bleibt die Anerkennung für die Sorge und gegebenenfalls auch die Pflege der eigenen, alt und hilflos gewordenen Eltern? Wo bleibt der Respekt vor dem Ehrenamt, der nicht bezahlten Mitmenschlichkeit, dem Generationenbeitrag, den die Familien leisten und der die Gesellschaft trägt?

Die Familienaktionsbündnisse wehren sich weiter. Am 21. Juni 2015 gehen sie wieder auf die Straße in Stuttgart. Sie lassen nicht locker.

Demo für alle am 21.6.2015

14 Uhr: Wieder beziehe ich meinen Beobachterposten am Rande der Veranstaltung: Vor der dichten polizeilichen Absperrung am Schillerplatz in Stuttgart wandelt ein gutes Dutzend in braune Kapuzenkutten gekleidete Personen schweigend hin und her, die Hände zum Gebet gefaltet. Ich frage mich, was soll denn das? Ist das ein Aufmarsch des Ku-Klux-Klans? Was wollen diese Leute damit aussagen? Ich spreche einen der Herren einfach an, will Auskunft haben, ich sage, ich recherchiere für ein eigenes Buch. Der Angesprochene grinst und schweigt. Ein älterer Herr von außen kommt auf mich zu, spricht mich an. Für wen schreiben Sie? Für welche Zeitung? In wessen Auftrag? Ich wiederhole, dass ich hier für mein eigenes Buch recherchiere, mir ein eigenes Bild, eine eigene Meinung bilde und auch die Randgruppen von außen beobachte und beachte mit ihren Sorgen und Nöten, mit ihrer ganz eigenen Wahrnehmung. Warum fühlen sie sich angegriffen? Warum ist die Stimmung hier draußen so aggressiv? Der Herr stellt sich vor als Schirmherr des Württembergischen Kunstvereins. Die Kuttenträger seien Schauspieler, Musiker, Bildende Künstler. Dies hier seien ein unpolitischer Auftritt, eine künstlerische Performance, eine Persiflage. Statt Übersteigerung der Parolen Schweigen. Schweigen gegen den Aufmarsch von Rechtsradikalen, vom Klerus bis hinauf in die Leitungsetagen, von NDP'lern, die sich von dieser Demo angezogen fühlen.

Aber das sind doch Missverständnisse, wo marschieren hier denn Rechtsradikale auf? Ich sehe außerhalb der Absperrungen nur Linksradikale oder Autonome Gruppen. Ich sehe schlecht gekleidete, gepiercte, tätowierte junge Leute, die an Bierflaschen oder Zigaretten nuckeln. Sie hocken und kauern auf dem gepflasterten Boden. Ich sehe einige bekennende Homosexuelle, die ihre Regenbogenfahnen oder Schilder hochhalten:

- "Keine Homophobie",
- „Gegen Islamophobie".
- „Hätt' Maria abgetrieben, wärt ihr uns erspart geblieben", was auch eifrig skandiert wird, oder:
- „Lieber zwei Mütter als ein Scheiß-Vater".

Ein deutlicher Hinweis auf familiengeschädigte junge Menschen. Traurig. Sie haben den Glauben verloren oder nie gehabt, sie haben niemals Liebe oder viel zu wenig Liebe und Wertschätzung innerhalb ihrer Familien erfahren. Sie glauben nicht an christliche Werte noch an intaktes Familiendasein, weil ihnen diese Erfahrung fehlt, sie haben meiner Einschätzung nach offensichtlich überwiegend schlechte Familienerfahrungen gesammelt.

Nun übertragen sie diesen Mangel auf die Menschen der „Demo für alle", die doch genau für den Erhalt gesunder Familien, für gute Rahmenbedingungen für Mütter, Väter, Kinder einstehen, die auch Homosexualität weder verleugnen, noch verdammen, sondern tolerieren. Menschen, die sich allerdings gegen Indoktrination und Übersexualisierung in den Bildungsplänen zur Wehr setzen. Die sich gegen die Überbetonung der Homosexualität wehren, auch in Form der Ehe, die sie als Sakrament und als geschützten rechtlichen Rahmen nur für Mann und Frau sehen. Sie tun das ohne Gewalt, ohne Hass, ohne Diskriminierungsabsicht. Ihnen ist klar, dass es verschiedene Menschen gibt, verschiedene sexuelle Orientierungen, aber sie wollen klar stellen, dass Familien mit Kindern vom Staat besonders geschützt und gefördert werden müssen, um zu überleben und unsere Gesellschaft zu erhalten. Familien stärken, damit auch die nachwachsenden Generationen Mut zu eigenen Kindern haben können.

Am Protest der Randgruppen sieht man doch, was ein *„Scheiß-Vater oder eine Scheiß-Mutter"* anrichten können.

Aus dieser Gruppe heraus erklingen ungestraft hasserfüllten Parolen wie

- *„kein Platz für Nazipropaganda"*.
- *„Nazis, haut ab, haut ab"*,
- *„hier laufen Nazis rum, Heil Hitler"*
- *„Eure Kinder werden so wie wir, eure Kinder, werden so wie wir"*.

Nein, unsere Kinder sind nicht so wie ihr. Unsere Kinder und Enkelkinder werden nicht so wie ihr, weil wir uns um sie kümmern, weil wir sie lieben und wertschätzen, weil wir sie auch annehmen, wenn sie anders sind.

Ich gehe ohne Probleme durch die enge polizeiliche Absperrung auf den Schillerplatz und höre die ruhigen, sachlich vorgetragenen Argumente von Hedwig von Beverfoerde:

- Wir brauchen eine familienfreundliche Wirtschaftspolitik
- Wir wollen nicht diskriminieren. Wir wollen Menschen annehmen in ihrer Andersartigkeit.
- Wir achten die Vielfalt.
- Setzen Sie sich weiterhin für Ehe und Familie ein, um zerstörende Einflüsse zu verhindern.

Der französische Sprecher der Initiative „Manif pour tous" aus Paris , Jérôme Brunet, ergreift das Wort:

„1998 hat man uns versprochen, es gäbe niemals ein Recht auf Adoption für homosexuelle Paare. Heute, 2015, haben wir die Ehe für alle mit Recht auf Adoption und medizinisch unterstützte Fortpflanzung.
Wir wehren uns vehement gegen die Leihmutterschaft. Unsere *Tentative* hat die GPA erfolgreich verhindert. Aber in den USA beraten und verkaufen Firmen widerrechtlich Leihmütter. Klagen blieben erfolglos. Auch gibt es in Frankreich immer wieder Versuche, die französischen Gesetze zu unterlaufen. Wir müssen laut und deutlich STOPP sagen.
Ist der Mensch eine Ware? Wollen Sie in einer Welt leben, wo der Mensch zur Ware degradiert wird? Wir haben in Frankreich, auch in Italien und in anderen Ländern demonstriert. Wir werden nicht aufgeben."

Nach weiteren Sprechern, darunter Dr. Malte Kaufmann (Vorsitzender Mittelstandsvereinigung der CDU Rhein-Neckar), Heinz Veigel (Petitionsinitiative Zukunft-Verantwortung-Lernen e.V.) und Karin Heepen (Bündnis C - Christen für Deutschland) sowie Grußworten von Weihbischof Thomas Maria Renz und den MdBs Thomas Dörflinger und Thomas Bareiß erklingt klassische Musik aus dem Übertragungswagen, der auch als Bühne dient.
Die Menschen warten geduldig, unter ihnen Schwangere, stillende Mütter, viele adrett gekleidete junge Menschen, Studenten, ganze Familienclans mit Kinderwagen bis Rollator, Kinder im Schulalter bis hin zu Großeltern, Geistliche, Jugendgruppen mit Gitarren, ein Querschnitt durch den gesamten deutschen Mittelstand.

In Richtung Großer Schlossplatz drängen sich nun die Randalierer des anderen Lagers mit ihren unverfrorenen Naziparolen unter lautem Trommelprotest. Die Polizei muss einschreiten, die Reiterstaffel geht dazwischen, die Demo wird um das Alte Schloss, den ehemaligen königlichen Stutengarten, der Stuttgart einst den Namen gab, umgeleitet. Alle Teilnehmer bewegen sich diszipliniert durch eine Ordnerreihe, wo manuell die Anzahl per Knipser gezählt wird. Am Ende sind es genau 4603 Teilnehmer. Ein Rekord. Es ist ein unglaublich langer, fröhlicher, bunter Zug, der an den Markthallen vorbei über den Stauffenbergplatz zum Charlottenplatz führt, weiter auf der gesperrten B10 an der Baustelle der Neuen Landesbibliothek vorbei bis zum Wagenburgtunnel, dann parallel zurück am Staatstheater vorbei zum Opernhaus, wo die Schlusskundgebung stattfindet. Unterwegs erklingen Wanderlieder und auch christliche Lieder, immer wieder fröhlicher Jubel. Teilnehmergruppen winken sich freudig zu.

Es ist ein beeindruckender Anblick, so viele friedliche, freundliche Menschen in einem nahezu endlosen Zug zu sehen. Am Rande immer wieder Störer mit ihren Islamophob- und Homophob-Schildern. Ich sehe auch ein Leintuchbanner mit der Aufschrift: „Stoppt die Diktatur der Kinder-Gender". Die haben hier wirklich einiges missverstanden, diese Randgruppen, vielleicht sind sie tatsächlich Opfer von Kinderschändern?

Im See vor den Staatstheatern stapfen Teenager provozierend durch das Wasser, bespritzen Passanten und Polizisten mit Fußtritten. Mehrfach werden Sie durch eine Polizeisprecherin per Mikrofon aufgefordert, dies sofort zu unterlassen. Natürlich machen sie weiter. Einige werden abgeführt.
Nochmals ergreift die Organisatorin Hedwig von Beverfoerde das Wort und betont, wie wichtig ihr es sei, dass sich hier nicht Homo-Hasser versammeln. „Kein Mensch hat das Recht Homosexuelle herabzusetzen. Aber wir lehnen die Homo-und Genderagenda ab!" Sie verspricht:" Wir kommen wieder und zwar am 11.10. in Stuttgart!" Lauter Jubel, Hunderte oder Tausende von blau-rosa Luftballons steigen in den wolkenlosen Himmel.

Die Menge löst sich auf. Tumult gibt es nur Richtung Hauptbahnhof, wo sich die Randalierer sammeln und die Polizei schützend aufmarschiert. Ein großer Dank geht an die Einsatzkräfte.

Ich strebe einem Café zu unter den Arkaden der ehemaligen Kunstgalerie und beobachte die nach Hause strömenden Menschen, Kinder, die ein Polizeipferd streicheln, andere schlecken ein Eis. Der Rasen füllt sich mit jungen Leuten, die noch ein kleines Sonnenbad nehmen. Nach einer Weile kommen die Polizeimannschaften, die Helme in der Hand zu ihren Mannschaftswagen zurück. Ein friedliches Ende einer friedlichen Demonstration. Bleiben wir doch gelassen und lassen wir uns in Frieden leben!

Für mich ist klar: Ein weiteres Mal werde ich nicht mitmarschieren. Ich möchte diesen friedlichen Aufstand der Familien im Gedächtnis behalten. Wir haben gezeigt und zum Ausdruck gebracht, was uns bewegt, was uns stört. Dennoch verzeichnet die nächste Demo FÜR ALLE im Oktober einen neuen Rekord mit 5.350 gezählten Teilnehmern.

Im November 2015 wendet sich das Blatt. Radikale verüben einen Brandanschlag auf das Firmengelände der Familie von Beverfoerde. Auf das Auto der demokratisch gewählten AfD-Europaparlamentarierin Beatrix von Storch wird ebenfalls ein Brandanschlag verübt. Scheiben ihres Wohnhauses werden eingeschlagen, die Aktivisten der Demos werden massiv im Internet bedroht, sodass die Staatsanwaltschaft eingeschaltet und Anzeige gegen den Autor des Anarchostückes FEAR, erstattet wird. Gewalt statt Toleranz predigt diese Anti-AfD und Rechtspopulismus-Collage unter Regisseur Falk Richter ungestraft weiter. Das schamlose und entwürdigende Stück steht ab 8. Januar 2016 wieder auf dem Spielplan der Berliner Schaubühne. Ein Skandal! Wer ist hier der eigentliche Brandstifter?

Auch Frau Kuby *(siehe Buchtipp im Anhang)* wurde massiv bedroht, weil sie aufdeckt, wie die Gender-Ideologie versucht, unsere Kinder und Enkelkinder weltweit durch frühe, weit verfrühte und verfehlte Sexualisierung umzuerziehen. Ich zitiere aus ihrer Broschüre: *„Gott schuf also den Menschen als sein Abbild; als Abbild Gottes schuf er ihn. Als Mann und Frau schuf er sie. Gott segnete sie und Gott sprach zu ihnen: Seid fruchtbar und vermehrt euch."*

Mit diesen Worten der Bibel aus Genesis 1,27-28, die keinerlei Ungleichgewicht zwischen den Geschlechtern, keinerlei Wertung, keinen Unterschied zwischen Mann und Frau beinhaltet, leitet die Autorin in die Thematik ein. Die Betonung liegt auf dem Menschsein, dem Abbild Gottes. Unsere Gesellschaft befindet sich in

einer rasanten Veränderung, die alle bisherigen Werte auf den Kopf
stellt, in einer Revolution, deren Schlüsselbegriff „gender" ist. Gott,
Mann und Frau, Ehe und Familie, Treue und Glaube, alles wird in
Frage gestellt. Die Plattform dazu war die UN-Weltfrauen-
konferenz 1995 in Peking, wo das Wort „sex" als Ausdruck für die
Zweigeschlechtlichkeit von Mann und Frau durch das Wort „gender"
ersetzt wurde. Feministinnen hatten die natürliche Geschlechts-
polarität und die „Zwangsheterosexualität" als Ursache für
Unterdrückung der Frau und sexueller Minderheiten ausgemacht.
Mit diesem neuen Begriff „gender" wollen sie das Übel bei der
Wurzel packen. Nicht mehr zwei Geschlechter soll es geben, sondern
viele: Hetero-, homo-, bi- und trans-sexuelle Personen.

Allen voran Judith Butler, eine bekennende Lesbe mit einem
aggressiven Anliegen: Die Ausmerzung aller „heterosexistischen"
Signaturen wie Mann und Frau, Sexualität und Fruchtbarkeit, Ehe
und Familie, Vater und Mutter, leibliche Eltern und leibliche Kinder.
Die ideologische Verzerrung ist offensichtlich und trotzdem wird
Butler mit großen Preisen geehrt. Am 11. September erhielt sie den
mit 50.000 € dotierten Theodor-W.-Adorno-Preis der Stadt Frankfurt.

Das haben wir doch schon einmal erlebt mit Simone de Beauvoir.
Eine kleine ebenso hochmütige wie hochbegabte Französin erfindet
eine eigene Theorie von der Freiheit der Frauen, weil sie selbst sich
diese Freiheit nimmt, was sie auch darf, aber alle anderen verachtet,
die das nicht tun. Aus ihrer Biografie heraus ist verständlich, warum
sie aus den starren Konventionen ihrer Zeit ausbrechen wollte und
konnte. Das rechtfertigt noch lange nicht ihre geradezu bösartigen
Angriffe auf Schwangerschaft und Mutterschaft, das Hausfrauendasein, den Status der Ehefrau, der Ehe und Familie. Ihre Biografie,
ihr Werdegang, ein vehementer Kreuzzug des Feminismus gegen
den sogenannten bösen „Biologismus". Subjektive Theorien und
Philosophie sollen   Naturgesetze aushebeln und Rollenklischees
überwinden. Wirklich glücklich geworden ist sie dadurch allerdings
nicht.

**Das Stuttgarter Symposium vom 23.01.2016 „Gender und
Sexualpädagogik auf dem Prüfstand der Wissenschaften"** belegte
vor etwa 1000 Zuhörern eindeutig die Unhaltbarkeit der
genderideolgischen Thesen. Namhafte Wissenschaftler wie die
Theologin und Philosophin **Prof. Dr. Hanna-Barbara Gerl-Falkovitz,**

der Sprachwissenschaftler, Germanist und Gymnasiallehrer aus Melk in Österreich **Dr. Thomas Kubelik**, der Sexualwissenschaftler aus München, **Dr. Jakob Pastötter, der Sozialethiker Prof. Dr. Manfred Spieker und der Psychiater und Sexualtherapeut Dr. Raphael Bonelli** nahmen jeweils in ihren Fachgebieten in hinreißenden Vorträgen zur Absurdität der Genderideologie Stellung und stellten sich in der abschließenden Podiumsdiskussion den Fragen der Zuhörer. Dies taten die Gender-Vertreter nicht. Sie reisten erst gar nicht an. Denn Gender-Vertreter diskutieren nicht mit ihren Gegnern. Sie sprechen ihnen in eiskalter Arroganz die Wissenschaftlichkeit ab, die sie nur für sich gepachtet wähnen. Ein weiterer Kommentar dazu erübrigt sich.

Draußen vor der Liederhalle versammelten sich vor Beginn der Tagung um 10 Uhr einige Dutzend Protestler aus dem üblichen Lager der Linksautonomen und Homosexuellen. Ich kann es mir nicht verkneifen, mit einer Handvoll Flyer der ersten Auflage dieses Buches durch die lichten Reihen zu gehen und einige Personen anzusprechen. Manche nehmen einen Flyer an, andere lehnen sofort ab. Mit einem schwulen Pärchen komme ich ins Gespräch. Sie fordern Akzeptanz ihrer sexuellen Orientierung und den Ehestatus. Ich erkläre ihnen, dass wir nicht gegen Homosexuelle sind, auch nicht gegen eingetragene Partnerschaften, **dass aber Ehe und Familie einen besonderen Schutz des Staates genießen müssten**. Der eine schreit mich fast an: „Wozu Kinder in die Welt setzen"? Ich erwidere: „Damit das Leben weitergeht, damit Deutschland nicht untergeht, damit wir nicht vereinzeln und im Alter vereinsamen. Wer soll denn diesen Staat in Zukunft tragen, wenn nicht unsere Kinder?"

Sie nehmen keinen Flyer, ich lasse sie in Ruhe und wende mich an die Pressevertreter des SWR, übergebe mit einem charmanten Lächeln und dem Hinweis, dass wir aus der bürgerlichen Mitte sind und keineswegs wie hartnäckig, unwahrheitsgemäß und populistisch behauptet aus dem rechtsradikalen Lager. Hier sind viele Lehrer, darunter auch der Petitionsaktivist und Sexuelle Vielfalt-Lehrplangegner Gabriel Stängle, Erzieherinnen, Ärzte, Theologen, Unternehmer. Sie stehen in langen Schlangen vor dem Einlass, doppelt geschützt durch Gitter und massive Polizeipräsenz. Was für ein Paradoxon. Die brave, steuerzahlende, arbeitende, gut bis bestens ausgebildete Mittelschicht wird hier an den Pranger gestellt und muss geschützt werden vor einigen wenigen Protestlern. Die eigentlichen Randalier haben um diese Uhrzeit noch nicht einmal aus dem Bett gefunden, geschweige denn eine weite Anreise gewagt. Gut so. Auch das spricht für sich. Am Ende der Veranstaltung um 18 Uhr stehen immer noch viele Polizisten vor dem Haupteingang des Kongress- und Konzertzentrums der Stuttgarter „Liederhalle". Der Vorplatz ist bei diesem Schmuddelwetter wie leergefegt. Vollkommmen zufrieden von den inhaltlichen und zwischen-menschlichen Erfahrungen des heutigen Tages gehe ich zum Parkhaus und fahre nach Hause. Im Auto denke ich über die vielfältigen Denkanstöße und Argumente nach und das immer wieder falsch zitierte Zitat der Simone de Beauvoir: „Man wird nicht als Frau geboren, sondern man wird dazu gemacht", was in richtiger Übersetzung ganz einfach heißt: „Man wird nicht als Frau geboren, sondern man wird es" (*„On n'est pas née femme, mais on le devient"*).

Doch wenden wir uns einmal mehr Frankreich zu, dem Land mit einer der höchsten Geburtenraten in Europa.

Wie schaffen die das, die Französinnen?

Der Mythos der französischen Frau und Mutter*

Das Rätsel der Sphinx

Vierfüßig, zwei-und dreifüßig ist es auf Erden,
doch eine Stimme nur hat es,
vertauscht seine Haltung allein von den Wesen,
die auf der Erde, zum Himmel und durch das Meer sich bewegen.
Aber sobald es gestützt auf die meisten Füße einhergeht,
ist die Geschwindigkeit seiner Glieder die allergeringste.

Sophokles: König Ödipus *(in einer Übersetzung von Wilhelm Willige)*

Das Wort Mythos sagt schon alles. Auch die französische Frau ist ein Mensch, keine Maschine und auch keine Gebärmaschine. Auch die französische Frau bringt nur dann Kinder zur Welt, wenn sie zuvor neun Monate lang schwanger ging und einen Erzeuger fand, im besten Fall den eigenen Ehemann. Sie kennt genauso Übelkeit, Ängste und Schmerz, Gefühle wie Glück und Furcht vor der Geburt wie jede andere schwangere Frau auch. Die französische Frau ist kein Konstrukt, kein künstliches, kaltes Wesen, das nichts fühlt, nicht stillt, nicht liebt, nicht schläft. Sie können mir glauben, dass ich in den vier Jahrzehnten intensiver Kontakte mit Menschen aus Frankreich nicht Klischees aufsitze, die eben einen Mythos begründen, noch irgendeiner vereinzelten Wahrnehmung, irgendeiner Ahnung, vielleicht aus Erzählungen stammend oder aus reißerischen Pressartikeln.

Hochglanzmagazine wie „Elle" oder Marie-Claire" und „Vogue" zeigen verführerische, beruflich erfolgreiche, karriereorientierte Models, Politikerinnen, Größen aus Film, Kultur und Literatur, dabei auch manch eine Supermehrfachmutter. Ja, natürlich, die gibt es. Ich denke an Ségolène Royal, die Mutter von Staatschef Hollands 5 Kindern. Ich denke an Rachida Dati, die schöne Ex-Justizministerin (1). Natürlich auch Carla Bruni-Sarkosy (2), an ihre Vorgängerin, die erste Mme Sarkozy (4 Kinder), die alle in Patchworkfamilien leben. Wie finden das die Kinder? Ob sie alle begeistert sind über ihre Stiefgeschwister, Fremdmütter und/oder nie Zeit habende prominente Väter?

Was passiert in den sogenannten „Normalo-Familien mit drei Kindern? Denn drei Kinder zu haben ist in Frankreich „normal".

Warum? Es gibt kein Kindergeld für ein erstes Kind. Es gibt Geld für die Erstausstattung, das war's. Erst ab dem zweiten Kind gibt es eine *allocation familiale*.

Oft genug war ich in französischen Familien zu Gast, habe Kolleginnen und Kollegen mit und ohne Nachwuchs besucht, mit ihnen zusammengearbeitet, übersetzt, gedolmetscht. Ich habe in Frankreich studiert, an französischen Schulen hospitiert und unterrichtet. Ich habe auch hinter die Kulissen geschaut. Da gibt es Mobbing in den Schulen, grausame Einführungsrituale an Hochschulen (*le bizutage*), auch in Frankreich gibt es vernachlässigte und benachteiligte Schüler, Autobahnraser, Depressionen, Alkoholexzesse, Scheidungskriege, Suizide. Da gibt es viele völlig erschöpfte Frauen, mal aggressive, mal depressive. Da gibt es Tränenausbrüche, Tabletten, Beruhigungsmittel, Psychopharmaka, billig zu kaufen und zum Teil nicht einmal verschreibungspflichtig. Da gibt es starke Hustensäfte, die ein kränkelndes, unruhiges Kind in den Schlaf schicken, in manchen Fällen hilft man mit Schnaps nach, ein kleiner *Calvados* kann ja nicht schaden…

In keinem europäischen Land gibt es einen höheren Medikamentenverbrauch als in Frankreich. Im Sommer 2012 verbrachte ich 16 Tage in Frankreich bei verschiedenen Freunden und Kolleginnen in der Nähe von La Roche sur Yon, in Angers, in Paris. Ich hörte zu meinem Entsetzen von drei Selbsttötungen in dieser kurzen Zeit. Drei junge Erwachsene aus bürgerlichen Familien, alle drei junge Männer, brachten sich um, die Angehörigen fassungslos, ratlos. Warum?

Eine meiner besten Freundinnen seit Studientagen ist Chantal**, eine gebürtige Pariserin, Erzieherin und Grundschullehrerin (institutrice), Mutter zweier inzwischen erwachsener Söhne. Sie schreibt mir im Sommer 2013 eine Karte aus Roscoff an der bretonischen Küste. Sie sei in Kur. Etwas Schreckliches sei geschehen. Ihr ältester Sohn ist depressiv, zieht sich zurück. Sie wisse nicht warum, sie sei in größter Sorge. Chantal ist eine großartige Frau: Groß, blond, sehr intelligent und musikalisch, eine energische, durchsetzungsstarke und dabei liebevolle und fürsorgliche Frau, Mutter und Lehrerin. Seit dreißig Jahren mit einem Amerikaner verheiratet, lebt sie in Karlifornien, dort wurden ihre Söhne geboren, dort arbeitete sie ohne Unterbrechung in einer französisch-amerikanischen Schule. Wie die meisten französischen Frauen hat sie ihre Berufstätigkeit nie aufgegeben. Kinder, Krippe, Karriere. Im Notfall sprang die

Schwiegermutter ein. Ihr Mann ein erfolgreicher, gut verdienender Anwalt. Sie bewohnen ein großzügiges Appartement in einer vornehmen Residenz. Und nun das. Ein depressiver Sohn. Warum?

Noch weiß ich es nicht, sie schreibt nicht mehr, keine Briefe mehr wie dreißig Jahre lang zuvor, keine Mails, keine Karte, kein Anruf. Sie wird verzweifelt sein, nicht sprechen wollen, sie wird zerrissen sein zwischen Hoffen und Bangen, pendelnd zwischen ihrem Vollzeitjob, einem alkoholkranken Mann, ihrer inzwischen pflegebedürftigen Schwiegermutter. Das ist die harte Welt der Realität, kein Mythos. Glaubten Sie jemals an den Mythos? Auch die französische Frau ist ein Mensch. Man hat sie nicht zur Frau, sondern zur Maschine gemacht, einparfümiert in Chanel No. 5, eingekleidet in Haute Couture, in hohe Ämter gewählt, man hat ihr eine schmerzlose Geburt versprochen und den Müttern jedes Schuldbewusstsein genommen, wenn sie ihre Kinder nicht stillten, wenn sie sie, oft schon im zarten Alter von 3-6 Monaten, in die *crèche* gaben. Schon seit Jahrzehnten werden französische Kinder in Ganztageskindergärten und Ganztagesschulen unterrichtet, inklusive warmes Mittagessen, Hausaufgabenbetreuung und Nachmittagsunterricht bis 17 Uhr. Einer Vollzeitberufstätigkeit steht nichts im Wege.
Aber man hat die Rechnung ohne den Wirt gemacht. In der Annahme, der Mensch sei nur formbare Materie, ohne Seele.

Auch in unserem Nachbarland ist nicht jede Mutter zwangläufig berufstätig. Es gab und gibt immer noch Französinnen, die es geradezu als selbstbestimmten Luxus ansehen, bei ihren kleinen Kindern zuhause zu sein. Ich kann hier keine Zahlen nennen, keine Studie, wahrscheinlich gibt es dazu gar keine Studie. Aber ich kenne solche Frauen. Einige sind in der Féderation Européenne des Femmes Actives en Famille (FEFAF), einer europaweit agierenden Frauenbewegung mit beobachtendem Status bei der UNO organisiert. Andere bei der weltweit organisierten Mütterbewegung *MMM*, das bedeutet **M**ouvement des **M**ères **M**ondiales. Die Italienerinnen sind unter dem Kürzel MOICA vereinigt und stellen mit 40.000 Mitgliedern die größte Fraktion. Sie kämpfen für die weltweite Beachtung und Bedeutung der Mütter, der Mutterschaft, denn einzig die Mütter sind die Garantinnen des Überlebens unserer Gesellschaften. Aus diesem Kreis politisch engagierter Frauen bekam ich zum internationalen Frauentag am 8. März 2016 einen Artikel aus

FIGAROVOX/TRIBUNE zugemailt, in dem die Philosophin und Universitätsprofessorin (*Ecole Polytechnique et Centre Sèvres*) **Bérénice Levet** sich gegen den Frauentag ausspricht. „Dieser Tag der Frauenrechte macht überhaupt keinen Sinn mehr", schreibt sie. Die Umbenennung des internationalen Frauentags in Frauenrechtstag sei überaus trügerisch, denn die heutigen Frauenrechtlerinnen kennen nur ein Ziel: die vollständige Eingliederung in die Arbeitswelt, die Eroberung hoher und höchter Ämter. Und oft genüge es einfach, eine gut ausgebildete und vor allem kämpferische Frau zu sein. Sie lassen sich willig in eine Gussform pressen, wo nur eines herauskommt: der geschlechtslose *homo economicus*. Sie stürzen sich in den Wahlkampf um Posten als Bürgermeisterinnen oder Ministerinnen, keine von ihnen denkt auch nur daran, ihre Tätigkeit für die Erziehung von Kindern zu unterbrechen oder gar aufzugeben.

„Was macht das für einen Sinn, seinen Kindern nur einige wenige Stunden pro Woche am Rand eines überfüllten Terminkalenders zu widmen?" fragt Bérénice Levet weiter?" Kinder in die Welt einzuführen, ihnen unsere Sprache, unsere Werte zu vermitteln, sie in unsere Geschichte und Kultur einzuweihen, ihnen Zeit zu schenken, warum ist das kein Ziel eines mutigen Feminismus? Wo sind die kühnen, selbstbewussten Frauen, die sagen: „ Ich bin für einige Jahre Mutter und Hausfrau?" Frauen, die die Erziehung ihrer Kinder nicht allein der Schule überlassen, überfüllten Klassen, überforderten Lehren, irgendwelchen beliebigen Mitschülern und oft grausamen Gleichaltrigen. Wir sehen doch heute schon das Scheitern: Nein, diese Frauen werden in der Öffentlichkeit des Verrats beschuldigt, Verrat an der Sache der Frau. Was für eine irrsinnige Umkehrung der Tatsachen.

Der Europäische Familienverband F.E.F.A.F.

Wer oder was verbirgt sich unter diesem internationalen Kürzel F.E.F.A.F.? Es ist der Zusammenschluss von 19 europäischen Staaten unter dem französischen Namen **Fédération Europénne des Femmes Actives en Famille,** was bedeutet Europäischer Verband der Familienfrauen. Mitgliederstaaten sind: Österreich, Belgien, Bulgarien, Dänemark, Deutschland, Frankreich, Ungarn, Irland, Italien, Litauen, Luxemburg, Polen, Rumänien, Slovakei, Schweden, Schweiz, England, Spanien und Zypern.

Der Verband wird durch die Präsidentin Madeleine Wallin (GB), die Vizepräsidenten Marielle Tresarrieu (F) und Stanislav Trnovec (SK), die Generalsekretärin Marielle Helleputte (B) und die Schatzmeisterin Régine Peynsaert (B) geleitet. Arbeitssprachen sind Französisch und Englisch. Die Leitlinien des Verbandes sind auf der Homepage nachzulesen (www.fefaf.be) und können mit der Toolbar auch auf Deutsch übersetzt werden. Der jährliche Mitgliederbeitrag beläuft sich auf 170 € pro Nation. Nur wer einbezahlt hat, hat auch ein Stimmrecht. Jede Nation kann grundsätzlich zwei Delegierte zu den Versammlungen schicken, hat aber nur ein Wahlrecht, dieses kann auch per Vollmacht erteilt werden.

Der Verband FEFAF ist eine Nichtregierungsorganisation (NGO) mit beratendem Status im EU-Parlament und bei der UNO. Er ist Mitglied der Abteilung Soziales der europäischen NGO's und der eher feministisch geprägten europäischen Frauenlobby.

Ziel der FEFAF ist es, die Interessen von Millionen von Männern und Frauen der europäischen Mitgliedstaaten zu vertreten, die frei gewählt und beschlossen haben, für die abhängigen Mitglieder ihrer Familien selbst zu sorgen. Sie fordern Anerkennung und Unterstützung für diese Wahl. Dies ist die gemeinsame Strategie, der gemeinsame Kampf vor den europäischen Instanzen, denen sich sogar die *women's lobby* angeschlossen hat, die inzwischen erkannte, dass auch sie Eltern haben, die im Alter in der Familie zu versorgen sind, weil Heimplätze fehlen, zu teuer sind oder sie es einfach nicht über's Herz bringen, sie fremden Händen zu überlassen.

Ende März 2015 fand in Budapest anlässlich der europaweiten Aktion „Tag der unsichtbaren Arbeit" eine in den ungarischen Medien viel beachtete Tagung im Hotel Gellért statt. Als Delegierte des Verbands Familienarbeit nahm ich erstmals an einer Zusammenkunft mit den Vertreterinnen der FEFAF-Länder teil.

Renommierte Redner aus Politik, Lehre und Wissenschaft referierten unter dem Motto *„Sichtbar machen, was unsichtbar ist"*. Familienarbeit ist keine Schwarzarbeit.

So sprach z.B. Professor Béata Dávid von der Semmelweis Universität über eine repräsentative Studie zur Arbeitszeit in kinderreichen Familien. Die Statistikerin Katalin Szép untermauerte mit ihren Untersuchungen den ökonomischen Wert der unsichtbaren Hausarbeit. Dazwischen hatten Vertreterinnen von Familienverbänden und Behindertenverbänden das Wort. Sie beklagten die fehlende finanzielle Anerkennung der Haus- und Familienarbeit, insbesondere wenn ein behindertes Kind zu versorgen ist. Die Familien werden damit allein gelassen und in die Isolation getrieben. Es gibt außer in den Großstädten kaum behindertengerechte Kindergärten und Schulen. Einzig die Therapien werden von den Kassen bezahlt.

In der anschließenden Diskussion beklagte sich eine Großmutter ebenfalls über die fehlende staatliche Unterstützung für ihre schwer behinderte Enkeltochter, die die ganze Familie Tag und Nacht ans Haus bindet und wegen fehlender Zuschüsse und Erwerbsmöglichkeiten in die Armut stürzt. Wegen der hohen Kosten werden in den ärmeren EU-Staaten viele Heime geschlossen und sowohl die Alten wie auch Behinderte ohne finanziellen Ausgleich in die Familien zurückgeschoben. Dies sorgt in Italien wie auch Ungarn für große Empörung und wird auch wegen des immer dramatischer werdenden Geld- und Personalmangels anderen Staaten drohen.

Für das internationale Publikum wurde aus dem Ungarischen simultan gedolmetscht in Englisch und Französisch. Das ungarische Fernsehen war vor Ort und filmte Redner und Auditorium, in den Abendnachrichten wurden Mitschnitte gesendet. Am nächsten Tag fand eine viel beachtete Radiosendung statt, wo Zuhörer anrufen und ihre Fragen an die Experten stellen konnten. Der Ungarische Familienverband NOE (Verband kinderreicher Familien), der diese Tagung veranstaltete, äußerte sich zufrieden über die landesweite positive Resonanz.

Wer oder was ist MMM?

Vom 6. - 9. März 2016, nur wenige Tage vor den schrecklichen und für 32 Menschen tödlichen Bombenattentaten am Brüsseler Flughafen und in der Metro war ich im Auftrag meines Familienverbandes „Familienarbeit e.V." zur jährlichen Hauptversammlung und Konferenz des weltweiten Mütternetzwerkes **Make Mothers Matter** oder **Mouvement des Mères Mondiales** in Brüssel eingeladen. Mehrfach stieg ich an der später bombardierten Haltestelle Maelbeek ein oder aus und ging zu Fuß zum Konferenzgebäude im Europäischen Viertel. Ich hatte Glück und einige Tage Vorsprung.

Das weltweit agierende Netzwerk MMM aus dem Gründerjahr 1947, bestehend aus 44 Organisationen in 26 Ländern, darunter 11 europäische Länder und 5 Kontinente, möchte Müttern politisch eine mächtige Stimme geben und hat beratenden und beobachtenden Status in der EU und der UN. Auf nationaler Ebene unterhalten, unterstützen, informieren die Mütterorganisationen in Mütterzentren wie z.B. den „Cafés maman" über gesunde Ernährung, Bewegung, Schwangerschaft und Geburt, Kindergesundheit, Familienleben und Arbeitsleben, gerechte und gelingende Partnerschaft, Aidsvorsorge u.v.m.
Zahlreiche „équipes", also Gruppen aus Frauen und Müttern, aus Wissenschaftlerinnen und weiteren Unterstützern aus Wirtschaft und Finanzwelt sehen es als wichtiges Ziel, die Rolle der Mütter weltweit – so verschieden ihre Lebensumstände auch immer sind – zu stärken und ihre Botschaft zu verbreiten.

Denn es sind die Frauen und Mütter, die zum Gelingen des weltweiten Friedens, des Zusammenlebens, der Gesundheit, der Wirtschaftskraft und Kultur eines jeden Landes und jeder Gesellschaft maßgeblich beitragen. Sie allein gebären den Nachwuchs. Ihre Gesundheit, ihr Wissen, ihre Intuition, ihre Bildung, ihr Handeln ist entscheidend für alle nachwachsenden Generationen. Alle Politiker, alle Mächtigen dieser Erde, alle Sportler und Künstler, alle Menschen jeder Hautfarbe und Herkunft: Sie sind auf dieser Welt, weil es ihre Mutter gibt. **Sie hat entscheidenden Einfluss auf Gedeihen oder Verderb. Schützen und stützen wir die Mütter, so schützen und stützen wir unsere Gesellschaften**, so das einstimmige Credo der Versammlung.

Unter dem Titel „Mütter und Gesundheit" referierten in diesem schicksalhaften, vom Bombenterror des IS erschütterten Brüssel im März 2016, moderiert von der Präsidentin von MMM, Anne-Claire de LIEDEKERKE, zahlreiche Wissenschaftlerinnen, Ärzte, Mütter aus aller Welt, Autorinnen, Drogenbeauftragte, Ernährungsfachleute, eine Sport- und Bewegungstherapeutin, eine Pädagogin, eine Unternehmerin über Zusammenhänge der mütterlichen und kindlichen Gesundheit. Schon vor der Schwangerschaft sollte eine Frau gesund sein, sich viel bewegen, sich gut ernähren, keine Drogen zu sich nehmen, nicht rauchen. Wenn die werdende Mutter gesund ist, wird sich auch ihr Kind in der Regel gesund entwickeln. Alle Risiken, die die Mutter eingeht, wirken sich auf das werdende Leben aus. Das wissen wir doch alles. Und doch kann so viel schief laufen.

Irene NKOSI aus Südafrika, eine sogenannte Mütter-Mentorin bei mothers2mothers (m2m) engagiert sich als HIV-infizierte Mutter zweier Kinder für Aufklärung und Unterstützung Schwangerer mit HIV, weil auch ihr von dieser Organisation geholfen wurde. Als Jugendliche missbraucht und vergewaltigt, erfuhr sie erst durch eine Blutkontrolle als bereits Schwangere von ihrer Infektion. Sie lernte damit umzugehen und sich und andere, vor allem ihre Babys, bestmöglich zu schützen. Heute gibt sie dieses Wissen an einer Klinik in Dark City, Ekangala, in der Nähe von Pretoria, weiter.

Prof. Dr. Marleen Timmerman von der Aga Khan Universität Kenia sprach als Frauenärztin von der immer noch hohen Müttersterblichkeit in Ostafrika, ebenso erzählten weitere Ärzte aus Indien, von der Elfenbeinküste, aus Madagascar, aus Irland und Belgien zum Thema. Sind Beschneidung, Gewalt oder Aids sowie Unterernährung und mangelnder Zugang zu Gesundheitsstrukturen in den Entwicklungsländern die Hauptprobleme, so sind in den Industrieländern Übergewicht und Diabetes, Drogenkonsum, psychische Instabilität bei sehr jungen Müttern die Hauptprobleme. Viele Schwangere entbinden in Afrika unter hygienisch äußerst schlechten Bedingungen, manche erreichen nicht einmal die nächst gelegene Geburtsstation: einen Verschlag mit einer Pritsche, wo es immerhin ein Arzt, eine Hebamme und Medikamente gibt.
In Europa dagegen schnellen die Kaiserschnittgeburten in die Höhe, in Belgien bis zu 60%, in den anderen Ländern auf ca. 35 %.

Hélène BONHOMME aus Frankreich setzte einen glamourösen Schlusspunkt an diesem Nachmittag mit *"Fabuleuses au foyer"*, zu deutsch „Fabelhafte Hausfrauen", Titel ihres Buches und Blogs auf www.fabuleusesaufoyer.com. Die temperamentvolle junge Mutter von Zwillingen erlebte die Mutterschaft, von der sie immer geträumt hatte, als unverhofft anspruchsvoll, sie fühlte sich geradezu von einem Tsunami an völlig neuen Herausforderungen überrollt. Doch verlor sie nicht ihren Humor und zeichnete comicartig das Chaos zuhause auf und verfasste einen Blog im Internet, der bereits Tausende Anhängerinnen gefunden hat, die eingeladen sind, selbst von ihren Abenteuern zuhause zu berichten. Die Hausfrau hat 2016 auch in Frankreich wieder Konjunktur und ein fabelhaftes Echo.

Am nächsten Tag sprach die Französin **Sophie Pelissier du Rosa** zum Thema ENFANCE SANS DROGUE. Die Organisation Kindheit ohne Droge wurde 1999 von besorgten Eltern gegründet, die nicht mit anschauen wollten, wie ihre heranwachsenden Kinder in der Schule, besonders an den Gymnasien, dem Drogenkonsum verfallen. Sie wollen die Kinder stark machen, Drogen abzulehnen, auch unter großem Druck von außen, denn Drogen töten. Die Elternorganisation klärt schonungslos über die Folgen auf. Sie ist finanziell unabhängig, sie will nicht mitverdienen – denn auch der Staat, Kliniken und Therapeuten verdienen am Drogenkonsum. Viele Politiker, Richter und Staatsanwälte, auch Ärzte sind drogenabhängig. Sie handeln nicht konsequent genug, um ihre eigenen Bedürfnisse nicht zu beschneiden, denken wir doch nur an Alkoholika oder Nikotin, aber auch Cannabis, Kokain, Schmerz-, Schlaf- oder Aufputschmittel. ENFANCE SANS DROGUE hat nur ein Ziel: Die Kinder vor den Drogen zu schützen, sie konsequent zu einem NON zu erziehen, dem Anfang zu wehren. „ Denn Drogen machen unfrei. Drogen erpressen dich. Drogen werden dich töten. Du willst aber LEBEN." Die Eltern haben nur einen Motivator: die LIEBE zu ihren Kindern und zum Leben.

Der Hauptsitz des Netzwerks MMM ist:
5 rue de l'Université
75007 PARIS
MMM@MAKEMOTHERSMATTER.ORG
www.makemothersmatter.org   Facebook.com/makemothersmatter

Christiane Collange: Statt Liebe auf Distanz
„Ich will ins Haus zurück"

Auf dem Bücherflohmarkt fiel mir kürzlich ein Taschenbuch in die Hände, dessen Titel mich sofort anzog. Schon 1979 schrieb sich eine der damals bekanntesten Fernsehjournalistinnen Frankreichs, die Moderatorin bei Europe 1, Christiane Collange, ihren Wunsch vom häuslichen Leben von der Seele. Die vierfache Mutter war es leid, nicht genug Zeit zu haben für ihre Kinder, ihren Haushalt, ihren Ehemann.

Ungläubig schauen manche jungen französischen Mütter nach Deutschland, wo es bisher „normal war", die ersten Jahre der Mutterschaft zu Hause zu bleiben. Das wünschen sie sich doch auch, aber in Frankreich ist es „normal", schon wenige Wochen oder Monate nach einer Geburt wieder arbeiten zu gehen. Und zwar in Vollzeit. Es liegt auf der Hand, dass dies seinen Preis hat. Eine neue Generation junger Frauen ist herangewachsen und sie haben es satt, als Mutter nie Zeit zu haben, immer auf dem Sprung zu sein, sich im Alltag als Höchstleistungssportlerin zu fühlen. Immer am Rennen, immer am Puls der Zeit. Immer am Rande der Erschöpfung oder kurz vor dem Zusammenbruch. Viele Gerüchte ranken sich um die erfolgreiche französische Frau, die scheinbar mühelos Beruf und Mutterschaft vereinbart, die zu den fruchtbarsten Frauen Europas zählt, deren Kinder in Krippen und Ganztageseinrichtungen betreut aufwachsen und Mutters Berufstätigkeit, ja Karriere, nicht behindern.

Was sind die Hintergründe? In der Grande Nation gibt es eine lange Ammentradition. Insbesondere durch den Wandel von einer reinen Agrarnation seit dem 17.Jh. hin zur Industrialisierung wurden Neugeborene von Ammen gestillt, aufs Land gegeben. Für vornehme Bürgerinnen schickte es sich nicht zu stillen, die armen Arbeiterinnen hatten dazu gar keine Zeit. Sie schufteten in Fabriken oder in den Haushalten der Bourgeois oder verdingten sich als Tagelöhnerinnen. In Frankreich gibt es erst ab dem zweiten Kind Kindergeld, daher sind Einzelkinder die Ausnahme. Ab dem dritten Kind zahlt die Familie kaum noch Steuern. Für jedes Schulkind werden jährlich zu Schuljahresbeginn im August/Anfang September ca. 350€ als Beihilfe ausbezahlt, um Anschaffungen wie Kleidung und Schulmaterialien zu finanzieren. Die Deckelung (le plafond) liegt bei etwa 35.000 € Jahreseinkommen und steigt mit der Kinderzahl. Mütter im öffentlichen Dienst durften bis Ende 2011 ab drei Kindern nach 15 Jahren Berufstätigkeit unter gewissen Bedingungen bereits in den Ruhestand gehen, was z.B. sehr viele Lehrerinnen in Anspruch nahmen. In Führungspositionen in Politik und Wirtschaft sind auch in Frankreich Frauen mit 7% stark unterrepräsentiert.

Seitdem die Regierung unter Staatspräsident Hollande seit 2012 die familiären Leistungen zurückgefahren hat, sinkt auch in Frankreich kontinuierlich die Geburtenrate. So fiel diese laut französischen nationalen Statistikamts *Insee* zwischen 2014 und 2015 um 19.000 auf 791.000 Lebendgeburten von 2,1 auf 1,96 pro Frau! Das ist der tiefste Wert seit 1999. Die Union der Familienverbände *Unaf* hat errechnet, dass den Familien- insbesondere den Familien des Mittelstands- im Jahr 2015 2,63 Milliarden Euro weniger an staatlicher Förderung zuflossen. Auch die Steuererleichterungen für Familien wurden gedeckelt und so werden sich die Franzosen bald wie in Deutschland mit den demographischen Folgen zu befassen haben: immer weniger gesunder, belastbarer Nachwuchs in Sicht, während das Präkariat wächst.

Französische Männer gelten im Haushalt als arbeitsscheu. Die Unstetigkeit der Beziehungen, Ängste und Unsicherheiten, die hohe Arbeits- und Stressbelastung führen zu immer höheren Scheidungs-raten, zu gehäuften Suiziden insbesondere bei Männern und männlichen Jugendlichen, die unter den Arbeitsbedingungen sowie zerfallenden Familienstrukturen am meisten zu leiden scheinen. Wer oder was bietet noch Sicherheit und Halt, im eigenen, gar im fremden Land?

Frankreich ist ein Land mit einer bewegten Kolonialgeschichte. Wer schon einmal in Paris war, ist erstaunt über die Vielzahl dunkel-häutiger Menschen auf den Straßen und Plätzen, in der Metro, in den Schulen. Sie waren fremd und wurden aufgenommen. Sie kommen aus Afrika oder der Karibik. Sie sind Franzosen aus den Übersee Départements La Réunion oder Mayotte im Indischen Ozean, aus Gyane in Südamerika. Frankreich besitzt neben ca. 550.000 qkm Mutterland (und damit fast genauso viel Fläche wie das wieder-vereinigte Deutschland) noch weitere 89.000 qkm Land in Überseegebieten, deren Bewohner französische Pässe haben, Französisch als Muttersprache beherrschen oder zumindest als zweite und offizielle Sprache schreiben und sprechen lernen. Armut, Perspektivlosigkeit, Neugier oder ein Studienaufenthalt treiben sie nach Europa, nicht nur nach Paris, auch in die anderen Metropolen wie Marseille, Lyon, Bordeaux, wo sie Arbeit und Wohlstand suchen, wo sie oft in Wohnghettos und in der Arbeitslosigkeit landen, wo sie ausgebeutet und ausgegrenzt werden, wo Autos brennen, der Drogenhandel floriert. Manchen aber gelingt der Aufstieg. Insbesondere Männern: Fußballern, Rechtsanwälten, Schriftstellern, Sängern.

Was ist mit den Frauen? Mit den fremden Frauen? Sie bleiben meist in ihrer traditionellen Rollen als vielfache Mütter und Hausfrauen, sie arbeiten in kleinen Läden oder putzen in großen Krankenhäusern. Die jungen Schönheiten landen nicht selten in der Prostitution. Andere werden abgeschoben, als sans-papiers, als Personen ohne legales Aufenthaltsrecht. Migrantenhilfsorganisationen wie z.B. das „Netzwerk Bildung ohne Grenzen" (RESF), setzt sich für Familien mit schulpflichtigen Kindern ein, deren Aufenthaltsrecht inzwischen legalisiert wurde, solange die Kinder in Ausbildung sind.

Heute entdecken Frankreichs Frauen ein neues Mutterbild, das ihren wahren und natürlichen Bedürfnissen entgegenkommt. Mehr Zeit für ihr Baby, das Kleinstkind, mehr Zeit für sich selbst. Eine wachsende Anzahl Französinnen hat es zunehmend satt, Mutterschaft und Berufsleben gleichzeitig unter enormem Stress zu bewältigen und dabei ihre Gefühle zu verraten, zu verlieren, zu verleugnen. Insbesondere die jungen Frauen wollen maman sein, nicht Madame spielen im Büro, sie wollen ausgiebig und lange stillen wie es die Krankenhäuser empfehlen.

Der Anteil der stillenden Frauen stieg von 31 % im Jahr 1972, auf dem Höhepunkt des Feminismus nach langer Stagnation auf niedrigem Level auf aktuell 69 % (2013). Das Elternmagazin GA *(Grandir Autrement)*, was nichts anderes bedeutet als „anders aufwachsen als bisher", verzeichnet eine steil ansteigende Auflage und es ist nicht nur die belächelte Minderheit einer Pariser Ökobewegung „Zurück zur Natur", die den Appell zu mehr Mütterlichkeit, zu mehr Eltern-Kind-Zeit erhört. *(siehe dazu den Artikel SPIEGEL ONLINE: Frankreich: Mütter wollen mehr Zeit mit Kind verbringen. Aufgerufen unter www.spiegel.de/panorama/gesellschaft/ am 10.11.2013).*

Selbstverständlich warnt die bekannte Feministin und Philosophin Elisabeth Badinter in diesem Zusammenhang vor einem unterirdischen ideologischen Krieg, vor einer reaktionären Still-Lobby, vor einem gesellschaftlich gefährlichen Rückschritt weg von Freiheit und Unabhängigkeit der Frau durch eine möglichst nahtlose Berufstätigkeit. Ihr ist der angeblich angeborene Mutterinstinkt suspekt, sie verleugnet ihn sogar komplett wie sie es in ihrem 1980 erschienenen Buch „Mutterliebe" beschrieben hatte.

In wissenschaftlichen Kreisen wie z. B. unter Ärzten wird die kämpferische Dame allerdings nicht ernst genommen, im Gegenteil, sie gilt als neurotisch, als geltungssüchtig, mit einem Minderwertigkeitskomplex ausgestattet, allein durch ihr Frausein. Das traut sich natürlich keiner öffentlich zu äußern. War ihre frühe dreifache Mutterschaft als junge Studentin denn derartig traumatisch für sie? Kann man das nicht überwinden und sich an den Kindern und Enkeln erfreuen? Spielt sie vielleicht nur in der Öffentlichkeit die große Feministinnen-Show? Wer oder was hat sie derartig vermännlicht? Der Intellekt? Eine lieblose Kindheit? Die eigene Mutter, die ihr die Brust und Mutterliebe verweigerte? Auch hier scheint der unbestreitbare Intellekt, den Badinter besitzt, zur Vermännlichung geführt zu haben und würde die These der Freudianer stützen, dass überragende Intelligenz sehr häufig auf Kosten von Weiblichkeit und Mütterlichkeit geht. Denn zur Entwicklung und Durchsetzung seiner Fähigkeiten im Berufsleben und Karriere braucht es Eigenschaften, die mit den Bedürfnissen von Mutter und Kindern in schärfstem Widerspruch stehen.

Mir sind Fälle von Frauen bekannt, die mir gegenüber zugaben, geradezu eine Abscheu, einen Ekel vor Babygerüchen zu haben. Sie meinten nicht die stinkende Windel, sondern den Geruch an sich, die Babyhaut, das Milchige. Eine französische Kollegin zum Beispiel, Mathematiklehrerin, kinderlos, verheiratet mit einem Lehrer, der ebenfalls mit eigenen Kindern nichts, aber absolut nichts am Hut hat. Auch hier kein spätes Bedauern, keine Reue, keine Sehnsüchte, keine Seitensprünge wegen Kinderwunsch. Einfach kein Bedürfnis nach Elternschaft.
Auch das gibt es, auch das muss respektiert werden und an dieser Stelle fällt mir ein, dass das französische Sexsymbol der 60er Jahre, die damals bildschöne Brigitte Bardot, („Und immer lockt das

Weib"), obwohl von vielen Männern, aber nicht gerade vom Intellekt geküsst, ebenfalls keinerlei Muttergefühle entwickelte. Ihr Sohn Nicolas wurde von seinem Vater aufgezogen. Mutter Brigitte zog wechselnde Liebhaber und eine Meute Hunde vor.
Es gibt Mütter, die morden. Mütter, die abhauen, Mütter, die ihren Nachwuchs vernachlässigen. Mütter, die ihre Kinder nicht mit dem Ex, dem leiblichen Vater teilen wollen, die seine Rechte mit Füßen treten, vor Gericht ziehen und alle Stränge ihrer Macht als „Mutter Gnadenlos" durchziehen, ohne Rücksicht auf Vater- und Kindergefühle.

Kein Wunder, dass sich immer mehr Väter organisieren, Vereine gründen, Selbsthilfegruppen besuchen. Kein Wunder, dass sie sich erheben und Sturm laufen gegen diese menschenverachtenden Auswüchse des modernen Feminismus.

Kein Mythos, sondern Realität: In Deutschland wurde 2011 die mutige Gleichstellungsbeauftragte Monika Ebeling (Goslar) trotz Rückendeckung des Ersten Bürgermeisters aus ihrem Amt, das sie seit 2008 bekleidete, aus dem Rathaus gemobbt. Von Frauen! Auch mit Unterstützung der Gemeinderätinnen! Ganze Netzwerke von Frauenverbänden hetzten und verletzten die gelernte Sozialarbeiterin/Sozialpädagogin, die u. a. auch als Erzieherin und systemische Familientherapeutin arbeitete – warum?
Weil sie sich auch für die Rechte der Männer und verlassenen Väter einsetzte. Gleichstellung heißt eben Gleichstellung und nicht Bevorzugung weiblicher Vorstellungen oder mütterlicher Allmachtsansprüche.

Ich habe Monika Ebeling im Oktober 2012 auf einem Symposium in Freiburg zum Thema „Wie wollen wir in Zukunft leben?" kennengelernt und eine engagierte, aufwühlende Rede gehört. Selbst dort oder vielleicht gerade dort, in der Universitätsstadt Freiburg im Breisgau, in den siebziger Jahren einst ein Nest politischer Widerständler in Sachen Atomkraft-Nein-Danke, Hurra Ho Tschi Min, es lebe der Marxismus-Leninismus etc… standen einige Altfeministinnen auf und verließen unter lautem Protest den Seminarraum. Um Menschenrechte, das heißt eben auch: Männerrechte, Väterrechte und damit echte Gleichberechtigung, scheint es diesen unbelehrbaren Damen nicht zu gehen. Menschenrechte bedeuten für sie einzig und allein: Frauenrechte.

Jede Sache hat ihre Reformisten und Extremisten, das war in Frankreich so und in Deutschland.

Nehmen wir Christiane Collange, die vor knapp fünfzig Jahren in den „Hochzeiten" des Feminismus eine grandiose Karriere neben vierfacher Mutterschaft gemacht hatte. Wie hat sie das geschafft?
Sie schreibt in ihrer Bilanz „Ich will ins Haus zurück"* wie sehr sie entsetzt war von der Radikalität und Männerfeindlichkeit mancher feministischer Mitglieder des M.L.F. (*Mouvement de la libération des femmes*), einer emanzipatorische Befreiungsbewegung der Frauen, die das häusliche Leben geradezu als Verrat an der Befreiung der Frau empfanden. Im Bewusstsein ihrer privilegierten Stellung als glücklich verheiratete Frau eines gut situierten Freiberuflers, der fast immer zur Stelle war, wenn er dringend gebraucht wurde, der an das frische Baguette-Brot fürs Abendessen dachte und auch mal einen saftigen Schweinebraten in den Ofen schob, mit einem Ehemann, der im Kamin ein gemütliches Feuerchen entfachte und die Kinder ins Bett brachte, wenn die Mama erschöpft von einem langen Arbeitstag oder nach einer Dienstreise auf die Couch sank. Sie weiß zu schätzen, dass ihre nicht berufstätigen Nachbarinnen einsprangen, wenn die Kleinen früher aus der Schule entlassen wurden oder mit Fieber im Bett lagen und zwingende Termine ein Zuhause bleiben der Mutter unmöglich machten. Sie beklagte, dass eine männerdominierte Welt wenig Rücksicht nahm auf die Bedürfnisse von Kindern und die existenzielle Bedeutung mütterlicher Funktionen, die sich in der Gesundheit und Stabilität der ganzen Familie und damit der Gesellschaft ausdrückt.
Schon damals konnte sie die Auflehnung mancher Frauen gegen die biologische Bestimmung der Frau, Kinder zu gebären und aufzuziehen, nicht verstehen. Viele hundert Male hat sie gesehen, wie Jungen bei gleicher Auswahl an Spielsachen spontan zu beweglichen Objekten griffen und Mädchen zu Puppen. Wie Jungen mit Begeisterung kleine Autos oder Bagger bewegten und Mädchen mit Begeisterung Kaufladen oder Puppenküche spielten.
Was damals nur einige „Radikale" als zu überwindenden Biologismus bezeichneten, ist heute eine politisch korrekte Bewegung geworden: Gendermainstream.
Männlein und Weiblein sollen gleichgeschaltet, die Sprache unsäglich verhunzt, die Kinder in ein Gleichheitskorsett gezwungen werden.

Wie unsinnig, wie langweilig, wie einseitig. NEIN! Das Männliche und das Weibliche sind unverzichtbare Komponenten des Menschseins. Das erzeugt Spannung, Liebe, Leben, Zukunft und Vielfalt. „Ich genieße den ganzen Reichtum meiner mütterlichen Gefühle. Die Mutterschaft war mir immer eine unschätzbare Erfahrung, nie ein Nachteil. Aus diesem Grund habe ich es auch noch nie bereut, kein Mann zu sein. Aber das schöne Privileg, Kinder zu kriegen und großzuziehen, sollte nicht ständig das Leben einer Mutter beherrschen." So Christane Collange. Sie schließt mit dem Wunsch, die Männer mitzunehmen, ihnen die Hand zu reichen, um den unvermeidlichen Erschütterungen des Lebens und der Gesellschaft gemeinsam trotzen zu können, den persönlichen Erfolg nicht nur an wirtschaftlichen Maßstäben zu messen, den Kindern den ihnen nötigen Platz einräumen, den Wert der „weiblichen Tugenden" wieder zu entdecken. Sie wünscht sich „eine Gesellschaft, die diese Tugenden gedeihen lässt. Sie wird nicht mehr allein den Männern gehören, sondern uns allen. Dann können Frauen so frei wie nur möglich ihre Lebensform wählen. Welch ein Programm!

Wie lange wird eine solche Veränderung dauern? Fünf, zehn, zwanzig oder sogar fünfzig Jahre?"

Im Jahr 2016 wünschen wir uns all das auch noch, unter neuen Vorzeichen. Gleichmacherei, Gleichschaltung, die Dominanz des beruflichen und wirtschaftlichen Erfolgs von Männern und Frauen auf Kosten eines glücklichen und entspannten Familienlebens gefährdet inzwischen unsere wohlhabenden westlichen Gesellschaften, denn sie machen uns auf lange Sicht krank, unglücklich und einsam.

(14) Brief einer Französin aus Amerika

SOS aus dem Alltag einer Lehrerin

Bekenntnisse aus dem Leben und Alltag meiner Freundin Chantal, gebürtig aus Paris, seit 1985 mit ihrem ebenfalls ausgewanderten Mann, in Amerika, im Staat Kalifornien lebend.
Chantal arbeitet immer noch als *„institutrice"* in einem französisch-amerikanischen Schulzentrum in der Grundschule mit Kindergarten (école primaire). Auch nach der Geburt ihrer beiden Söhne (1989 und 1993) unterbrach sie ihre Berufstätigkeit nur im engen Rahmen von 3 Mutterschutz-Monaten plus Ferienzeiten. Die Kinder wurden – wie in Frankreich weit verbreitet – zwischen Mutter-Krippe-Großmutter hin– und hergereicht. Ihr Mann war über Jahrzehnte ein selbstständiger Fachanwalt für Versicherungsrechte, seit kurzem ist er im Ruhestand.

Nun ihr Brief, in meiner eigenen Übersetzung aus dem Französischen.

16.2.2014:

Liebe Ute,

ich antworte dir endlich auf deinen langen Brief, wir haben Ferien und es ist ruhiger. An Weihnachten hatte ich zu viel zu tun neben dem Unterricht, den Geschenken, den Mahlzeiten und mit Cédric, der über die Ferien bei uns war. Dann, im Januar, waren die Zeugnisse zu schreiben, du kannst dir nicht vorstellen, was man von uns verlangt, sogar für Kinder im Alter von 4 Jahren! Mehr als 50 items pro Kind müssen ausgefüllt werden mit Noten von 1, 2 und 3 und danach ein langer Abschnitt verbaler Beurteilung von mindestens 20 Zeilen.
Ich habe unzählige Abende und Wochenenden ausschließlich damit verbracht, sodass meine Finger schon ganz blau waren von der ständig gleichen Position an der Tastatur.

Und dann, Mitte Februar begannen, völlig ungewöhnlich für unsere sonnenverwöhnten Breitengrade, die Schneestürme, einer nach dem anderen! Man hört gar nicht mehr auf, die Autos, die Gehwege und Parkplätze freizuschaufeln. Die Straßen sind mit Eis gepanzert, an den Straßenrändern hat es 1,50 m hohe Schneewände. Wenn die Sonne zurück-kommt und es wieder auftaut, befürchtet man auch Überschwemmungen.

Danke für deine immer sehr detaillierten Neuigkeiten. Ich bin faul, was das Schreiben angeht. Ich verbringe meine Zeit am Computer, ich skype, das ist so viel einfacher, selbst als E-Mails zu schreiben. Meine Söhne haben ihr Skype ständig offen und ich auch. So schreiben wir uns immer wieder ein paar Worte. Nicht nötig, sich immer persönlich zu sprechen, es erlaubt auch so, den Kontakt zu halten.

Ich sehe, dass deine Töchter groß und unabhängig sind und in anderen Städten wohnen. Ich kann es nicht glauben, dass bereits so viele Jahre vergangen sind. Wir sehen uns altern, das ist nicht so angenehm. Ich hatte so viele Kilos zugelegt zu Zeiten der Wechseljahre und nach dem Tod meiner Mutter, der mich sehr getroffen hat. Meine Söhne sind leidenschaftliche Fitnessanhänger und Bodybuilder, sie haben mich dazu überredet, mich im Studio, das sich unten in meiner Straße befindet, anzumelden. Da gehe ich nun regelmäßig hin. Ich habe auch begonnen, mich besser zu ernähren und seit drei Jahren habe ich etwa ein Dutzend Kilos abgenommen. Ich bin noch nicht auf meinem Jungmädchengewicht, aber es ist trotzdem positiv. Gleichzeitig habe ich die Frisur gewechselt und mir die Haare abschneiden lassen und das macht mich jünger ... Die Schule und die kleinen Kinder halten mich auf Trab, man rennt die ganze Zeit, man geht die Treppen hinauf und hinunter ... Aber es ist schon wahr, der Computer ist einer der Gründe, warum ich zugenommen habe, zu Hause bewege ich mich weniger und da die Jungen nun groß sind, habe ich auch weniger zu tun.

Abgesehen davon mag ich das Klima an meinem Arbeitsplatz nicht mehr. Wir haben seit drei Jahren eine Direktorin, die keiner ausstehen kann, eine wahre Diktatorin. Es gibt überhaupt kein Teamwork mehr, sie bestimmt alles, sich mischt sich in alles ein und außerdem ist sie nicht für den Kindergarten geeignet, weder physisch, noch vom Kopf her. Sie ist „maniaque", sprich, eine pedantische Person, hart und kalt, mager und angezogen wie ein Typ. Auch viele Eltern können sie nicht ausstehen. Glücklicherweise verstehen sich die Kolleginnen untereinander gut, aber es ist nicht mehr wie früher, die Schule ist zu einer Fabrik geworden mit drei Schulgebäuden. Drei Direktoren, darunter sie, und ein „big boss", der ebenfalls nicht für eine Führungsposition geeignet ist, weil er viel zu weich und zart ist. Er lässt sich alles gefallen und will die schulinternen Probleme nicht sehen.

Ich würde gerne aufhören, aber leider brauche ich das Geld, weil die Studien der Jungen sehr teuer sind und Cédric noch nicht fertig ist. Er ist im zweiten Studienjahr an der Universität San Diego. Das ist eine sehr renommierte Universität, eine der besten des Landes! Er studiert Sport und Sportmanagement, aber jetzt biegt er doch ab in Richtung Digital Visual

Arts. Er gehört voll und ganz zu dieser Computer- und Soziale-Medien-Generation. Auch er ist ein leidenschaftlicher Surfer wie sein Bruder und verbringt Stunden im Fitnesscenter.

Meine Söhne haben keine Freundin und scheinen an Beziehungen zu Mädchen nicht interessiert zu sein. Sie sind sehr auf sich bezogen, auf ihren Sport, auf eine gesunde Lebensführung. Kein Alkohol, kein Tabak, keine Drogen. Sie gehen nicht auf Parties, wo alle Welt sich besäuft und Unsinn macht. Eric ist trotzdem sehr nach außen gewandt, er hat Freunde, er ist ein leader. Er überzeugt und verführt mit Worten und seiner Ausstrahlung.

Eric, der Ältere, hat uns in den letzten drei Jahren sehr viele Sorgen gemacht. Ich denke, er hatte viele Probleme mit sich selbst, die er nicht ausdrückte, wie zum Beispiel seine Größe und sein Gewicht, als er ins Gymnasium ging. Er hatte immer Ängste mit der Ernährung, wir konnten ihn nicht dazu bringen, Obst oder Gemüse zu essen. Er schluckte es einfach nicht. Jedenfalls aß er sehr wenig. Er war auch ein sehr ängstliches Kind, das von seinem Vater überbehütet wurde. (Daniel ist ein brütender Hahn wie man bei uns sagt, un père poule).
So hat er also erst sehr spät pubertiert, ist dann an diese sehr schwere Universität gegangen. Im zweiten Jahr hat er dann die Welt des Sports entdeckt und hat begonnen, seinen Körper zu verändern. Er hat an einem Online-Wettbewerb teilgenommen, wo außergewöhnliche Körperveränderungen gezeigt werden und hat in der Kategorie der Jüngsten gewonnen (ein Gewinner pro Monat). Danach ist es zu einer Obsession geworden und das hat, glaube ich, seine Studien sehr durcheinandergebracht, die sehr schwer waren – er studierte Informatik/Computer Sciences – und es hat wohl eine Depression ausgelöst. Im dritten Studienjahr begann er zusammenzubrechen mit Tränenkrisen, Selbstmordgedanken, wir haben mit ihm gekämpft, dass er auf der Universität durchhält, indem wir uns so oft wie möglich um ihn kümmerten, aber er war weit weg.

Nach dem Sommer 2012 ging es ihm besser und er hat das letzte Studienjahr in Angriff genommen, aber es war hart. Da es ihm schlecht ging, sanken die Noten und am Ende des letzten Semesters wusste er nicht, ob er es zu Ende bringen könnte. Er fühlte den Druck der „Graduation", die eine enorme Feierlichkeit ist, insbesondere an berühmten Universitäten. Er hasste die Vorstellung davon, selbst als er wusste, dass er die letzten Prüfungen bestanden hatte. Er sprach unaufhörlich von der Leere des Lebens, dem Nichts, und dass er so nicht leben wolle, wenn er wie alle für einen Arbeitgeber von 9 bis 19 Uhr oder gar länger arbeiten müsse, ohne Zeit zu haben für seine Hobbies. Er hatte, meiner Meinung nach, das typische depressive Syndrom der Jugendlichen, die ihr Studium in Kürze beenden und Angst vor dem Leben der Erwachsenen haben, das auf sie wartet.

Mit schwerem Herzen sind wir, Daniel und ich, zu dieser Feier gefahren, anstatt voller Vorfreude. Ich habe so sehr geweint, besonders als ich all diese Familien sah, die sich freuten und ihn, der sich nur wünschte, dass all dies ein Ende hat. Er hat trotzdem seine Robe getragen und den Hut, aber anschließend, auf der Rückfahrt, hat er den Mund nicht aufgemacht.
Er weinte angesichts der Vorstellung, dass er jetzt wieder nach Hause zurückmüsse, sich eine Wohnung zu viert teilen müsse etc… Er hatte sowohl Angst, sich ins Erwachsenenleben zu stürzen wie auch keine Freude an nichts und hielt seine starren Ansichten über die Arbeitswelt aufrecht (er hatte das Bild von New York im Kopf, wo die Leute in Anzug-Kravatte auf ihren Zug rennen und spät abends unter den gleichen Bedingungen nach Hause eilen). Gleichzeitig hatte er ein Bedürfnis nach Freiheit und Selbständigkeit, nach einer eigenen Wohnung.

Der Sommer ging vorbei und zu dieser Zeit, unter der stärkenden Anwesenheit seines Bruders, fühlte er sich besser. Aber Ende August, als Cédric wieder an die Uni zurückfuhr, sind seine Ängste wiedergekommen. Und dann – die Monate September und Oktober waren grauenhaft. Er wurde sich bewusst, dass er in der Klemme des Lebens war. Ohne Geld konnte er nicht alleine leben und ohne Arbeit konnte er kein Geld haben. Er wurde ihm auch klar, dass er mit seiner selbstständigen Arbeit im Internet, mit Blogs etc. seinen Lebensunterhalt nicht verdienen konnte, dass das Utopien waren (es sei denn du kommst aus einer reichen Familie), selbst wenn er gute Ideen hatte, was mit Internet so alles geht.

Also hat er sich noch mehr von der Welt zurückgezogen. Er schlief tagsüber, stand abends auf, wenn es schon dunkel war, er weinte oft, blieb die ganze Nacht am Computer sitzen, ging ins Bett, als ich aufstand. Daniel und ich hatten sehr, sehr große Angst und ich habe sehr darauf bestanden, dass er einen Psychologen oder Psychiater aufsucht (un psy). Ich war bereit, für ihn zu bezahlen, um ihm zu helfen, aber er weigerte sich einzusehen, dass er an Depressionen litt und sagte, es sei eben seine Vision vom Leben, das keinen Sinn habe. Er hat uns sogar mehrfach vorgeworfen, dass wir ihn in die Welt gesetzt haben. Kannst du dir unseren Kummer vorstellen?

Und dann, eines Tages Mitte Oktober, war ein Wunder geschehen. Er hatte, ohne uns etwas davon zu sagen, im Internet nach Jobs gesucht, die genau zu ihm passen würden. Und bei einem dieser Unternehmen hat er sich als Webdesigner beworben. Schon eine Woche später haben sie ihn kontaktiert.

Nach zwei Telefongesprächen haben sie ihn nach……. eingeladen, wo die Compagnie ihren Sitz hat. Am Tag nach seiner Rückkehr hatte er den Job! Von da an hat sich alles zum Guten gewandt.

Er war ein bisschen ängstlich, so weit weg zu gehen, doch die Lage dort gefiel ihm sehr gut, die Lebenshaltungskosten sind sehr günstig, weswegen diese Stadt sehr begehrt ist. Sofort haben wir ihm geholfen über Internet eine Wohnung zu suchen. Er hat Möbel ausgesucht, ein Auto, und er lebte wieder auf. Er hat dann eine 4-Zimmer-Wohnung mit 3 Schlafzimmern gefunden in einer schönen Wohnsiedlung mit Blick auf den Fluss, der die Stadt durchfließt. Dort gibt es Berge, Wälder, die Stadt liegt inmitten der Natur, in einem gemäßigten Klima.

Daniel ist mit ihm Ende November für zwei Wochen hingefahren, um ihm beim Umzug zu helfen, da seine Arbeit am 9. Dezember begann. Seither ist er glücklich, er fühlt sich wohl in seinem persönlichen und beruflichen Leben. Er geht ins Fitnessstudio des Unternehmens, er wird sehr korrekt bezahlt, er kann sich alles leisten, was er sich wünscht. Er kann in Jeans und T-Shirt arbeiten und im Laufe des Vormittags kommen, wann er will. Alle Leute, die dort arbeiten sind wie er involviert im Sport (das ist die Bedingung überhaupt genommen zu werden). Na also! Endlich können wir wieder aufatmen nach all den Albträumen der letzten Monate. Was für einen Stress können uns unsere Kinder antun!

Was den Rest angeht, sehr schnell noch, mein Papa wird im März 91 Jahre alt. Er lebt immer noch in seiner Wohnung in Paris. Seit Oktober bringt ihm die Stadt seine Mahlzeiten, das ist ein Service der Verwaltung für alte Menschen für fünf Euros am Tag! Meine Brüder Bernard und Vincent laden ihn alle 14 Tage zum Essen ein. Im Sommer nehmen wir ihn seit dem Tod von maman auf eine kleine Reise mit. 2010 sind wir nach Guernsey gefahren, 2011 nach Jersey. Dann, 2012 und 2013 haben wir ihn mit in die Bretagne genommen, nach Roskoff. Meine Schwester Elodie und ich haben die Thalassotherapie entdeckt und das ist göttlich. Baden im warmen Meerwasser, Massagen … die Gegend ist sehr schön und die Ferienwohnung ist sehr komfortabel. Papa gefällt es dort, wir bleiben immer 9 - 10 Tage und fahren dann weiter nach Südfrankreich in das Haus der Familie, du weißt schon. Letztes Jahr haben wir in Nantes einen Zwischenstopp gemacht, eine großartige Stadt mit einer weiten Fußgängerzone, Glas überdachten Einkaufspassagen, einer bekannten Universität. Danach ein zweitägiger Aufenthalt im Marais Poitevin, auch „grünes Venedig" genannt. Auch eine sehr schöne Gegend.

Ich sehe, dass auch du viel reist, du hast Recht. Reisen ist ein Vergnügen. Mir bedeutet es mehr, mein Geld in Reisen anzulegen als ein Haus zu kaufen, was bei uns ein Vermögen kostet. Also wohnen wir weiterhin zur Miete. Daniel hat große Sorgen mit seiner Mutter, die immer unselbständiger wird, da sie ihr Gedächtnis verloren hat. Nach ihrem Oberschenkelhalsbruch letztes Jahr hat sie sich im Herbst auch noch das Handgelenk gebrochen. Sie hat sich den Gipsverband entfernt, weil sie nicht wusste, was das sein sollte. Sie denkt auch, dass Leute in ihre Wohnung kommen, um in ihren Schränken zu wühlen. Daniel steht jeden Tag um sieben Uhr auf, um in ihrer Wohnung zu sein, wenn sie aufwacht. Er zieht sie an, macht ihre Einkäufe, ihre Wäsche. Er verbringt dort seine Tage und seine Abende. Gott sei Dank wohnt sie um die Ecke. Er kann sich nicht entschließen, sie in ein Heim zu geben, da er meint, das würde sie umbringen. Da sie kein Gedächtnis mehr hat, würde sie nicht verstehen, wo sie ist - sie würde verrückt werden. Das ist nämlich passiert, als sie im Februar 2013 fünf Wochen in der Reha war nach ihrem Sturz. Wir dachten wirklich, sie würde verrückt werden. Das hat Daniel traumatisiert und er kann nicht zulassen, dass sie wieder in ein Heim kommt. Wenn er mal weg muss, kommt sein Bruder zur Ablösung, aber das ist eher selten. Es ist Daniel, der sich hauptsächlich um sie kümmert.

Meine bedauernswerte Tante ist auch immer noch im Heim an ihrem Wohnort. Nach ihrem Schlaganfall kann sie die Beine und einen Arm nicht mehr benützen. Sie erkennt uns noch, aber sie baut schwer ab. All das ist sehr schwer zu ertragen, wenn man zusehen muss, wie Menschen, die man liebt, altern und sterben.
So ist das Leben, man muss jeden Tag nutzen. Wie du es von deinem Mann erzählst geht es mir auch. Daniel ist viel entspannter und großzügiger, was meine Aktivitäten anbelangt, als früher. (...)

Nun, meine liebe Ute, ich schuldete dir diesen langen Brief nach all den Jahren, in denen ich nicht sehr viel geschrieben habe. Ich hoffe immer noch, dass wir uns eines Tages irgendwo mal wieder treffen werden. Wir werden die Wohnung neu streichen und ich will alles ändern ...

Vielleicht kannst du uns danach in Seal Beach besuchen kommen!

Ich wünsche dir auch ein gutes, heiteres Jahr 2014 mit weiteren Reisen und familiären Freuden.

Ich umarme dich, Chantal

Liebe Chantal,

schade, dass ich meinen Antwortbrief an dich nicht vollständig abdrucken darf, aber ich verstehe deine Beweggründe und respektiere sie natürlich. Ich danke dir für dein Vertrauen und selbstverständlich habe ich alle Namen und Orte verfremdet außer Paris, wo du ja schon lange nicht mehr lebst. (...) Ich wünsche dir, deinem Mann und deinen Söhnen alle Gute, möge sich alles zum Besten wenden, vielleicht werdet ihr doch noch das Glück der Großelternschaft erleben. Manchmal orientieren sich die Heranwachsenden neu, wenn sie ein tolles Mädchen kennen lernen, das sie an ihre Mutter erinnert: so schön, so blond, so schlank und klug wie du damals warst als junge Studentin, als wir uns in Freiburg im Breisgau über das Tutorat an der Pädagogischen Hochschule kennenlernten. Ich muss ganz spontan an Charlène von Monaco denken, die zumindest an Grace Kelly erinnert und die das Herz des in die Jahre gekommenen Fürst Albert gewinnen konnte. Ein Mädchen wie meine Laura, du erinnerst dich, dass sie geradezu weißhaarig war als Kind – heute ist sie eher dunkelblond - das wird es doch im großen Amerika auch geben, oder? Meine Tochter ist schon vergeben und nichts wünschen wir uns inzwischen sehnlicher als Enkelkinder, ist das nicht komisch?

Wir fühlen uns noch so jung und trotzdem steckt diese Sehnsucht in uns und wir sagen uns manchmal, das wollen wir mal unseren Enkeln zeigen oder dort wollen wir sie mal mit hin nehmen. Dieses Kleidungsstück ist so herzig, das würde ich sofort kaufen, dieses Mützchen oder Kleidchen, dieses Schmusehäschen oder jenes Tellerchen. Dann wiederum denken wir, wie wird es aussehen? Hoffentlich ist es gesund, es ist ganz egal, ob Junge oder Mädchen, Hauptsache gesund. Aber wenn es nun behindert wäre? Wir würden es auch lieben und annehmen.

Wir hoffen auch, dass wir nicht erst siebzig Jahre alt werden müssen, bevor sich in Sachen Nachwuchs etwas tut. Celina ist noch zu jung, gerade 24 Jahre alt, sie macht eine Ausbildung zur Fachlehrerin in den Fächern Sport und Hauswirtschaft/ Textiles Werken. Sie möchte später mal in Inklusionsklassen unterrichten, wobei ihre Kenntnisse als ausgebildete und examinierte Krankenschwester, heute sagt man in Deutschland Gesundheits- und Krankenpflegerin dazu, sicherlich sehr hilfreich sein werden. Sie will unbedingt Kinder haben und das noch, bevor sie 30 Jahre alt wird.

Ich hatte dir ja schon berichtet, dass sie sich von ihrem Hamburger Freund getrennt hat, was uns sehr leid tut, denn er war oder ist ein sehr netter junger Mann, den wir beide in unserer Herz geschlossen hatten und den wir wieder loslassen mussten. Das ist auch für uns Eltern ein Schmerz gewesen, der euch bisher erspart blieb. Es ist verrückt, welche Gedanken man sich macht, weil man heute die Natur derartig austricksen kann und später vor nicht vollendete Tatsachen gestellt wird: Kinderlosigkeit, Enkellosigkeit, Eintönigkeit und Einsamkeit im Alter. Nun, das wird nicht unser Schicksal sein, sondern das der kinderlos Gebliebenen. Sie sind nicht zu beneiden. Aber jetzt höre ich auf zu schreiben, ich kann schon wieder nicht mehr sitzen und brauche Bewegung.

Ich umarme dich in großer Freundschaft, Deine Ute

(16) Inklusion: Ponyhof statt Pausenhof

Freitag, 24. April, 2015

Wie macht man Kinder und Jugendliche mit einer geistigen Behinderung unglücklich? Indem man sie in eine Regelschule einschult. Wer wird dabei verrückt? Die übrigen Kinder und die Lehrkräfte. So kann man ganze Klassen lahmlegen. Mit diesem Beitragsartikel möchte ich natürlich ein wenig provozieren. Denn es könnte so einfach sein.

Aus meinem weiteren persönlichen Freundeskreis stammt folgende Anekdote: Ein Ehepaar aus akademisch hochgebildeten Kreisen hat zwei Söhne, inzwischen 24 und 22 Jahre alt. Der erste Sohn kam 10 Wochen zu früh zur Welt und hat aus diesem Grunde einen Hirnschaden erlitten. Äußerlich sieht man dem hübschen Jungen nichts an, er entwickelte sich allerdings nur zögerlich und zeigte sich im Kontakt mit anderen Menschen als sehr aggressiv. Die ehrgeizige Mutter bestand schon damals in den 90ger Jahren auf den Besuch eines Regelkindergartens, wo er wild um sich schlug und biss. Zuhause war sein kleiner Bruder das Opfer. Man musste die beiden ständig im Auge behalten und möglichst oft trennen, damit der Jüngere nicht auch noch Schaden erleidet.

Während der Vater den Tatsachen pragmatisch ins Auge sah, wollte und konnte die Mutter nicht wahrhaben, dass ihr Sohn eine gravierende Störung besaß und dringend - getrennt von seinem Bruder - in einen heilpädagogischen Kindergarten und später auch in eine Förderschule gehört. Nachdem er aus dem Regelkindergarten hinausgeflogen war, blieb er einfach zuhause. Später fuhr die Mutter schultäglich zweimal 120 km hin und her, um ihren Erstgeborenen in eine Montessori-Schule ihrer Wahl zu chauffieren. Mit Müh und Not und vielen Spenden an die Schule - Geld spielte keine Rolle - schaffte er die Grundschulzeit trotz schwerer Lese-, Schreib-und Rechenschwächen. Dann sollte der Knabe natürlich aufs Gymnasium. Auch hier wurde eine Lösung gefunden, mit der Brechstange.

Ende vom Lied? Sitzenbleiben, schließlich Abbruch der Schule, Lehrstellensuche: sein Traum? Auf einem Haflingerhof eine Stelle finden, die Tiere füttern, striegeln, führen, reiten. Denn er liebte Pferde. Das hätte seiner Seele gut getan. Die körperliche Arbeit hätte seine Muskulatur gestärkt, ihn zu einem ausgeglichenen, kräftigen jungen

153

Mann gemacht. Ponyhof war natürlich nicht gut genug für die Mama. Trauriges Ende: Heute ist dieser Junge ein Häufchen Elend, drogenabhängig, unselbständig, ein dünner Jüngling mit extrem schlechter Haltung und ohne Perspektiven, der ständig über seinem Laptop hängt. Sein Bruder ist schwer depressiv, ebenfalls unselbständig, nicht alltagsfähig, trotz hoher Intelligenz. Jahrelang wurde er vernachlässigt, dem drangsalierenden Bruder und einer - ich muss es so hart sagen - unfähigen Mutter ausgeliefert.

Der Vater war beruflich zu oft unterwegs, zu sehr eingespannt und letztlich zu gutmütig, um sich durchzusetzen. Er hilft finanziell, wo er kann, lebt inzwischen mit einer peruanischen Exilantin zusammen, die kaum deutsch spricht (er kann spanisch), aber das Herz auf dem rechten Fleck hat. Von seiner Frau hat er sich scheiden lassen. Er hatte die Nase gestrichen voll.

Ein Leben auf dem Ponyhof? Ponyhof statt Pausenhof? Für viele Kinder mit mentalen Einschränkungen wäre dies das Paradies statt tägliche pseudointellektuelle Herausforderungen im Klassenzimmer und Geschichten auf dem Pausenhof mit Mobbing, Ausgrenzung, verbalen und tätlichen Übergriffen. Es lebe Bibi und Tina, Maxi und Flori!

Misshandelt Deutschland seine Kinder?

Fangen wir relativ harmlos an in diesem grauenvollen Kapitel.

„Gericht bestätigt Kindesmisshandlung", so ein Artikel des Schwarzwälder Boten vom 23. 4. 2014. Das Amtsgericht Spaichingen in einer kleinen Stadt im Kreis Tuttlingen, Baden-Württemberg, hat Vorwürfe wegen Kindesmisshandlung gegen eine Kindertagesstätte in Trossingen bestätigt. In einem Strafverfahren hat es die frühere Leiterin der Kita wegen Freiheitsberaubung und Nötigung per Strafbefehl zu einer Geldstrafe verurteilt. Ansonsten ist Trossingen bekannt für seine exzellente Musikhochschule.

Die Vorgänge gehen zurück auf das Jahr 2012: Die Kita-Leiterin soll ein dreijähriges Kind für kurze Zeit an einen Baum gefesselt haben, um es zu zwingen, wieder an den Aktivitäten der Gruppe teilzunehmen. Zudem sieht das Amtsgericht weitere Vorwürfe als bestätigt an, nach denen in der Einrichtung Kinder zwangsgefüttert und zum Mittagsschlaf derart eingewickelt wurden, dass sie sich kaum noch bewegen konnten. Das habe unter Umständen gefährlich sein können.

„Report Main" hatte im Dezember 2012 erstmals über den Verdacht der Kindesmisshandlung in der Kita in Trossingen berichtet. Aufgrund der Vorgänge leitete die Staatsanwaltschaft Rottweil damals umfangreiche Ermittlungen ein. Eltern der betroffenen Kinder meldeten ihren Nachwuchs von der Kita ab und stellten die monatlichen Zahlungen der Beiträge ein.

Dagegen klagte wiederum die Firma, die die Kita betreibt. In seinem Urteil vom 28. Februar 2014 gab laut Report das Amtsgericht Spaichingen einem Elternpaar nun recht: Mit einigen der in der Kita betreuten Kinder sei in einer Art und Weise umgegangen worden, die eine solche sofortige Vertragsbeendigung gerechtfertigt habe. Die damalige Kita-Leiterin habe im Herbst 2012 „wiederholt Kinder durch Anwendung von Gewalt gezwungen, Nahrung aufzunehmen". Das Schlafen der Kinder sei zudem in einer Form praktiziert worden, dass die Kinder beinahe bewegungslos waren. Zudem habe die Beschuldigte zumindest in einem Fall ein Kind aufgefordert, ein anderes zu beißen. Die Aussagen einer Praktikantin seien glaubwürdig, so das Gericht, ebenso die Angaben einer Mutter, die als Zeugin auftrat.

Die Betreiber der Kita bestreiten die Vorwürfe. Es sei zu keinen Kindesmisshandlungen gekommen. Gegen die Entscheidung des Amtsgerichts haben sie Berufung eingelegt. Das Arbeitsverhältnis mit der Angeklagten haben sie laut Urteil wegen deren „herrischem Verhalten" beendet.

Dieses Beispiel zur Einführung. Noch Fragen? Jede Menge Fragen beantworten die Berliner Rechtsmediziner Michael Tsokos und Saskia Guddat, die am Institut für Rechtsmedizin der Charité in Berlin arbeiten. Die Enthüllungen ihres im Jahr 2014 erschienenen Buches „Deutschland misshandelt seine Kinder" im Droemer-Verlag sind so erschreckend grausam wie aufklärend.
Zum Thema Misshandlung in der Kita gehört auch der Fall eines kleinen notorischen Beißers, den sie in ihrem Buch schildern (S.187ff). Im Kapitel „Blutrausch in der Kita" beschreiben sie, wie mangelnde Aufsicht und fahrlässiges Handeln Erwachsener zu folgenschweren Misshandlungen unter den Kindern selbst führen können. Ein türkischstämmiger Junge wird mit 32 Bisswunden, die tief ins Fleisch hinein gehen, in die Klinik gebracht. Der Zweijährige bekommt Antibiotika, um eine Infektion zu verhindern. Die Bakterien im menschlichen Speichel sind hochinfektiös und weitaus gefährlicher als z.B. Hundebisse. Im Auftrag der behandelnden Ärztin der Notaufnahme werden die Rechtsmediziner zu Rate gezogen, ebenso das zuständige Landeskriminalamt. Was war passiert? Wie kommt ein kleiner Junge zu so schweren Bissverletzungen, obwohl er den ganzen Vormittag in der Kita war und unversehrt dort abgegeben wurde? Waren Vampire zu Gast? Ein Rudel Hunde oder Wölfe? O nein, er wurde das Opfer eines gleichaltrigen notorischen Beißers, der wegen seiner Beißattacken bereits aus drei vorherigen Kitas rausgeschmissen wurde.
Das wusste von den Eltern seiner neuen Betreuungseinrichtung niemand. Die diensthabende Erzieherin war – gegen jede Betreuungsvorschrift - mit 10 zweijährigen Kindern allein. Ihren Angaben nach war sie nur für drei Minuten aus dem Raum gegangen, um zur Toilette zu gehen. Als sie wieder zurückkam, sah sie den „Beißer" mit blutigem Gebiss ruhig in der Ecke sitzen, den attackierten Lokmann blutüberströmt und in Schockstarre.

Vor Gericht muss sich die Endzwanzigerin wegen fahrlässiger Verletzung der Aufsichtspflicht verantworten. Ihre Lügengeschichte von wegen drei Minuten auf der Toilette passt nicht zu den 32 schweren Bisswunden. Die hätte in so kurzer Zeit vielleicht ein aggressiver Kampfhund zufügen können, nicht aber ein Kleinkind dem anderen. Es stellte sich heraus, dass sich die junge Frau für ein halbe Stunde zu ihrem Freund ins Auto gesetzt hatte, um zu schmusen und zu küssen. Sie wurde zu einer Geldstrafe verurteilt. Die Kündigung folgte alsbald. Der kleine Lokmann wird für sein Leben verunstaltet und traumatisiert bleiben.

In Deutschland gibt es immer mehr Eltern, meist sehr junge Menschen, die ihre Kinder misshandeln. Auch wenn Sie, werte Leser, das nicht glauben oder fassen wollen, die beiden mutigen Rechtsmediziner sprechen von Horrorszenarien, die nicht im Fernsehen, nicht in einem perversen Thriller, nicht in Romanen vorkommen, sondern jeden Tag auf ihrem Tisch landen.
Im schlimmsten Fall ist es der Seziertisch im Obduktionsraum ihres Instituts für Rechtsmedizin. Das Opfer: Ein zu Tode misshandeltes Kind. In vielen weniger klaren Fällen landen sie als Aktennotiz auf dem Schreibtisch eines völlig überlasteten Sozialarbeiters. Chronische Kindesmisshandlung wird in der Internationalen Klassifikation psychischer Störungen als Ausdruck seelischer Störungen aufgelistet. Eltern, die ihre Kinder fortgesetzt als Wiederholungstäter schlagen, prügeln, einsperren, verbrennen, verbrühen, vergiften, beißen etc. sind häufig auch geisteskrank. Wer seinen Kindern so etwas antut hat sich nicht unter Kontrolle.
Es sind häufig Drogenabhängige, Schizophrene oder wegen anderer Persönlichkeitsstörungen in psychiatrischer Behandlung stehende Personen. Es fehlt ihnen an den elementaren Fähigkeiten, als Eltern fürsorglich und liebevoll, gelassen und ruhig mit ihren Säuglingen und Kleinstkindern umzugehen. Die natürliche Intuition, auch ohne Hilfe von außen im richtigen Moment das Richtige zu tun, ist ihnen völlig wesensfremd oder aufgrund ihrer eigenen schlimmen Kindheitserfahrungen – aus Opfern werden Täter - abhandengekommen. Sie sind völlig überfordert, völlig hilflos und dann auch an einem gewissen Punkt der Belastung auch völlig außer Kontrolle. Es fehlt ihnen fast immer, so die Rechtsmediziner Michael Tsokos und Saskia Guddat, an Einsicht, an Schuld- oder Unrechtsbewusstsein. „Wieso, wo ist das Problem? Der Kleine hat mich doch zuerst gebissen, dann habe ich eben zurückgebissen, damit er weiß, wie das weh tut" (S.181).

Leider glauben auch viele Kinderärzte, Richter, ja selbst Staatsanwälte an die unglaublichsten Märchen, die abstrusesten Erklärungen misshandelnder Eltern und liefern den Misshandlern ihre kleinen Opfer wieder aus, ganz nach dem Motto: Was nicht sein darf, kann nicht sein. So etwas tut eine Mutter/ein Vater dem eigenen Kinde doch nicht an!

Leider doch. Die fachkundigen Autoren Tsokas und Guddat muten dem Leser ihrer Berichte noch weitere Horrorstories zu. Aus Indianerfilmen und Karl-May-Romanen wissen wir, was ein Skalp ist: Eine Kopfhaut, Trophäe einer Ermordung, die uns an den Wilden Westen denken lässt, an Winnetou und Old Shatterhand, an böse Sioux-Indianer und besoffene Cowboys oder Goldschürfer. Im Hier und Heute gibt es doch so etwas nicht. Nein? Vielleicht nicht mehr im Wilden Westen, sondern mitten in Deutschland, überall in Deutschland, auch im Zentrum des modernen Berlin. Scalping bedeutet heute das Abreißen der Kopfschwarte vom Schädel. Meist betrifft es Säuglinge oder Kleinstkinder unter 4 Jahren, die auf diese Weise schwer verletzt werden, indem sie ruckartig an den Haaren gezogen werden. Mit blaurot gefärbter Kopfhaut werden sie dann von ihren Peinigern in einem letzten Anflug von Schuld und Hilflosigkeit in die Klinik gebracht mit der Behauptung, das Kind sei von der Couch auf den Fliesenboden gefallen. Es gibt Sozialarbeiter, Jugendrichter, Staatsanwälte, Kinderärzte, die darauf hereinfallen.

Nicht wenige Säuglinge und Kleinstkinder werden von unkontrollierten Müttern, Vätern oder jeweiligen Lebensgefährten zu Tode oder zu Krüppeln geschüttelt. Sie störten beim Trainieren, beim Surfen im Internet, beim Liebe machen, beim Kochen, beim Fernsehen, bei allem. Das Tragische dabei ist, dass oft keinerlei Spuren sichtbar sind und man erst durch das Öffnen des Schädels erkennt, dass die Gehirnmasse ein einziger Brei ist. Es gibt Eltern, die ihre Kinder in die Genitalien beißen, die ihre Knochen brechen in Spiralbrüchen wie sie sonst nur nach schweren Skiunfällen vorkommen. Lebensgefährten oder Gefährtinnen, die ihnen anvertraute Kinder mit glühenden Zigaretten quälen, die sie hungern und dürsten lassen, die sie in vermüllte, verkotete Zimmer einsperren, solange sie nicht schulpflichtig sind.

Dem Jugendamt fällt dies nicht unbedingt auf. Den Nachbarn in heruntergekommenen Mietskasernen auch nicht. Im Falle eines angemeldeten Besuchs vom Amt werden die Sozialarbeiter in ein sauber aufgeräumtes, frisch gesaugtes Wohnzimmer gebeten, die Kinder, frisch gebadet und gekleidet, strahlen die Besucher erfreut an, strecken vielleicht sogar die vernachlässigten Ärmchen in der Hoffnung auf ein bisschen Zuwendung nach ihnen aus, vielleicht sitzen sie auch nur still und teilnahmslos in einer Ecke oder spielen in verzückter Ruhe mit einem kleinen Plastikautomobil unter dem Tisch. Nichts Auffälliges, der nächste Termin wartet. Danke für den Kaffee. Schön aufgeräumt bei Ihnen.

Es gibt Eltern, insbesondere aus akademischen Kreisen, die ihre Kinder vernachlässigen indem sie sie missachten, mit materiellen Dingen abspeisen, von wechselnden Au-pair-Mädchen betreuen lassen, auf Sprachreisen schicken, im Club Méditerranée von wildfremden Animateuren bespaßen lassen, auf sündhaft teure Internate schicken, in Klosterschulen und die niemals nachfragen: Wie geht es dir? Was machst du eigentlich? Wer sind deine Freunde? Welche Interessen hast du, welchen Berufswunsch, welche Neigungen, welche Ängste, welche Sehnsüchte? Die Skandale um die hessische Odenwaldschule oder das Kloster Elmau lassen grüßen. Die Eltern dieser Internatsschüler sind oft Karrieremenschen, Männer und Frauen im Arbeitsrausch, in Berufszwängen, im Quotenglück, im Gleichberechtigungswahn oder wohlhabende Alleinerziehende und frühe Witwer. Sie schwimmen im Geld, haben aber keine Zeit für ihre Kinder. Wohlstandskinder. Auch sie sind Opfer. Seelische Opfer, die nicht körperlich gequält werden, denen es aber an der liebevollen Zuwendung, an gemeinsamer Zeit, zunehmend auch an Geschwistern, an Cousins und Cousinen, an Onkeln und Tanten, an Großeltern fehlt, die sich kümmern, die sich sorgen, die Zeit haben immer dann auszuhelfen, wenn es in der Familie klemmt. Armes Deutschland. Wo führt das hin?

Auf der anderen Seite gibt es viele unfruchtbare Paare, die sich sehnlichst Nachwuchs wünschen, die alle – durchaus in Frage zu stellenden – Möglichkeiten der künstlichen Befruchtung nutzen, oft ohne Erfolg und unter großem Aufwand. Es gibt viele adoptionswillige verheiratete Paare mit guten und besten Voraussetzungen für eine Elternschaft. Warum macht es der Gesetzgeber so schwer? Warum kann ein siebzigjähriger Promi-nenter noch Vater werden mit einem blutjungen Model, aber ein vierzigjähriger Lehrer oder Rechtsanwalt mit ebenso alter Ehefrau dürfen keinen Säugling mehr adoptieren? Dürfen wir angesichts tausender gefährdeter Kinder nicht ein bisschen mehr Realismus im Adoptionsrecht fordern? Warum wird ein Großteil der Adoptionsanträge in Deutschland abgelehnt? Würde das strenge Adoptionsrecht der Realität angepasst, könnten zahlreiche Kinder und Jugendliche eine echte Chance auf ein Leben in Würde und Unversehrtheit bekommen, anstatt zwischen Pflegefamilien, Heimen und überforderten, misshandelnden Herkunftsfamilien hin und her geschoben zu werden, so auch der Appell von Michael Tsokos und seiner Kollegin Saskia Guddat, neben ihrer Forderung nach mehr Krippen und Kitas nach skandinavischem Standard, wo gut bezahlte und bestens geschultes Personal Ansprechpartner der Eltern ist.

Wir dürfen nicht verharmlosen, nicht weg schauen, aber auch nicht alle Eltern der „Generation Kevin" unter Generalverdacht stellen. Genauso wenig wie Eltern, die aus Zeitmangel oder aus sonstigen Gründen ihr Kind einem Internat anvertrauen.
Hinschauen, handeln, über Verletzungen sprechen. Hilfe anbieten, Hilfe holen, Hilfe annehmen. Das ist unsere Pflicht als zivile Gesellschaft, die ein menschliches Miteinander wünscht, zum Wohle aller.

Kaum habe ich dieses Kapitel geschrieben, untermauert ein neuerlicher Fall von Kindstötung die Aussagen der Berliner Rechtsmediziner. Im Großraum Freiburg wird im Januar 2015 der dreijährige Alessio von seinem 32-jährigen Stiefvater zu Tode geprügelt. Bereits im Sommer 2013 und nochmals im Sommer 2014 war der Junge mit schweren Verletzungen angeblich nach einem Treppensturz in der Kinderklinik Freiburg zur Behandlung eingeliefert worden. Die Kinderärzte schlugen Alarm, schalteten sowohl die Staatanwaltschaft wie auch das Jugendamt ein. Trotzdem wurde das Kind den Eltern mit nach Hause – ein kinderfreundlicher Bauernhof – gegeben unter der Auflage, sich einer Familientherapie zu unterziehen, regelmäßige Kontrollen durch einen Kinderarzt zuzulassen und einer täglichen Betreuung zuzustimmen. Die Ermittlungen wurden im Oktober 2014 ergebnislos eingestellt.

Weil die Eltern sich kooperativ zeigten, ließen sowohl das Jugendamt wie auch die Familienrichterin und Vizepräsidentin des Freiburger Amtsgerichts, Sabine Linde-Rudolf, die den Fall später

bearbeitet, das Kind in der Familie. „Ein Kind aus der Familie zu nehmen ist die allerletzte Notlösung im Fall einer akuten Bedrohung", so die Juristin. Lagen tatsächlich keinerlei Anhaltspunkte vor, dass der Stiefvater auf dem abgelegenen Bauernhof gewalttätig sein könnte?
Es gab keine Augenzeugen. Natürlich nicht. Die Todesumstände werden nun von einer 15-köpfigen Ermittlungskommission „Schwarzwald" untersucht. Ein Unfalltod scheidet jedoch offenbar aus. Der inhaftierte Stiefvater räumt lediglich Schläge und einen Treppensturz des Buben ein.

Selbst die Sozialministerin Katrin Altpeter meldete sich im SWR zu Wort: „Das Elternrecht hört da auf, wo das Kindeswohl gefährdet ist." Das nutzt dem kleinen Jungen allerdings nichts mehr. Für ihn ist alles vorbei. Auch wenn im Kreistag in einer Sondersitzung über den Fall Alessio informiert wird. Die Unfähigkeit und Brutalität seiner Eltern hat er nicht überlebt. Die Schein-Kooperationsbereitschaft seiner Eltern hat zahlreiche Fachleute geblendet. Teure familientherapeutische Maßnahmen haben nicht gefruchtet. Dutzende Angestellte und Beamte arbeiten nun die Sache auf, bis der nächste akute Fall ihre Aufmerksamkeit erfordert. Man will aus der Tragödie lernen. Die ältere Schwester des Jungen wurde aus der Familie genommen und bei Pflegeeltern untergebracht. Die Mutter ist seit Monaten in einer Klinik stationär untergebracht. Es ist anzunehmen, dass sie psychisch schwer krank ist und gar nicht in der Lage, Kinder zu versorgen, geschweige denn, sie zu erziehen.

Warum schützt man diese Frauen nicht im Vorfeld, eine Schwangerschaft zu verhüten, z. B. durch engmaschige Betreuung, Beratung über Dreimonatsspritze, Spirale oder in hoffnungslosen Fällen gar durch eine freiwillige Sterilisation? Ist eine konsequente Verhütung nicht sinnvoller und menschenwürdiger für alle Beteiligte? Kommen Sie mir jetzt nicht mit einem heuchlerischen „das ist doch ein Eingriff in Persönlichkeitsrechte" oder mit einem empörten „das ist doch versuchte Körperverletzung" oder sonstigen Scheinargumenten! In einer Gesellschaft, in der jährlich Hunderttausende ungeborene Kinder abgetrieben werden, in einer Gesellschaft, wo bis zum Einsetzen der Wehen Ungeborene mit Down-Syndrom oder anderen schweren – dank pränataler

Diagnostik – festgestellter Behinderungen oder einer gesundheitlichen Belastung der werdenden Mutter ganz legal abgetrieben werden kann, darf die Verhinderung einer Schwangerschaft kein Tabu sein! Alkoholkranke junge Frauen, drogensüchtige, depressive, orientierungslose, vernachlässigte junge Frauen muss man geradezu vor einer Schwangerschaft schützen, da man sie nicht vor ausgelebter Sexualität schützen kann. Gerade die Labilen, Ungebildeten, Ungeliebten zahlen mit Sex sehr häufig ihr Bedürfnis nach Körperkontakt, nach Zärtlichkeit, nach ein bisschen Liebe. Manche wünschen sich gerade deshalb ein Kind, das sie lieben und herzen können, ohne auch nur im Geringsten der großen Verantwortung gerecht werden zu können, die Kindererziehung mit sich bringt. Ein neuer Liebhaber, ein weiteres Kind, ein überforderter Stiefvater, eine psychisch schwer kranke Mutter: der Fall Alessio ist so tragisch wie typisch. Ist denn der verurteilte Sozialarbeiter schuld?

Am 9. April 2015 lese ich in der Zeitung unter „Aus aller Welt" über den Prozessauftakt im thüringischen Altenburg. Es geht um rabiate Erziehungsmethoden von vier angeklagten Erzieherinnen. Sie sollen in einem Kindergarten zumindest zwei Kindern schwer geschadet haben, darunter ein schwer behinderter Junge, die zum Einschlafen in Decken gewickelt und mit Windeln eingeschnürt wurden. Diese Maßnahme wurde als „Einschlafhilfe" bezeichnet, dem behinderten Jungen sei dazu liebevoll ein „Nest" gebaut worden, so eine Kollegin. Die Anklage wirft den Frauen vorsätzliche Körperverletzung und Nötigung vor. Außer dem Einschnüren soll Krippenkindern gewaltsam Essen eingeflößt worden sein, sodass sie sich erbrachen. Betroffen waren laut Staatsanwaltschaft acht Kinder. Die Anklage listet etwa 50 Fälle auf.

Ein Erziehungszeitspiegel über 25 Jahre (Chronik)

Freiburg 1989: Meine Tochter Laura (2 ½) marschiert neugierig und selbstbewusst an der Hand einer ihr fremden, aber mit den Eltern befreundeten Erzieherin erstmals in einen Kindergarten. Laura ist begeistert, besonders fasziniert ist sie von den Kindertoiletten. Leider war es nur ein Besuch. Erst mit vier Jahren erhielt sie einen Kindergartenplatz.
Ich, die Mutter, damals voll berufstätig und darüber nicht wirklich glücklich, ernährt die Familie. Der Vater, ein Wissenschaftler mit Universitäts-abschluss aber ohne Anstellung, ein zufriedener Hausmann mit Neigung zum Oldtimer restaurieren.

Althengstett 1990: Statt Promotionsstipendium erneute Schwangerschaft und Geburt der zweiten Tochter. Starker Wunsch nach Rollentausch, nach erfüllter Mutterschaft treibt mich um.

Brüssel 1992: Forschungsreise nach Belgien, Besuch bei einer Freundin. Ich begleite sie eine Woche lang bei ihrer Arbeit. Aus Überzeugung und Idealismus arbeitet Isanne vormittags als staatliche Gesundheitsärztin in Schulen, Kindergärten und Krippen, nachmittags in ihrer eigenen Praxis.
Sie erklärt mir, warum sie auf die wenig lukrative staatliche Aufgabe der regelmäßigen Vorsorgeuntersuchungen in Betreuungseinrichtungen so viel Wert legt. Die Gesundheit der Kinder wird durch die frühe Krippenbetreuung und Trennung von den Eltern oft gebeutelt. Hohe Infektionsraten, Essstörungen, Aggression oder Rückzug sind häufige Folgen.
Viele Kinder werden auch in die Betreuungseinrichtungen gebracht, obwohl sie krank sind. Die Eltern erwarten vom Personal, dass ihr Kind medizinisch versorgt – notfalls auch mit Antibiotika – gepflegt und betreut wird. Eine Aufgabe, die das Personal nicht leisten kann, gegen die es sich aber häufig nicht wehrt, aus Angst um ihren Arbeitsplatz. Als Kinderärztin kann Dr. Vincent hier einschreiten, verlangen, dass kranke Kinder abgeholt werden, sie nachmittags in ihre Praxis bestellen. Sie steuert die Medikamentenvergabe, führt Impfungen durch, macht regelmäßig Routineuntersuchungen. Oft werden kranke Kinder hunderte von Kilometern zu den Großeltern gefahren, weil die Eltern einfach keine Zeit haben, sich um ihren Nachwuchs zu kümmern.

Meine Freundin findet das „atroce", schrecklich und grausam. Sie verweigert, die Kinder reisefähig zu spritzen, damit der lang ersehnte und geplante Familienurlaub stattfinden kann. Sie greift zum Telefonhörer, um den Eltern ins Gewissen zu reden. Die Kinderärztin kennt auch die Nöte der Eltern, aber sie gibt ihnen nicht nach. Die Gesundheit der Kinder steht an erster Stelle.

In der Gruppe der 0-1-Jährigen: Während die Ärztin ihre Untersuchungen durchführt, setze ich mich auf eine der Matten zu den größeren Babys. Manche schlafen, manche liegen still auf dem Bauch, manche krabbeln herum. In einer Ecke kauert ein junger Vater, seine kleine Tochter auf dem Arm. Der Student hat Tränen in den Augen, ist zur Eingewöhnung hier mit der drei Monate alten Viktoria: Seine Frau arbeitet bereits wieder. Wir unterhalten uns ein bisschen, er schwärmt für die schöne, private Krippe in christlicher Trägerschaft. Hier wird sie es gut haben, seine kleine Viktoria. Alles ist so sauber, so hell, das Personal so freundlich und so gut ausgebildet. Zwei Kinderpflegerinnen betreuen bis zu acht Babys. Seine Stimme zittert ein bisschen, verrät seine wahren Gefühle, seinen verdrängten Schmerz. Ich muss an meine zweitgeborene zweijährige Tochter zuhause denken, die gerade von ihrem Papa betreut wird, von der ich mich für diese eine Woche Forschungsreise in Belgien kaum trennen konnte. Ich weiß, was dieser junge Vater fühlt und ich muss selbst mit den Tränen kämpfen. Ich bin traurig.
Mittagszeit in der Gruppe der 1-2-Jährigen: Vier in Hochstühlen sitzende Kleinstkinder, zwei Frauen in weißen Kitteln und bodenlangen Gummischürzen füttern im Akkord. Kleine Hungrige hängen schreiend an den Stuhlbeinen, die Satten sitzen auf den Matten, spielen oder schlagen sich, reißen sich an den Haaren, weinen, quengeln, sind müde. Das Personal kommt kaum hinterher mit Gesichtern säubern, Tränen abwischen, Windeln wechseln, schlichten. Zwei Aushilfen, zwei Erzieherinnen, zwölf Kinder. Ich helfe ein bisschen mit. Das reine Chaos. Ich bin gestresst und heilfroh, dass meine Kleine hier nicht mitmischt.
In der Gruppe der 2-3-Jährigen herrscht Disziplin. Vegetarische Einheitskost, buntes Plastikgeschirr, Kompott oder Joghurt zum Nachtisch. Dass sich ein Kind an einem Apfelschnitz verschluckt, darf nicht riskiert werden. Nach dem Essen Töpfchen Pause. Alle bleiben sitzen, bis sie gesäubert werden. Ich bin beeindruckt. Kindertoiletten gibt es hier nicht.

Paris 1993: Dieses Mal besuche ich meine langjährige Freundin Chantal, die als institutrice in einer staatlichen „école maternelle" arbeitet. Dort ein ganz anderer Personalschlüssel. Auf 25 zwei- bis dreijährige Kinder kommen zwei Erzieherinnen. Dazu gelegentlichen 1-2 Praktikantinnen. Um die Mittagszeit helfen Aushilfen beim Essen. Alle Kinder müssen sauber sein. Gewickelt wird nicht. „Stinkekinder" müssen abgeholt werden. Auch hier disziplinierte Töpfchen Pause. Auch hier keine Kindertoiletten. Der Lärmpegel ist enorm. Die Kinder sind oft krank, sehr viele Mütter sind berufstätig und abgehetzt. Großeltern spielen eine wichtige Ersatzelternrolle.

Althengstett 1994: Meine Tochter Celina kommt mit vier Jahren in den Kindergarten. Der Abschied von der Mutter fällt ihr sehr schwer, sie braucht lange, bis sie sich eingewöhnt hat.

Stuttgart 1996: Prüfungslehrgang am Cambridge Institute. Die Dozentin, eine sprachlich hochbegabte freie Mitarbeiterin auf Honorarbasis und Dolmetscherin bei der Deutschen Telekom, vertraut sich mir, der Autorin dieser Chronik an, bricht in Tränen aus.
Die 34 Jährige hat sich von ihrem Freund getrennt, weil dieser endlich eine Familie gründen will. Ihre Begabung und ihr Ehrgeiz erscheinen ihr unvereinbar mit der Mutterschaft.

Althengstett 1998: Ich nehme nach achtjähriger Familienpause meine Berufstätigkeit als Lehrerin wieder auf. Celina wird in der Kernzeitbetreuung angemeldet. Immer wieder taucht sie dort nicht auf, weil sie sich zum Mittagessen bei Freundinnen einlädt oder auf den Spielplatz geht. Ein erheblicher Stressfaktor für Mutter und Erzieherinnen.

Brüssel 2004: Viele Krippen, Kindergärten und Schulen werden nach dem Bekanntwerden der Missbrauch- und Überfälle per Video überwacht. Die Eingänge sind nur mit Chipkarte oder Code passierbar. Gärten und Höfe werden mit Betonmauern eingezäunt. Es herrscht Angst vor weiteren Übergriffen psychisch gestörter Gewalttäter.

Hamburg 2006: Eine Kita mit Modellcharakter: Die Akademie für Kinder in Winterhude, wird eröffnet. Es gibt zwei Krippengruppen für je 7 Kinder zwischen einem und drei Jahren. Sie sind 2 Jahre im Voraus ausgebucht. Geschwisterkinder werden vorrangig behandelt. Das Angebot der Kita, die auch eine Elementargruppe, eine Vorschulgruppe, eine Hortgruppe und eine Spielgruppe für 8 Kinder ab einem Jahr, nachmittags, umfasst, wird gemäß ihrer Entwicklungsstufen strukturiert. Der Betreuungsschlüssel ist hervorragend. Zwei Erzieherinnen plus ein bis zwei Praktikanten betreuen 7-8 Kinder.

Das Wort Akademie betont den Bildungscharakter der Einrichtung, der entwicklungs- und lernpsychologisch auf die Bedürfnisse und die Neugier der Kinder eingeht und sie in Projekten dokumentiert. Die Eltern kommen aus der gehobenen Mittelschicht, Krippenkinder werden in der Regel 6 Stunden am Tag, 5 Tage pro Woche betreut. Viele Geschwisterkinder kommen nach. Die Existenz der Kita scheint zur Familienerweiterung zu ermutigen.

Althengstett 2009: Die Freunde meiner Töchter sind auf Besuch. An Ostern sitzen vier junge Erwachsene mit uns am Familientisch. Celinas Freund arbeitet in einer Hamburger Kindertages-stätte, erzählt voll Überzeugung von deren Konzept, wird demnächst Sozialmanagement studieren. Lauras Freund studiert International Business, z.Zt. in Madrid. Sie selbst ist Studentin im Fach Sozialwesen, ihre Schwester angehende Krankenschwester. Vier intelligente, gesunde und belastbare zukünftige Leistungsträger unserer Gesellschaft, die nie eine Krippe und erst spät einen Kindergarten besucht hatten. Im erweiterten Familienkreis gibt es 18 weitere, sich prachtvoll entwickelnde junge Menschen. Nur eine einzige der beteiligten acht Mütter hat eine späte Karriere angestrebt.

Calw 2011: Laura tritt ihre erste Stelle am Klinikum Nordschwarzwald, dem Zentrum für Psychiatrie, an. Sie arbeitet im klinischen Sozialdienst in der Patientenberatung. Der Umgang mit Patienten, Kollegen und Ärzten macht ihr viel Spaß.

Hamburg 2012: Celina besteht ihr Examen mit Auszeichnung und findet sofort eine Anstellung in Vollzeit im Hamburger Klinikum Eppendorf. Nach einjähriger Berufstätigkeit fühlt sie sich durch anstrengende Schichtarbeit, personeller Unterbesetzung und dem zum Teil unverschämten Verhalten von Patienten ausgepowert, ausgebeutet, lustlos. Sie will das Abitur nachmachen und eventuell studieren.

Stuttgart 2012: Eine Freundin von Laura, Innenarchitektin mit super Examen und hoher künstlerischer Begabung, wirft ebenfalls das Handtuch. Nach eineinhalb Jahren Berufstätigkeit fast rund um die Uhr zu schmalem Gehalt kündigt sie und beginnt ein Lehramtsstudium.

Hamburg 2013: Seit 1. August besucht Celina die Fachoberschule, die zur Fachhochschulreife führt. Ihre Stelle im Klinikum behält sie zu 25%, um neben einem erneuten Zuschuss der Eltern plus staatliches Kindergeld ihr Leben finanzieren zu können. Schon bald erweist sie sich als Klassenbeste.

Stuttgart 2013: Laura und ihr Freund ziehen zusammen in eine schöne Altbauwohnung im Zentrum von Stuttgart. Lauras Freund hat bei einer renommierten Unternehmensberatung eine erste Anstellung gefunden. Laura wechselt innerhalb des Klinikverbundes auf eine Stelle in Böblingen.

Hamburg, Juni 2014: Celina beendet das Schuljahr mit einem Super-Notendurchschnitt. Da ihre Beziehung zum Freund zerbrochen ist, beschließt sie, nach Süddeutschland, in die Nähe der Familie zurückzukommen. Die Anmeldung zum 12. Schuljahr ist erfolgreich. In der Übergangszeit arbeitet sie neben ihrer 25%-Verpflichtung häufig als Vertretung bei Engpässen auf Station. Eine Freundin von Laura heiratet. Sie hat eine Anstellung als Realschullehrerin an einer kleinen Schule, ist als Klassenlehrerin für Sport, Musik und Mathematik ganz glücklich mit ihrer 5. Klasse. Ihr Mann ist als Grundschullehrer das Idol zahlreicher Migrantensöhne, die ihn als „so stark und cool" anhimmeln.

Stuttgart, Juli 2014: Celinas Bewerbung bei einem Altenpflegeheim wird sofort dankbar angenommen. Sie macht im Juli/August Urlaubsvertretungen auf 75 %-Basis und ab September wieder auf 25 %-Basis. Eine Woche gemeinsamer Camping-Urlaub mit den Eltern in Frankreich, danach zwei Wochen Surfen, Campen, Chillen in Portugal mit Freunden.

August 2014: Eine weitere Freundin Lauras heiratet. Unser Käfer-Oldtimer wird als Brautwagen eingesetzt. Da der junge Ehemann Testfahrer bei Daimler-Benz, Sindelfingen, ist, darf er ans Steuer und seine junge Frau zum Standesamt und zur Hochzeitsfeier in einem Gewächshaus, den Rosengarten, chauffieren. Ein Ort wie geschaffen für die zukünftige Biologie- und Geographie-Lehrerin.

Bilanz Mai 2016: Das Glück und die Freude über drei Jahrzehnte gelungener Erziehungsarbeit bedeuten uns sehr viel. Noch heute brauchen die jungen Leute ihre Eltern als Ansprechpartner, als Berater und Tröster, als Stütze und teilweise auch noch zur finanziellen Unterstützung. Wir freuen uns täglich an ihnen, in unseren Gedanken, unseren Gesprächen, unseren Plänen.

Sie sind unser Stolz, unser Lohn, und außerdem das wertvollste Geschenk unserer Familien an die Gesellschaft. Die ersten stehen schon auf eigenen Füßen, verdienen ihr eigenes Geld in einem mehr oder weniger gut bezahlten Job. Vorbei sind die Zeiten der Ausbeutung als Praktikanten, Handlanger, soziale Hilfsdienstler. Unsere Kinder sind leistungsfähig, lebenstüchtig, alltagserprobt. Sie werden nicht bei den ersten Schwierigkeiten aufgeben. Sie sind es, die in den nächsten Jahrzehnten dafür sorgen, dass es noch Lehrer an Schulen, Fachpersonal in Kliniken, Praxen und Behörden gibt. Musizierende Künstler und nicht Konserven in Konzertsälen, kreative und leistungsfähige Kräfte in Industrie und Wirtschaft, zukünftige verantwortungsbewusste Familienväter und Mütter, die unsere Werte weiterleben und weitergeben.

Wir Eltern erwarten nicht nur die hohe gesellschaftliche Wertschätzung unserer geleisteten Familienarbeit, sondern auch eine finanzielle Anerkennung in Form von Rentenansprüchen für erfolgreich geleistete Erziehungsarbeit! Auch 3 Rentenpunkte pro Kind sind zu wenig.

Ebenso müssen pflegende Angehörige einen eigenen Rentenanspruch für Pflegezeiten erwerben können und von den Pflegeversicherungen einen Lohn, der mehr ist als Hohn! FairCare darf nicht nur ein Fremdwort für faire Arbeitsbedingungen ausländischer Pflegekräfte sein, sondern muss in der deutschen Gesetzgebung verankert werden als Grundrecht pflegender Angehöriger überhaupt! Erste Schritte der Aufwertung sind bereits gemacht. Doch: *Geld pflegt nicht,* so der CDU-Staatssekretär der Bundesregierung Peter Laumann in einer Ansprache anlässlich eines Neujahres-empfangs im süddeutschen Pfalzgrafenweiler im Januar 2015. Es braucht Menschen, die diese Arbeit machen. Menschen, nicht Roboter. Nur Menschen können menschliche Zuwendung geben. Um das geht es.

Wir brauchen die soziale Resonanz auf unsere Bedürfnisse. Ein Händedruck, ein Lächeln, eine pflegende Hand, eine liebevoll zubereitete und servierte Mahlzeit. Eine erfrischende Dusche oder ein Wannenbad, wo gerne ein stabiler Lift zur Unterstützung und Schonung des Rückens eingesetzt werden darf.

Im dramatischen demografischen Wandel ist es meiner Ansicht nach ein absolutes Muss für alle jungen Menschen, ein volles „Soziales Jahr" im Dienste der Allgemeinheit abzuleisten. Junge Männer wie Frauen im Wehrdienst, in Krankenhäusern und Altenheimen, in Einrichtungen für Behinderte oder in Kitas. Meine beiden Töchter jedenfalls haben diesen Dienst jenseits der Spaßgesellschaft abgeleistet. Wer Abenteuer mit einem humanitären Einsatz verbinden möchte, findet mehr als genug Arbeit in Flüchtlingslagern, Zeltstätten, Sprachkursen, hier in Europa und in aller Welt.

Was ist Familienarbeit wert?

Haben sie sich schon einmal gefragt, wie viel der Stundenlohn einer Vollzeit-Mutter betragen würde? In dieser Welt ist ja bekanntlich nun mal nichts umsonst - nichts, außer das Waschen, Putzen, Kochen, Einkaufen, und die Kindeserziehung, die Mütter tagtäglich bewältigen.

Diese Gedanken hat sich auch Steven Nelms, ein Vater aus Texas, gemacht und berechnet, wie viel seine Frau, die den gemeinsamen Sohn zuhause betreut, eigentlich für ihre Leistungen verdienen müsste. Ausgehend vom durchschnittlichen Stundenlohn, den Putzkräfte, Köche oder persönliche Assistenten verdienen, kam Steven auf einen stattlichen Betrag von 73.960 US-Dollar im Jahr. Das entspricht etwa 68.730 Euro, in Worten achtundsechzigtausend und siebenhundertdreißig Euro und einem Monatsgehalt von ungefähr 5.700 Euro, ich wiederhole: fünftausendsiebenhundert Euro.

„Kurz gesagt, ich könnte mir meine Frau nicht leisten", fasst Nelms am Ende seiner Berechnungen, die er in seinem Blog "weareglory.com" veröffentlichte, zusammen.

Wie der Vater gegenüber dem amerikanischen Nachrichtendienst "Buzzfeed" erklärte, hat ihm sein Blogpost stark dabei geholfen, die Idee von geteiltem Einkommen zu begreifen. „Die Wahrheit ist, ich schäme mich für jeden Moment, in dem ich ihr das Gefühl gegeben habe, schuldig zu sein, wenn sie etwas für sich gekauft hat. Ich schäme mich dafür, dass sie jemals das Gefühl hatte, nicht das gleiche Recht auf unser Geld zu haben wie ich", gesteht Nelms in seinem Blog.

Die Liebe einer Mutter ist unbezahlbar - und deswegen umso wertvoller. Natürlich ist die Liebe einer Mutter nicht in Gold, Dollar oder sonstigen irdischen Einheiten messbar. Dennoch geben die Berechnungen von Steven Nelms einen fassbareren Eindruck davon, was Mütter tatsächlich leisten. "Ich versuche keinesfalls, die Liebe einer Mutter zu simplifizieren, zu objektivieren oder zu entwerten", erklärt Nelms die Motivation für seinen Blogpost. "Aber seien wir ehrlich. Es gibt einen Grund dafür, warum sich der Zahltag so gut anfühlt. Weil man seine harte Arbeit auf eine greifbare Art und Weise geschätzt sieht."

Wenn Sie also das nächste Mal abfällig über eine Vollzeit-Mama urteilen, dann seien Sie sich darüber im Klaren, dass sie in einer gerechteren Welt vermutlich mehr verdienen würde als Sie.

Bei meinen Recherchen zum Thema Pflege wurde mir im September 2015 eine aktuelle Abrechnung einer Zentralen Verrechnungsstelle eines sogenannten Kooperationspartners ausgehändigt, allerdings unter dem Siegel der Verschwiegenheit. Da der Ambulante Pflegedienst vor Ort keine 24-Stunden-Pflege anbietet, werden solche Leistungen an Agenturen oder sogenannte Kooperationspartner weitergegeben.

In diesem authentischen Fall eines pflegebedürftigen Hochbetagten der Pflegestufe III wurden - exemplarisch **für den Monat August 2015 - 31 Tage SP4 24-Stunden Betreuung à 146,00 € pro Tag ein Gesamtpreis von 4.526,00€ abgerechnet.**

Der Skandal dabei ist u.a., dass die pflegende polnische Kraft auf ihrem Lohnzettel nur 783 € netto verbuchen kann, wie der Geschäftsführer des Auftrag gebenden Krankenpflegevereins bei einem Besuch des „Klienten" erfuhr. Wo bleibt der Rest? Wer verdient sich da eine goldene Nase?

Der Krankenpflegeverein vor Ort hat die Verwaltungsarbeiten am Hals und wurde dafür nicht einmal bezahlt. Forderungen dieser Art wurden vom Kooperationspartner erst zurückgewiesen, dann halbiert, jetzt wird prozessiert.

Was ist Familienarbeit wert, wenn zu Hause gepflegt wird? Wie das obige Beispiel zeigt, unglaubliche viertausendfünfhundert Euro netto. Dazu werden dem Staat und den Sozialversicherungsträgern enorme Arbeitsstunden der Verwaltung, Abrechnung jedes kleinen Handgriffs erspart, da sie wie selbstverständlich von den Angehörigen geleistet werden.

Hier zur Verdeutlichung ein Auszug aus dem Leistungskatalogs eines Krankenpflegevereins, den ich hier mit erteilter freundlichen Genehmigung abdrucken darf:

Inhalt der Dienstleistungen

Häusliche Krankenpflege anstelle oder zur Verkürzung eines Krankenhaus-aufenthaltes umfasst Behandlungspflege, Grundpflege und/oder hauswirt-schaftliche Versorgung (§ 37, Abs. 1, SGB V).

Häusliche Krankenpflege zur Sicherung des Ziels ärztlicher Behandlung umfasst Behandlungspflege (§ 37, Abs. 2 Satz 1, SGB V).

Haushaltshilfe umfasst die zur Weiterführung des Haushalts notwendigen Dienstleistungen und Betreuungstätigkeiten (§ 38 SGB V, § 198 und § 199 RVO).

A. Behandlungspflege

Im Rahmen der Behandlungspflege werden insbesondere folgende Leistungen erbracht:

    01 Verbandwechsel / Wundpflege
    02 Injektionen
    03 Katheterpflege / -wechsel
    04 Dekubitusvorsorge/ -behandlung
    05 Einlauf / Darmentleerung
    06 Spezielle Krankenbeobachtung
    07 Einreibungen / Wickel
    08 Medikamentenüberwachung / -verabreichung
    09 Bronchialtoilette / Trachealkanülenpflege

Gesondert abrechenbar sind: Infusionsüberwachung

B. Grundpflege

Im Rahmen der Grundpflege werden insbesondere folgende Leistungen erbracht:

    12 Hilfe bei der Körperpflege
    13 Prophylaxen
    14 Hilfe beim Wäschewechsel / An- und Auskleiden
    15 Hilfe bei Ausscheidungen / Inkontinenz
    16 Hilfe bei der Nahrungsaufnahme
    17 Lagern / Betten / Umbetten
    18 Aktivierung / Mobilisation

C. Hauswirtschaftliche Versorgung

Die hauswirtschaftliche Versorgung als Teil der häuslichen Krankenpflege nach § 37 SGB V umfasst insbesondere hauswirtschaftliche Arbeiten, die auf die Versorgung des Versicherten, zum Beispiel im hygienischen Bereich (Leib- und Bettwäsche) oder durch Zubereitung von Mahlzeiten gerichtet sind. Sie beinhaltet nicht die Weiterführung des Haushaltes.

D. Haushaltshilfe (Familienpflege)

Haushaltshilfe umfasst die zur Weiterführung des Haushaltes notwendigen Dienstleitungen und Betreuungstätigkeiten. Hierzu gehören die selbstständige Verrichtung der im Haushalt notwendigen Arbeiten und die Betreuung der im Haushalt lebenden Kinder.

Die Entgelte für die unter A. genannten Leistungen sind in der Anlage 1 zusammengefasst. Sie entsprechen den jeweils gültigen Vereinbarungen zwischen den Kostenträgern und den Verbänden der Liga der freien Wohlfahrtspflege. Privatversicherten oder nicht versicherten Leistungsempfängern werden Entgelte in gleicher Höhe in Rechnung gestellt. Dies gilt auch für Leistungen, die von den Krankenkassen nicht übernommen werden.

§ 2
Leistungsentgelte für Leistungen nach dem Pflegeversicherungsgesetz (Pflegesachleistungen nach dem Rahmenvertrag gem. § 75 SGB XI).

Leistungen im Sinne des Pflegeversicherungsgesetzes nach SGB XI sind gewöhnliche und regelmäßig wiederkehrende Verrichtungen im Ablauf des täglichen Lebens im Rahmen der Grundpflege und der hauswirtschaftlichen Versorgung (vgl. § 1 des Rahmenvertrages nach § 75, Abs. 2 SGB XI in Baden Württemberg).

Leistungen nach dem Pflegeversicherungsgesetzes sind in sogenannten "Leistungspaketen" zusammengefasst, die je nach Hilfe- und Pflegebedürftigkeit im Einzelfall zusammengestellt und erbracht werden.

(...)

§ 6
Ermäßigungen

Leistungsempfänger haben die Möglichkeit einen Nachlass auf die ihnen in Rechnung gestellten Entgelte nach § 4 und § 5 dieser Gebührenordnung zu beantragen, sofern sie sich in einer wirtschaftlichen oder sozialen Notlage befinden und andere Sozialleistungsträger nicht zur Abdeckung der Kosten eintreten.

Leistungspaket: Vergütung (Beträge in Euro)

Nr.	Leistungsinhalt: Hilfe	Pflegefach-kraft	hauswirtsch. Fachkraft	Hilfs-kraft
1.	Große Toilette	25,76	22,08	17,66
2.	Kleine Toilette	17,18	14,76	11,81
3.	Transfer/An-/Auskleiden	9,30	7,96	6,37
4.	Hilfe bei Ausscheidungen	11,43		
5.	Einfache Hilfen bei Ausscheidungen	---	9,80	7,84
6.	Spezielles Lagern	5,72	4,89	3,91
7.	Mobilisation	5,72	4,89	3,91
8.	Einfache Hilfe bei der Nahrungsaufnahme	5,72	4,89	3,91
9.	Umfangreiche Hilfe bei der Nahrungsaufnahme	20,06	17,18	13,74
10.	Verabreichung von Sonden-nahrung mittels Spritze, Schwerkraft oder Pumpe	17,60	---	---
11.*	Hilfestellung beim Verlassen und Wiederaufsuchen der Wohnung	8,57	8,57	5,90
12.	Zubereitung einer einfachen Mahlzeit	12,61	12,61	9,82
13.	Essen auf Rädern/stationärer Mittagstisch	2,74	2,74	2,74
14.	Zubereitung einer (i.d.R. warmen) Mahlzeit in der Häuslichkeit des Pflege-bedürftigen	25,23	25,23	19,66
15.*	Einkauf / Besorgungen	7,56	7,56	5,90
16.*	Waschen, Bügeln, Putzen	7,56	7,56	5,90
17.	Vollständiges Ab- und Be-ziehen eines Bettes	5,03	5,03	3,91
18.	Beheizen	7,56	7,56	5,90
19.	Erstbesuch	31,95		
20.	Folgebesuch	17,58		

* pro angefangene 1/4 Stunde

Verhinderungspflege §39 SGB XI

Es gelten die Leistungspakete siehe § 36 und § 38 SGB XI. Zusätzlich kann nach Stunden abgerechnet werden.

Kosten pro Stunde	Fachkraft	45,00
Kosten pro Minute	Fachkraft	0,75
Kosten pro Stunde	ergänzende Hilfe	23,60
Kosten je angefangene ¼ Stunde	ergänzende Hilfe	5,90

(eine minutengenaue Abrechnung ist hier nicht möglich)

Wegepauschalen

Die Hausbesuchsbezogene Wegepauschale pro Hausbesuch beträgt:

=>	für Hausbesuche nur mit SGB XI-Leistungen	3,69
=>	für Hausbesuche mit SGB V- und SGB XI-Leistungen	2,08

Zuschläge für Einsätze in der Nacht

Wird auf Wunsch des Versicherten eine Leistung in der Zeit zwischen 20:00 und 06:00 Uhr erbracht, wird pro Hausbesuch ein Zuschlag von 2,34 € verrechnet.

Zuschläge für Einsätze an Sonn- und Feiertagen

Wird auf Wunsch des Versicherten eine Leistung an Sonn- und Feiertagen erbracht, wird pro Hausbesuch ein Zuschlag von 2,41 € verrechnet. Dies gilt auch für Heiligabend und Silvester.

Mehraufwand für den notwendigen Einsatz einer zweiten Pflegeperson

Der Einsatz einer zweiten Pflegekraft ist zusätzlich mit der Hälfte des Preises der er-brachten Leistungspakete zu vergüten.

Anmerkung:

Voraussetzung für die Abrechnung dieser Position ist, dass die Erforderlichkeit des Einsatzes einer zweiten Pflegeperson aus einem Gutachten des MDK hervorgeht. Darüberhinaus muss festgestellt sein, dass der Einsatz einer zweiten Pflegeperson nicht durch die Verwendung geeigneter Hilfsmittel vermieden werden kann. Sofern die zu pflegende Person den möglichen Einsatz von geeigneten Hilfsmitteln verweigert, ist dies in der Pflegedokumentation festzuhalten. In diesen Fällen ist der Pflegedienst berechtigt, diese Position gegenüber der zu pflegenden Person abzurechnen.

Einsatz von hauswirtschaftlichen Fachkräften in der Grundpflege

Soweit hauswirtschaftliche Fachkräfte bei den Leistungspaketen 1 - 3 und 5 - 9 eingesetzt werden, gilt für die Preisberechnung der Preis für ergänzende

Hilfen des jeweiligen Leistungspaketes zzgl. einem Zuschlag von 25 %. Die Preise für diese Leistungspakete betragen dann:

Leistungspaket 1:	22,08 €	Leistungspaket 5:	9,80 €
Leistungspaket 2:	14,76 €	Leistungspaket 6:	4,89 €
Leistungspaket 3:	7,96 €	Leistungspaket 7:	4,89 €
		Leistungspaket 8:	4,89 €
		Leistungspaket 9:	17,18 €

Einsatz von Pflegefachkräften im Bereich der Hauswirtschaftlichen Versorgung. Soweit Pflegefachkräfte bei den Leistungspaketen 12, 14 bis 18 eingesetzt werden, kann der Preis für die Fachkraft des jeweiligen Leistungspaketes abgerechnet werden.

Anlage 2a
zur Gebührenordnung des Krankenpflegevereins XXX - Sozialstation- vom 27. Juni 1995, gültig ab 01.12.2011, zuletzt geändert ab 01.04.2015

1. Betreuungsleistungen nach § 45b SGB XI und Selbstzahler je Hausbesuch pro angefangene ¼ Stunde

Preis für Pflegefachkraft und hauswirtschaftliche Fachkraft	7,56 €
Preis für ergänzende Hilfe	5,90 €

2. Demenzgruppen des Krankenpflegevereins nach § 45b SGB XI
Je Teilnahme an einem Gruppennachmittag oder -vormittag

(3 Stunden Betreuungszeit):	30,00 €
Unkostenbeitrag für das Mittagessen in der Demenzgruppe	5,00 €
Unkostenbeitrag für Begleitung der Teilnehmer mit PKW	
von/nach zu Hause zur/von der Demenzgruppe je Fahrt	3,00 €

3. Notfalleinsätze
Für einen Einsatz über die Rufbereitschaft, der über die vertraglich vereinbarten Module hinaus erforderlich oder gewünscht wird, werden pro angefangene Stunde 45,00 € zzgl. Wegepauschale berechnet.

4. Zeitmodul Pflege   je Hausbesuch

Zusätzlich als Selbstzahlerleistung, bis zu 15 Minuten	6,00 €
auch in Zusammenhang mit mehr als 15 bis 30 Minuten	12,00 €

Pflegesachleistungen nach § 36 SGB XI
mehr als 30 bis 45 Minuten   18,00
mehr als 45 bis 60 Minuten   24,00 €
zeitliche Staffelung nach 15 Min.

5. Fahrtkostenpauschale
Für die oben genannten Leistungen (1., 2. 4. und 5.)
wird eine Anfahrtspauschale von 3,69 € je Hausbesuch erhoben.

6. OK-Besuche inklusive Fahrtkostenpauschale
Kosten pro Einsatz für 5 Minuten 4,00 €
Kosten für jede weitere Minute 0,75 €

Anhand dieses Leistungskatalogs kann sich jeder ausrechnen, was Familien-
und Pflegearbeit kostet. Machen Sie doch mal selbst ein Rechenbeispiel!

1. Grundpflege pro Tag: ....
2. Hauswirtschaftliche Versorgung: ....
3. Betreuungskosten x Stunden am Tag: ....
4. Fahrtkosten: ....
5. Sonn- und Feiertagszuschlag: ....
6. Notfalleinsätze: ....
7. Nachtzuschlag: ....
8. Bereitschaftsdienste: ....

II: Visionen

Gedicht: Der Sturm des Fortschritts

Ein Sturm tobt durch den Winter
fegt hinweg immer mehr Kinder
In Deutschland ist es kalt und kahl
wo standen Bäume einst, nur Stahl.

Der Sturm tobt durch die Herzen,
verursacht Krämpfe, Übelkeit und Schmerzen,
in Deutschland zählt nur noch Karriere,
wo einst Mütter sorgten, nur noch Leere.

Der Sturm fällt Baum und Mann um Mann,
Deutschland vermisst der Denker Stamm.
Wo einst Kinder lernten, lärmten,
Gähnende Stille, gelähmt der Wille.

Der Sturm des Fortschritts, Revolution,
fegt hinweg Maß, Wert: Spott, Hohn.
In Deutschland einst Fabriken glühten,
verwaist, verarmt, verwelkt die Blüten.

Im Sog des Wachstums aufgeplatzt
die eitlen Phrasen, in Stress und Hatz.
In Deutschland einst die Dichter saßen,
gemütlich schwatzten, Braten aßen.

Im online- Sturm verwehen Bücher, Gedanken.
Es twittert, chattet, faced ohn' Scham und Schranken.
O Fortschritt, Freiheit, Emanzipation,
verarmt der Geist, verroht die Evolution.
Wie wird das enden, in Jahrzehnten,
Dummheit regiert, der Pöpel denkt,
die Welt ist doch für alle da,
mach ich mich breit und trallalla.

Die schönsten Häuser sind verfallen, Alleen, Kirchen, Ruhmeshallen.
Wozu das alles, es muss was gehen.Love Parades, ganz schrill und schräg.
Auf den Straßen Schläger, Homos, Auf allen Kanälen nur noch Pornos,
Schulen, Unis gibt's nicht mehr,wir saufen uns ins Grab, Homer.

Aus: Petra Levator, AlltagsHELDEN

Brief einer Mutter aus dem Jenseits (Satire)

Fiktion, inspiriert durch den Besteller-Roman Axolotl Roadkill (2010) der jungen Autorin Helene Hegemann. Übereinstimmungen mit lebenden Personen sind rein zufällig. Die Botschaft ist echt, die Mutter tatsächlich tot.

20. September 2013

Lena, Baby, mein liebes Mädchen,

dies ist ein Experiment. Ein Versuch, nach über 5 Jahren mit dir in Kontakt zu kommen. Ich sitze hier fest und komme nicht mehr raus. Ich will es auch nicht. Du fehlst mir. Die Wahrheit und Echtheit meiner Botschaft erkennen nur wir beide. Du und ich, deine Mutter. Glaub mir, Baby, ich büße für alles, ich bedaure so viel, ich kann nicht mehr zurück. Da oben, wo du lebst und leidest, das ist schlimmer als hier bei mir. Das ist die Hölle. Ich habe dich allein gelassen, vernachlässigt, verlassen. Die Hölle, das war ich für dich. Das war dein Vater für mich. Das waren wir beide für uns, für die anderen. Die Hölle.
Das habe ich bei Sartre gelesen, es ist wahr und du weißt es, Lena. Die Hölle, das sind die anderen. Eine geschlossene Gesellschaft in Gucci-Kleidchen und dunklem Anzug beim Italiener, Tagliatelle in Pilz-Sahne-Soße drehend, Bardolino schlürfend, ihren Geschlechtstrieb kaum unter Kontrolle haltend, falls sie überhaupt noch einen haben. Diese Extreme. Eltern, die keine Zeit für ihre Kinder haben. Die Kinder, die vergeblich auf ihre Eltern warten. Diese alten, gierigen Kerle, die sich junge Menschen krallen. Widerlich. Ich könnte koxxxx. Ich darf keine Schmutzwörter benutzen hier, sonst muss ich pro Fäkalwort eine Seite aus dem Wörterfix in Steintafeln kratzen.

Das würde dir auch nicht schaden, Lena, schämst du dich eigentlich nicht? Wie drückst du dich denn aus? Welche Schule besuchst du denn, wenn du nicht gerade wieder schwänzt? Ich habe dich allein gelassen und mit anderen Männern abgefeiert. Du musst es irgendwann mal mitgekriegt haben, du warst noch ganz klein, so um die drei Jahre alt. Damals war ich noch jung und knackig und hatte meinen eigenen Geschlechtstrieb nicht unter Kontrolle. Ich war so einsam und so leer. Diane aus Kamerun, unsere schwarze Au-Pair-Perle sang dich jeden Abend in den Schlaf mit irgend so einem albernen Hühnerlied, dem Hühnchen auf dem Dach, das um den Gockel tanzen muss. Une poule est sur le toit, maman et le coq, il danse oder so ähnlich, du weißt ja wie schlecht mein Französisch immer war. Du hattest

179

sie so geliebt, diese dralle Schwarze und ihre Lieder, sodass ich sie vorzeitig kündigte, rasend vor Eifersucht. Nur mich solltest du lieben, nur mich. Da mich ja sonst niemand liebte.

Du hast mir das sehr übel genommen, diese Trennung von deinem ersten Kindermädchen. Du hast es mir später heimgezahlt mit deinen Wutausbrüchen, deinem Gekreische und Geheule, sodass ich schier wahnsinnig wurde vor Ärger. Wir haben es uns nicht leicht gemacht und niemand hat es uns leicht gemacht. Ringsherum nur Egozentriker mit ihrem wichtigen Getue, mit ihrer Scheißkarriere, ihrem Geld, ihren tollen Autos und Partys. Da war kein Platz für uns, eine junge, überforderte Mutter und ihr aufsässiges Kleinkind. Nein. Um dazuzugehören musste man mitfeiern, mitmachen, mittrinken. Nicht Gutenachtgeschichten erzählen oder Breichen kochen. Nicht Stinkewindeln wechseln oder den Boden mal wieder aufwischen. Das war nur was für die saublöden Hausfrauchen, für Omas oder Kindermädchen. Das wollte ich mir mit meiner tollen Schauspielbegabung nicht antun. Nicht einmal für dich, mein verlorener Schatz. Heute würde ich das alles für dich tun, wenn ich könnte, wenn man mich hier rauslassen würde, was man wohl Fegefeuer nennt, so eine Art Reinigungsstation. Aber es ist zu spät. Viel zu spät.

Du bist erwachsen und ich bin tot. Abgesoffen. Abgebrannt. Du weinst immer noch um mich. Es bricht mir das Herz. Das ist die Strafe. Dies von hier unten aus mit ansehen zu müssen und dir nicht helfen können. Dich nicht in die Arme nehmen können. Dich nicht trösten können. Das ist die Strafe, der Schmerz, der Stachel in meinem Fleisch, in meiner Seele. Jetzt, wo du berühmt bist, kümmert sich dein Vater wieder um dich und spielt den Beschützer, den Helden, den Erzeuger. Dieser Versager. Hätte er sich beizeiten um uns gekümmert. Hätte er uns seine Liebe gezeigt, seinen Stolz. Hätte er uns nicht Geld, sondern Zeit geschenkt, ich hätte seine Kohle nicht in Schampus und Klamotten gesteckt, nicht in Designermöbel und teure Frisörbesuche, nicht in Festgelage und feine Diners. Wir hätten Spaghetti Bolognese gekocht und Wasser getrunken, vielleicht ein Glas Rotwein und dann hätten wir dich in den Schlaf gewiegt und wären ins gleiche Bett gestiegen. Wir hätten zusammen Urlaub gemacht und gemeinsam den Alltag organisiert. Wir wären so glücklich gewesen, Lena-Baby.

So glücklich. Ich liebe dich. Verzeih mir. Mach es besser, du schaffst das. Ich helfe dir dabei. Melde dich. Dies ist ein Experiment. Eine wichtige Botschaft.

Deine Mum
Perpetua Purgatoria

P.S. Gerade lese ich, dass du nachgelegt hast, ein neuer Roman ist erschienen. Jetzt, wo du endlich mit 21 Jahren erwachsen sein solltest, nervst du immer noch. Wird das je ein Ende haben? Schon wieder so eine abgefahrene Sex-&-Drugs-&-Rock'n'Roll-Geschichte? Lernst du denn nichts dazu? Was sind denn das für kaputte Leben, die du immer wieder beschreibst? Hör auf mich, Kleines, pack' deine Sachen und zieh' ins Kloster. Lerne zu schweigen, lerne aufrichtig zu lieben, lerne das Schöne zu sehen, lerne bescheiden und damit glücklicher zu leben.

Schulfeindinnen oder „Das Ende von BMP 08071954"
(eine bitterböse Satire)

In dieser rein fiktiven Begegnung trifft die brünette Autorin dieses Buches auf die blonde Bascha Mika. Zwei völlig gegensätzliche Frauentypen gleichen Alters mit völlig verschiedenen Lebensentwürfen und Lebenserfahrungen im Streitgespräch.

Treffen sich zwei Schulfeindinnen bei Dallmayr. Die kleine Blonde mit Kurzhaarschnitt: „Na, auch in München? Lange nicht gesehen. Gönnen wir uns ein Gläschen?"
Sie fragte nicht: „Wie geht es dir? Oder, wie geht es deiner Familie?"
Nein. Sie bohrte gleich weiter. „Was machst du beruflich?"
Da zückte die große Brünette ihr Portemonnaie und legte strahlend drei Fotos auf den Tisch: „Meine Kinder, mein Doktor, der Sitz meines Aufsichtsrats. Ich manage mit Stil ein kleines akademisches Unternehmen. Oder was willst du hören? Dass ich eine von diesen kleinen feigen Kneiferinnen bin?".
Die Blonde schaute irritiert. Was meint diese ewige Klassensprecherin? Was will sie mit diesen spießigen Fotos? Zwei Kinder, ein Mann mit Hund, ein Haus mit Garten und integriertem Tanzstudio?
„Und, was macht die Gesundheit? Der Beruf? Hast du nicht auch Medizin studiert?", fragte die mit den gebleichten Haaren spitz.
„Es war ganz schön anstrengend. Ich trug lange schwer, zu schwer an meinem Doppelpäckchen. Das ist wahr. Aber jetzt, nach meinem Ausstieg, geht es mir richtig gut. Ich weiß das Wesentliche zu schätzen. Meine Familie. Das Leben lieben und genießen. Ich pfeife auf die Karriere."
„Oh, natürlich. Es ist doch immer dasselbe. Ich bin übrigens auf Lesung hier. Ein Buch über Frauen wie dich. So klug und auf Freiheit und Gleichheit verzichten. Auf Augenhöhe mit deinem Doktor? Nimmt der dich überhaupt ernst? Du solltest Dich schämen."
„Und, was macht dein Osteoporose Büchlein?", scherzte die geschmähte Familienfrau.
„Wie bitte? Ein Bestseller!"
„Verzeihung, ein Freud'scher Versprecher. Ich dachte gerade ... Jetzt mal ganz im Ernst. Eine Runde Pilates pro Tag würde dir nicht schaden. Du sitzt, schreibst und talkst zu viel. Man sieht es dir an. Schlechte Haltung. Keinerlei Körperspannung. Komm doch mal in

mein Studio "Tanz und Fitness für Frauen" fügte die dunkelhaarige Tänzerin hinzu.

„Keine Zeit für diesen Quatsch. Ich gehöre schließlich zum arbeitenden Teil der Bevölkerung" antwortete die kleine Bestsellerautorin und sank noch krummer und tiefer in die eleganten Lederkissen.

Die Andere, so ganz andere, erwiderte kühl: „Ich gehe jetzt. Das Unternehmen ruft." Sie trank ihren Milchkaffe aus, steckte die Fotos zurück, schlüpfte in ihre Sportjacke. „Hier zwanzig Euro auf meine Rechnung. Ciao. Man sieht sich oder auch nicht."

Die erfolgreiche Autorin und Moderatorin eines privaten Fernsehsenders, die noch nie einen Kreißsaal von innen gesehen hatte, wurde plötzlich von lang verdrängten Gefühlen überrascht. Sie schaute ihrer Schulfeindin nach, diesen langen Beinen, diesem aufrechten, dynamischen Gang. Sie schnäuzte sich heftig, setzte rasch ihre Sonnenbrille auf. Die Gläser schwarz und wuchtig. Der Prosecco schal und bitter.

Die Schlagzeile vom 09.02.2041 in der berliner taz:

Ein schreckliches Ende fand gestern eine 87-jährige Seniorin der exklusiven Pflegeresidenz: „LUX LUCET IN TENEBRIS" in Berlin-Charlottenburg. Die seit einem Schlaganfall gelähmte, sprech- und schluckunfähige einstige Chefmoderatorin eines großen deutschen Privatsenders ertrank beim Hygienebad in ihrem eigenen Schmutzwasser. Die türkische Direktorin Hasret Yücel hat nur eine Erklärung: Die der deutschen Schriftzeichen nicht kundige Praktikantin Lin Chin stellte versehentlich die Wassertiefe sowie die Verweildauer der völlig verkoteten und hilflosen Insassin im täglichen Hygienebad falsch ein. Die vollautomatische Wasch- und Trockenanlage der *Marke Phillips Medizinische Hygienegeräte GERICLEAN* funktioniere einwandfrei. Der sofort herbeigerufene technische geriatrische Hilfsdienst überprüfte die gesamte Waschanlage auf eventuelle Defekte. Auch der polizeiliche Aufsichtsdienst geht von einem menschlichen Versagen, sprich Bedienungsfehler aus. Für die völlig hilflose Seniorin kam laut ärztlichem Bulletin jede Hilfe zu spät.

„Unser gepflegtes Haus ist übervoll. Schon seit langem finden wir keine deutschen Fachkräfte mehr auf dem Arbeitsmarkt. Wir sind auf junges Personal aus dem nichteuropäischen Ausland angewiesen. Die europäischen Länder inklusive des Ostblocks sind völlig leergefegt und leiden selbst an dramatischem Fachpersonalmangel. Die Bevölkerung wird immer älter, es gibt kaum noch belastbaren, fähigen und einsatzwilligen Nachwuchs. Wir rekrutieren inzwischen aus den arabischen Ländern, sehr stark aus China und Indien. Wir investieren im Ausgleich massiv in luxuriöse Ausstattung, in Vollautomatisierung und Videoüberwachung.

Jedes Zimmer, jede Station, jeder Aufenthaltsraum wird rund um die Uhr per Kamera überwacht. Zahlreiche Monitore erlauben uns jederzeit jeden Besucher, jede Bewegung, jeden Kontakt zu erkennen. In unserem Hause gibt es den totalen Einblick und Überblick. Die Dokumentation ist allumfassend und präzise auf die Sekunde. Hochsensible Geräte melden sofort Gerüche aller Art und aller Ausscheidungen, die eine gewisse Konzentration übersteigen, an die Zentrale weiter. Dann wird innerhalb einer Stunde, je nach Verfügbarkeit unserer Waschstraße, eine vollautomatisierte Waschung in Gang gesetzt. Unsere Pflegeroboter sind auf dem neuesten technischen Stand. Sie sprechen sogar mit den uns anvertrauten Menschen. Mehr können wir nicht tun. Das ist ein tragischer Unfall. Wir werden der Verstorbenen selbstverständlich ein würdevolles Begräbnis in unserem Park gestalten. Die Namen unserer Insassen sind bereits in Granitstelen eingraviert, es fehlt nur noch das Sterbedatum, dann können eventuelle Angehörige dort ihrer Trauer Ausdruck geben." So die sehr gefasst wirkende Direktorin im Gespräch mit unserer Zeitung.

Als sich Lin Chin die Latexhandschuhe abstreifte und mit dem weißlichen Gleitpulver auch den Ekel von ihren kleinen Händen wusch, war es für sie wie eine Befreiung, eine Erlösung. Die sofortige Kündigung ertrug sie mit Gelassenheit. Vertraglich waren ihr die Finanzierung des Rückflugs und eine hohe Abfindung, die aus den Nachlässen der im Heim Verstorbenen stammt, zugesichert. Das würde reichen für ein kleines Haus aus Steinen, einen Holzherd, eine Scheune auf Pfählen, Saatgut, einige Kühe, Büffel und Hühner. Ihre Hoffnungen und Erwartungen hatten sich in Westeuropa nicht erfüllt. Sie sehnte sich nach ihrer Heimat, einer abgelegenen Provinz im Osten Chinas. Sie sehnte sich nach der Ärmlichkeit ihres Dorfes, der Nähe ihrer Familie, der Ursprünglichkeit der ihr vertrauten Natur und Kultur. Auf einer Filiale der Deutschen Bank hob sie all ihre Ersparnisse ab und löste den Voucher der Pflegeeinrichtung LUX LUCET auf einen Rückflug nach Peking der Chinese Asia Airline ein. Ein Flug kostete inzwischen 2.835 € einfach. Egal. So egal. Nie mehr würde sie fliegen. Nie mehr würde sie einen Fuß in ein europäisches Land setzen, deren Kälte sie erschreckt, deren materieller Reichtum sie erstickt, deren emotionale Armut ohnegleichen ist. Nie mehr. Als Lin Chin spät nachts im Flugzeug erschöpft die Augen schloss, träumte sie von grünen Reisterrassen, von ihrem treuen Verlobten, der auf sie wartete, von lärmenden glücklichen Kindern, die es kaum mehr in den großen Städten, aber hier auf dem Lande noch gab. Sie roch das modrige Wasser, die Ausdünstungen der trägen Wasserbüffel, die ihr aromatischer vorkamen als der aseptische Gestank dieses gerade verlassenen Pflegeheims. Diese glänzende Fassade, diese großzügige Empfangshalle, die einer Kunstausstellung glich, die Marmorsteinböden, der englische Garten. Diese scheinschönen Bilder, die sie für immer aus ihrem Bewusstsein verdrängen würde. Sie freute sich auf die herzliche Umarmung der von der Landarbeit gebeugten Eltern, sie fühlte bereits die raue runzelige Haut ihrer alten Großeltern, sie lächelte im Schlaf über das zahnlose Grinsen der hungrigen, aber schluck- und genussfähigen Münder, das Leuchten ihrer fast blinden Augen. Sie kehrt zurück. Endlich zurück! Dort will sie sein und bleiben bis das Ende ihrer aller Tage, bis in den sanften Tod.

Und endlich verstand sie auch die Bedeutung der lateinischen Worte, die sie am Flughafen auf einem Werbebanner in chinesischen Schriftzeichen gelesen hatte. LUX LUCET IN TENEBRIS. Das Licht leuchte in der Dunkelheit. Es leuchte diesen emotionslosen alten Europäern ein Licht. Ein Licht von innen. Ein kleines, aber wärmendes Licht.

Am 9.2. 2041 las die ehemalige Tanzpädagogin beim Frühstück in ihrem blühenden Wintergarten eine Todesanzeige und einen seltsam anmutenden Nachruf. Sie begriff sehr schnell, dass es sich nur um die Eine handeln könne, ihre alte Schulfeindin. Sie griff zum Telefon, ließ sich von der Auskunft die Nummer des Pflegeheim geben und verbinden, um sich zu vergewissern. Gleich danach buchte sie für sich, ihre Söhne und Schwiegertöchter sowie für ihre bereits erwachsenen Enkelkinder, für alle die Familienmitglieder, die Zeit und Lust hatten, sie zu begleiten eine große Ferienwohnung in

Berlin-Friedrichshain, nahe des alten Friedhofs. Schon ewig hatte sie ihnen, nach vielen anderen, schon weit zurückliegenden, eine vielleicht letzte gemeinsame Reise versprochen. Jetzt war es soweit. Ihre Nachkommen sollten ihre ganz eigenen Wünschen und Vorbereitungen nach ihrem Tode kennen lernen und sie zu dieser bevorstehenden Bestattung ihrer ehemaligen Schulkameradin begleiten.

Im Gegensatz zu ihrer eigenen Beerdigung, die sie bereits genau geplant hatte, würde die Trauerfeier ihrer radikal gottlosen Schulfeindin sicherlich ohne geistlichen Beistand erfolgen. Keine Gebete, kein Nachruf, vielleicht ein profanes Lied. Statt Orgelmusik reichlich KlickKlickKlick der Paparazzi. Eine Meute Presseleute und Kameras an einer Stele aus Granit. Vielleicht ein paar einsame Altfeministinnen im Öko-Look. Keine Angehörigen, keine Tränen, keine Gefühle. Ein Abschied ohne Emotionen. Teure Blumen, ein üppiges Buffet. Und wieder Prosecco- Trösterchen. Eine prominente Kämpferin für die Freiheit der Frauen würde für immer ihre Ruhe finden. Ihr Körper verbrannt, ihre Asche entsorgt, ihre Schriften verblasst, ihr Nachlass gespendet, ihr Name nur noch eine Zeile, gemeißelt in Granit.

Sie aber würde nicht einfach so verlöschen und vergessen. Sie würde in ihren Kindern und Enkelkindern und auch darüber hinaus weiterleben. Sie würde ihre letzte Ruhe finden in einem Grab aus Erde, bewachsen mit englischen, duftenden Rosenbüschen. Ein Grabstein aus rotem Buntsandstein, darin das Relief einer Tänzerin eingraviert. Tränen der Liebe würden die Erde düngen, das *Vater Unser* gebetet, das *Stabat Mater in dolores* aus Verdis Requiem würde erklingen. Auf einer Plakette aus Bronze würde geschrieben sein:

Unserer lieben Mutter und Großmutter sei Dank für all die Liebe und Fürsorge. Ihre Liebe bleibt und tanzt in uns in Ewigkeit.

Erleichtert schloss die in Schönheit und Würde gealterte Münchener Dame die Zeitung. Auch ihr Ende nahte. Sie spürte es mit einer gewissen Erleichterung, einem Gefühl der Vorfreude und Spannung. Sie würde auf eine letzte Reise aufbrechen, begleitet von jahrzehntelang vertrauten und geliebten Menschen. Sie hat ihr Leben gelebt und geliebt. Sie hat es weiter gegeben. Jetzt will, jetzt kann sie loslassen. Es ist an der Zeit.

Die Fabel vom kleinen Nilpferd und der Antilope

Im Jahre 2068 beschloss der liebe Gott, den verheerenden Kriegen, den endlosen Flüchtlingsströmen und barbarischen Fanatikern überall auf der Welt Einhalt zu gebieten. Da sich die Menschen seinem Einfluss weitgehend entzogen hatten, sich selbst seine Bischöfe schamlos und skrupellos aufführten, sich am Reichtum der Kirche bedienten, sie betrogen und ausbeuteten, sich die Menschen immer häufiger homosexuell orientierten und sich künstlich befruchten ließen, in ihrer sexuellen Frustration wehrlose Kinder und Frauen schändeten, verlor er die Lust an ihnen. Sie widerten ihn an. Er widmete er sich daher dem Tierreich, um wenigsten die schönsten, kräftigsten, mutigsten und widerstandsfähigsten Exemplare in ihrer Vielfalt zu retten und versuchte, durch ein Experiment gewisse Verhaltensweisen zu verstehen. Die Verschiebung der Klimagürtel hatten weite Teile der Erde versengt, überschwemmt, ausgelaugt und damit unfruchtbar und unbewohnbar gemacht. Für immer mehr Menschen und Tiere gab es immer weniger Platz.

Der tödliche Kampf um die letzten Ressourcen war bereits voll im Gange. Während die einen um ihre nackte Existenz kämpften, versuchten die Bürger der Ersten Welt ihren Wohlstand und ihren Glauben gegen die starken Flüchtlingsströme, insbesondere vom afrikanischen Kontinent nach Europa, zu verteidigen. Der Traum einer friedlich zusammenlebenden multikulturellen Gesellschaft war geplatzt. Jetzt kämpften nicht mehr Schwarze gegen Weiße, Islamisten gegen die Ungläubigen, sprich Christen, nicht mehr Rote gegen Gelbe, jetzt töteten sich selbst die Bewohner des gleichen Landes, der gleichen Sprache, der gleichen Religion.

Junge Randalierer mordeten auf den Straßen, in Bussen und Bahnen. Sie erschlugen ihre Mütter und Schwestern, die Väter rächten sich an ihren Brüdern und Söhnen. Sie stritten sich um ihre Häuser und ihre Wohnungen, um Grund und Boden, um den Zugang zu Wasser und um Holz in den Wäldern, um ihren letzten Besitz.

Die Fabriken standen schon lange still und was produziert werden musste, wurde mechanisch angetrieben und von Hand bearbeitet. Öl und Benzin waren unermesslich teuer, die Strommasten und Windräder schon längst von furchtbaren Stürmen und Orkanen geknickt, Solarzellen nicht mehr herstellbar, da es an Rohstoffen fehlte. Ebenso fehlte es an Getreide für Teig und Brot, es wurden wieder Kartoffeln angebaut und Rüben, Mangold und Zwiebeln. Glück für die Menschen in ländlichen Gebieten, Pech für die Großstädter, wo die Armen wie vor Jahrhunderten in Schmutz und bitterer Not lebten und die Reichen sich in ihren Villen verbarrikadierten und von den Früchten ihrer Gärten und Beete lebten, eigene Brunnen bohrten, mit Reisig und Holz befeuerte Backhäuser betrieben. In den ehemaligen Garagen standen Kühe und Schafe, in den Vorgärten tummelten sich Hühner und Gänse. Nur mit Hilfe von Leib- und Hofwächtern hielten sie sich den hungrigen Pöbel vom Leib. Mit Mühe versorgten sich selbst mit dem Nötigsten. Nur wenige waren bereit zu teilen. Der liebe Gott war von diesem Treiben auf seiner geliebten Erde so deprimiert, dass er die Augen für einen Moment schloss und nachsann, ob er die Menschen ihrem apokalyptisches Schicksal überlassen oder sie retten wolle.

Sein Augenmerk galt nun der aussterbenden und ebenfalls auf das Höchste bedrohten Tierwelt. Er liebte besonders die weiten Savannen Afrikas, die nur noch an den versiegenden Flussläufen besiedelt waren. Die Konkurrenz um Wasser, Nahrung, Behausung war enorm. In Ballungsräumen zu überleben war schier unmöglich. Seuchen, Hunger, Durst raffte die Bevölkerung dahin.
Da sich die Menschen aus Ekel vor der Sexualität nicht mehr paarten, die künstliche Befruchtung aber zu aufwändig, zu teuer und zudem immer häufiger erfolglos blieb, starben sie nach und nach aus. Gott trauerte ihnen nicht nach, aber er dachte darüber nach und brütete über seinem Experiment. Die Rasse der Fluss oder Nilpferde, Hippopotamus amphibius, bewohnte früher fast ganz Afrika. Heute aber ist es aus dem Gebiet nördlich des Sudans und aus dem Kapland völlig verschwunden und wäre wohl ausgestorben, wenn Gott nicht beschlossen hätte, es wieder in einem der letzten Reservate anzusiedeln, wo es noch reiche Vegetation gab und natürliche Bedingungen herrschten. Er wählte auch eine Herde weiblicher Zebras aus, diese mit schwarz oder rotbraunen Streifen auf hellem Grund gezeichneten Vorgänger des europäischen Pferdes, die dort leicht die großen Mengen Nahrung vorfanden, die sie benötigten. Junge Zebrastuten empfingen ein Junges, ohne sich mit einem Hengst gepaart zu haben. Erst nach und nach wurden sie sich ihres Zustands bewusst und warfen nacheinander seltsame und immer weibliche Junge.

Regina war die Königin der Herde. Stolz, unnahbar, geradezu hochmütig, mit einem brillanten Instinkt ausgestattet, wachte sie über ihre Artgenossen. Ihr Rat wurde von allen geschätzt und gefragt, denn ihr Scharfsinn, ihre sicheren Prognosen und ihre Führungsstellung machten sie unersetzlich. Sie erschnupperte alle drohenden Unwetter und Gefahren, bevor irgendein anderer sie auch nur ahnte. Sie führte die Herde zu sicheren Verstecken, versickerten Flussläufen und Feldern von Heilkräutern. Verletzte sich ein Tier, holte sie sofort ein Bündel Gräser, reinigte und pflegte die Wunden, führte den Patienten an eine saubere Wasserstelle und organisierte eine Wache.

So wählte Gott Regina aus, ein besonderes Junges mit seinem Geist auszutragen und zu gebären, denn nur die wertvollsten Nachkommen jeder Rasse würden seinen Plan erfüllen können. Ein noch nie da gewesenes Experiment aus Mischung und Aufzucht der Rassen bahnte sich an. Als Regina nach wilden Krämpfen und Schmerzen, unter enormer Anstrengungen ihr Junges gebar - denn sie sollte an eigenem Leibe erleben und spüren, was Muttertiere erleiden und leisten – war sie völlig überrascht von der Anmut seiner Gestalt, dem goldenen, seidigen Flaum seines Fells und des tiefen Grüns seiner Augen. Sie nannte es Graziella, denn es war eine Antilope weiblichen Geschlechts. Als zweite Zebrastute gebar Cordula ihr Junges. Unter unsäglichen Qualen brachte sie ein dickes, faltiges, krebsrotes Wesen zur Welt, über dessen Hässlichkeit alle entsetzt waren. Die Mutterstute nahm es aber zum Erstaunen aller sofort an, fand es schön wie ein Engelchen und umsorgte es Tag und Nacht mit aufopfernder Liebe. Weil es einem Nilpferd so ähnlich sah, nannte sie es Hippopotama amphibia, kurz Hippa.

Da Graziella und Hippa die beiden ersten Jungen in Gottes Plan waren, waren sie auch die ersten Spielkameraden. Nach wenigen Tagen begannen ihre Streifzüge durch die Steppe. Regina nahm wieder ihren Wachposten auf der höchsten Erhebung des göttlichen Reservats ein und beobachtete aus der Ferne ihr neugeborenes kleines Geschöpf, das so pfeilschnell umher tollte, neugierig die Nüstern in die Lüfte hob und nach Gerüchen im Wind schnupperte, das ganz selbständig zu seiner Mutter stieß, wenn es Hunger oder Durst fühlte, sie zärtlich ans Euter stupste und gierig trank. Ein unsichtbares Band einte die beiden, es bedurfte nur ihrer Anwesenheit, der Sicherheit, dass sie, Regina, da war auf ihrem

Posten. Später zeigte sie ihrer Tochter die besten Standorte von Futter- und Heilkräutern. Sie lehrte sie das Aufspüren von unterirdischen Wasserstellen, die in einen kleinen Canyon mündeten, wo es auch Schatten gab und Suhlmöglichkeiten für Hippa.

Das Glück wäre vollkommen gewesen, wenn sich nicht ein männliches Nachwuchstier dazu gesellt hätte. Leon, ein kleiner Löwe, der von seiner Mutter verstoßen wurde, weil er ihr zu artfremd vorkam und gegen die Regeln des Experiments männlichen Geschlechts war. Sie trat und schlug nach ihm, verweigerte ihm Nahrung und Zuwendung. So wurde aus Leon ein misstrauisches, ängstliches Jungtier, das alleine auf Streifzüge ging, um seinen Hunger und Durst zu stillen. Er griff jedes Lebewesen an, das ihm begegnete, jagte und biss alle, die sich ihm entgegenzustellen wagten. Er zögerte nicht zu töten, wenn sein Hunger zu grausam war. Erstaunlicherweise ließ Gott das zu und seine Taten blieben ungestraft. Regina erkannte die Gefahr für die beiden weiblichen Jungtiere, insbesondere für die langsame Hippa und beschloss einzuschreiten.
Sie unterschätzte aber die Aggressivität des enttäuschten Muttertieres, die den kleinen Löwen zwar nicht annahm, ihn jedoch vor der Verfolgung anderer schützte, denn im Grunde empfand sie Genugtuung. Wenn sie selbst schon keine Muttergefühle hegte, sollten auch andere darauf verzichten. Ihr ganzes Bestreben galt, Regina auszuschalten, um sich selbst an die Spitze des Regimes aus Alphastuten zu setzen. Sie wollte alle von den lästigen Mutterpflichten befreien und sich die Erde untertan machen. Sie wollte ein freies, ewiges Leben in Jugend und Schönheit im göttlichen Schlaraffenland führen.

Gott missfiel diese Entwicklung seiner Exzellenz-Initiative und er beobachtete das seltsame Treiben seiner geliebten weiblichen Tiere, die mangels vielfachen Nachwuchses und männlicher Führung, ohne den Schutz und das Vertrauen einer arteigenen Herde anfingen, untereinander Krieg zu führen. Er sah, wie sie sich stundenlang im Dreck suhlten, mit ihren Hufen Zeichen in den Sand kratzen, wie sie nicht mehr aßen, noch sich angemessen bewegten. Er erschrak über ihre emotionale Kälte und Absonderung von den Jungtieren, über ihr heftiges Kopfschlagen und Augenrollen, das selbst ihm langsam Angst machte. Er beschloss, sich mit der Königin der Herde zu beraten. Diese schlug vor, eine Weide jenseits des vorgesehenen Gebietes aufzusuchen, wo besonders eiweißreiches Gras wuchs, welches die Produktion wichtiger Botenstoffe im Gehirn anregte und insbesondere durch den langen Weg dorthin und wieder zurück durch den verstärkten Stoffwechsel die Blut-Hirn-Schranke überwinden und heilend auf das Verhalten der ihrer Natur entfremdeten Wesen einwirken würde.

Gesagt, getan. Regina galoppierte am gleichen Abend hinunter zum Fluss und trieb alle Tiere zusammen, unterstützt von ihrer inzwischen ausgewachsenen Tochter Graziella. Sie beauftragte das treue Muttertier Cordula mit der Aufsicht über alle Jungtiere und befahl allen weiteren jungen Muttertieren, bei ihren Neugeborenen zu bleiben. Den anderen Stuten biss sie in die Flanken oder schlug ihnen kurz auf den Kopf, wenn sie nicht aufhören wollten, sich im Staub und Sand zu suhlen, ihr Hinterteil am harten Fels zu reiben, bis es wund war und blutete. Um sie einzuschüchtern gab sie Leon die Aufgabe, alle weiblichen Exzellenztiere zu begleiten und sie zu den neuen Weidegründen zu führen. Diese freuten sich über die Abwechslung und galoppierten wie befreit auf dem *Gender Mainstream* dem vermeintlichen Paradies entgegen.

Gott und Regina beobachteten das ganze Spektakel mit großer Neugierde.

Wie entfesselt legten sich die Stuten ins Zeug, blähten ihre Nüstern und Lungen, sie wieherten lüstern und laut. Der Wind trug ihnen einen ganz neuen Geruch zu: erfolgversprechend, appetitlich, verführerisch. Pheromone. Je näher sie kamen, desto heftiger schlugen sie um sich, desto weniger duldeten sie eine andere an ihrer Seite. Immer höher die Geschwindigkeit ihres Galopps. Doch die ersten machten schon schlapp und verlangsamten die Gangart. Einzelne fielen plötzlich um. Weitere kamen ins Straucheln, legten sich erschöpft hin. Nur die ausdauerndsten und ehrgeizigsten Alphastuten, an der Spitze Intoleranzia, die Mutter des Löwen Leon, erreichten schließlich völlig ausgehungert das Ziel. Sofort fraßen sie sich satt und konnten erst aufhören, als die Müdigkeit sie überraschte und sie in einen tiefen Verdauungsschlaf fielen. Inzwischen trafen auch die weiteren Stuten ein, die sich zwischendurch eine Pause gegönnt, sich an einer Quelle gelabt, die ein paar Kräuter gekaut hatten. Zufrieden grasten und ruhten sie im neuen Terrain, achteten auf einen Sicherheitsabstand zu den schlafenden Artgenossinnen, stets auf der Hut vor deren Erwachen.

Intoleranzia wachte als erste auf, überblickte kurz die Lage, erhob sich wie von der Tarantel gestochen und stürzte sich sofort auf die neben ihr liegende Artgenossin, betäubte sie mit einem einzigen Schlag der Hinterhand auf den Schädel, sprang in wilden Sätzen auf die nächste und übernächste und alle weiteren. Es war ein einziges Getrampel und Gemetzel, denn manche überlebten die überraschende Attacke nicht. Die aufmerksamen, zuvor friedlich grasenden oder ruhenden Stuten flohen in Panik. Siegesgewiss erhob Intoleranzia ihren stolzen, schönen Kopf, ihre weißblonde Mähne wehte im Wind, ihr schlanker, muskulöser Körper bäumte sich auf. Sie roch etwas Unwiderstehliches: Wasser. Ihr Körper brauchte Wasser. In der Ferne ein Rauschen, ein Nebelvorhang kleinster Wassermoleküle. Ohne nachzudenken schlug sie die Richtung ein, eine Richtung außerhalb des vorgesehenen göttlichen Terrains. Immer näher kam sie dem vermeintlichen Quell allen Glücks.

Gott unternahm nichts. Er schaute nur zu, wechselte einen Blick mit Regina, die alles verstand. In kürzester Zeit erreichte die ehrgeizigste aller Exzellenzstuten ihr Ziel. Sie war nun allein. Tief unter ihr ein paradiesisch blau schimmernder See, vor ihr steile Abbruchkanten. Rechts und links tosende Wasserfälle, auf der anderen Seite grasten Herden männlicher Spezies. Sie wurde fast verrückt vor Durst, vor Sehnsucht, vor Verzweiflung. Pheromone. Männliche Lock- und Duftstoffe. Sie kalkulierte kühl. Hinüber oder hinunter zu springen wäre der Tod. Verdursten auch. Zurückgehen ins Reservat nach all den Morden und Opfern? Unmöglich. Auf einmal überkamen sie Zweifel und Reue. Sie nahm all ihren Mut zusammen, schüttelte noch einmal ihre prächtige Mähne und stürzte sich in einem mächtigen Satz in die Tiefe.

Mit einem Kopfnicken wies Gott Leon an, die übrig gebliebenen Stuten ins Reservat zurückzuführen. Er schickte Geier, die die Kadaver säubern und entfernen sollten. Sein Experiment war beendet. Noch in derselben Nacht befruchtete sein Geist alle empfängnisbereiten Jungtiere gleichmäßig mit X- und Y-Chromosomen. Leon verband sich zum Erstaunen und größter Freude der herzensguten Cordula mit Hippa und wurde ein angesehenes Leittier, Vater und Vorbild aller männlichen Nachkommen. Graziella entschied sich in Keuschheit und Reinheit zu leben und ihrer Mutter nachzustreben im Dienst und zum Wohl aller Tiere.

Da erkannte Gott, dass sein ursprünglicher Plan, Menschen und Tiere in Familien und Herden, in gleichwertigen, aber verschiedenartigen Rollen aufwachsen zu lassen, ein guter, ein nachhaltiger Plan war.

SOZIAL STAATS DÄMMERUNG

„Früher war die Zukunft auch besser" schrieb mir der Sozialrichter und Buchautor Jürgen Borchert am 20. Februar 2014 in sein gerade erschienenes Buch „*Sozial Staats Dämmerung*".*

Aus ureigenem Interesse und zweitens im Auftrag des Verbandes Familienarbeit e.V. besuchte ich die Veranstaltung mit Vortrag und Diskussion an der Katholischen Akademie in Freiburg in der Wintererstraße, nahe dem Stadtgarten. Hochkarätige Referenten, ein zahlreiches Publikum, viele junge Leute, Studierende der Theologie, Medizin oder Jura. Lehrkräfte und Professoren an Schulen und Universitäten, Familien mit ihren Teenager-Kindern hören den Rednern gebannt zu und beteiligen sich rege an den Diskussionsrunden. Es geht in allen Beiträgen um die himmelschreiende Ungerechtigkeit in der Besteuerung von Familien mit Kindern, der viel zu hohen Einzahlungen in die Sozialkassen und die beschämende Ausbeutung der Familien bezüglich der Altersversorgung: Ist Deutschland Weltmeister der sozialen Ungerechtigkeit? Bewirken ausgerechnet die „Solidarsysteme" Ungerechtigkeit und Not, anstatt davor zu schützen? Sind Kindergeld, Hartz IV und Rentenversicherung nichts als schöner Schein? Wo wir uns als Laien in Sicherheit wiegen, der Staat wird's schon richten, sieht der Sozialrechtsexperte Borchert Gefahr in Verzug.
Er vergleicht Deutschland mit einem Schiff, das nicht nur überladen, sondern auch noch durch und durch morsch und dazu falsch beladen ist. Zum Kentern verurteilt. Warum merken wir das nicht? Der renommierte langjährige Vorsitzende des Hessischen Landessozialgerichts und wissenschaftlicher Beirat bei Attac weiß warum. In seinem leidenschaftlichen Vortrag und seinem Buch versucht er die vielen Missstände aufzuklären, sie zu benennen, die Sozialgesetzgebung transparent zu machen, dass alle verstehen, was schief läuft im deutschen Staat. Er fordert von den Politikern klare Positionierung, Ehrlichkeit und Transparenz. Er fordert die Beachtung und Umsetzung der klaren Karlsruher Urteile. Gemeint sind hier so grundlegende Reformen wie das bereits von Prof. Herwig Birk in den Vorbemerkungen genannte Trümmerfrauenurteil vom 7.7.1992, aber auch das „Beitragskinderurteil" zur Pflegeversicherung vom 3.4.2001, der Beschluss zur Mehrwertsteuer sowie das „Hartz IV- Urteil vom 9.2.2010, die alle vom Verfassungsgericht bestätigt wurden. Es führt

hier zu weit, alle Urteile auszuführen und zu erläutern, dazu habe ich auch keinerlei Kompetenz. Die Transferausbeutung der Familien ist in Fachkreisen allerdings so offensichtlich, dass das Fass am Überlaufen ist. Mit der freundlichen Erlaubnis des Autors möchte ich hier nur ein Beispiel aus dem Buch von Jürgen Borchert zitieren und zwar zum Thema „Intragenerationelle Gleichbehandlung", ein Begriff, der vom Regensburger Staatsrechtslehrer Prof. Dr. Thorsten Kingreen geprägt wurde.

Auf den Seiten 52 ff. fordert er eine Vereinfachung der Besteuerung unter der Berücksichtigung der Existenzminima aller in einer Familie lebender Personen und nicht Almosen wie zum Beispiel das Kindergeld, das nichts anderes ist als eine Zurückzahlung einbehaltener Steuern. Die große Koalition knausert bei den Familien. Nur vier Euro mehr Kindergeld soll es 2015 geben, nur sechs weitere Euro pro Monat sollen 2016 folgen. Die Bundesregierung gibt zu, dass sie damit nicht mehr als das verfassungsrechtlich „Gebotene" tut. Die Rechtslage ist klar: Der Staat darf das Existenzminimum von Kindern nicht besteuern. Das hat das Bundesverfassungsgericht in seinen „Familienurteilen" klargestellt.
Deshalb gibt es Kinderfreibeträge, von denen allerdings nur „Besserverdienende" etwas haben, Geringverdienern nutzt das gar nichts. Sie bezahlen genauso wie Reiche Mehrwertsteuern, also Gebrauchssteuern, auf alle Waren wie Kleidung, Schuhe und Lebensmittel, auf Möbel und Schulbedarf, auf Hygieneartikel und Kinokarten. Kindergeld ist keineswegs ein Almosen, es ist eine Rückerstattung zu viel bezahlter Steuern. Kindergeld muss eine verlässliche Größe sein, auf die sich auch werdende Eltern verlassen können. Kindergeldzahlungen stabilisieren Mittelstandsfamilien. Kindergeld könnte Mut machen zu mehr Kindern wie in Frankreich. Wenn die Politik die verfassungsrechtlichen Urteile nicht sehr zügig in tiefgreifenden Reformen umsetzt, um damit endlich die schreiende Ungleichbehandlung von Eltern und Kindern zu stoppen, wird es in Deutschland einen riesigen Aufstand geben und noch weniger Kinder, die als nachwachsende Generation die Alten versorgen. Materielle Altersarmut für alle, Einsamkeit für die Alleinstehenden, bei Krankheit und Demenz abgeschoben in Heime, wo überlastetes Personal schon lange nicht mehr jeden Tag auf „sauber und satt" achten kann, wo Palliativmedizin zur Sozialeuthanasie wird. Das ist das drohende Szenario.

Aber so wie in vergangenen Jahrhunderten wird es auf der andere Seite so sein: Wirklich reich sind diejenigen, die wohl geratene Kinder und Enkelkinder, die eine intakte Familie haben. Vertraute Menschen, die sich gegenseitig unterstützen, miteinander wirtschaften, miteinander leben, lieben und lachen. Es lebe die Familie! Es lebe die **Gleichwertigkeit der Geschlechter,** die Freiheit der Rollen, gerechte Aufteilung des Wohlstands und Fairness zwischen Erwerbstätigen und Familien, die durch ihren generativen Beitrag, sprich ihre Erziehungsleistung und ihre Kinder unsere Gesellschaft nachhaltig sichern.

*Jürgen Borchert Sozial Staats Dämmerung, Riemann Verlag München 2013

III. Epilog

Am Sonntag, den 27. April 2014 bat mein Nachbar Anton um einen Rückruf. Mit ruhiger, gefasster Stimme teilte er mir mit, dass seine Frau Elisabeth vor wenigen Stunden gestorben sei. Ich konnte die Nachricht kaum glauben, ich hatte nichts wahrgenommen. Nichts von dieser schrecklichen, aggressiven Krankheit. Anton bat mich darum, die Trauerrede zu halten für die Familie, mit meinem Text, der die Frau und Mutter so gut, so treffend portraitiere, nur kleine Änderungen oder Ergänzungen wolle man vornehmen, ob ich einverstanden sei?
Selbstverständlich war ich einverstanden. Wie gerne hätte ich die Rede selbst gehalten, doch eine lang geplante Reise stand unmittelbar bevor.

Nach meiner Rückkehr fand ich einen Umschlag mit einem herzlichen Danke, dem leicht geänderten Text der Trauerrede, einem Bild der Verstorbenen inmitten der Natur. Während des nächsten Sonntagspaziergangs traf ich auf den Witwer, groß, graubärtig, abgemagert, einen Strauß gelber Rosen aus dem eigenen Garten in der Hand. Wir gingen gemeinsam zum Friedhof, sprachen ganz offen und ungezwungen über das Leben und den Tod, die Vergänglichkeit alles Irdischen und die Ewigkeit der wahren Liebe. Am Grab ließ ich ihn dann besser allein.

Am Samstag, den 24. Mai 2014 gab die jüngste Tochter Christine, seit Herbst 2012 Stipendiatin der Menuhin-Foundation, in der Musikschule Calw einen Klavierabend. Sie spielte Bach, Haydn, Ravel und Schumann. Ihr zukünftiger Mann, ebenfalls ein Pianist, wendete die Seiten. Im September 2014 haben sie geheiratet. Elisabeth hätte die Hochzeit noch so gerne miterlebt. Der tödliche Krebs war schneller. Er raffte Elisabeth in wenigen Wochen dahin, sie wurde nur 60 Jahre alt.

Weitaus jünger verstarb meine eigene Mutter vor Jahrzehnten, sie wurde nur 41 Jahre alt und hinterließ vier Mädchen im Alter von 10 bis 16 Jahren. Die Älteste war ich. Auch meine Schwiegermutter hatte ich nie kennengelernt, meine Töchter konnten nie zu einer Oma gehen, von ihnen betreut, bekocht und verwöhnt werden. Auch sie hatte Krebs und starb nach über drei Jahren Krankheit und Siechtum im Alter von nur 45 Jahren.

Das Leben geht weiter, auch für Anton, neben den ich mich während des Konzerts setzte, was kein anderer wagte, aber warum sollte diese zweite Stuhlreihe unbesetzt bleiben? Wir lauschen dem brillanten Spiel einer jungen Frau im langen weißen Abendkleid, mit Sommerblumen bedruckt. Über und über mit Preisen und Auszeichnungen für herausragende musikalische Leistungen geehrt, ist sie ein Musterbeispiel für Bescheidenheit, Anstand und Zukunftsfähigkeit unserer Gesellschaft. Bernadette bekam inzwischen ein drittes Kind, das Leben blüht und gedeiht in dieser Familie. Das Leben geht auf wunderbar tröstliche Weise weiter.

Was wurde aus den Kindern der Generation der neunziger Jahre? Was aus meinen ehemaligen Schülern? Was machen deren Eltern? Wenn ich mich umschaue, so sehe ich viele gelungene Familiengeschichten und Werdegänge, tolle junge Erwachsene auf einem guten Weg. Einige Fallgeschichten dieser Kinder haben Sie in diesem Buch lesen können. Aber schon in wenigen Jahrzehnten werden unsere Kinder in der Minderheit sein, überrollt von den Folgen des demografischen Zusammenbruchs der deutschen Bevölkerung, der immensen Flüchtlingsströme, der zunehmenden Gewaltausbrüche aller Art in unseren Städten, auf unseren Straßen, in unserem Land. Und doch hoffe ich auf Frieden, ein friedliches Zusammenwachsen einer multikulturellen Gesellschaft. Ein Zusammenrücken der Familien, von Jung und Alt, in gegenseitiger Fürsorge und in liebevoller Verbundenheit. Denn der Staat wird nicht für alle und alles sorgen können. Wir werden uns selbst helfen müssen oder kollabieren.

Nachwort von Dr. Michael Harder:

Gedanken zum Feminismus aus Sicht eines Familien-Mannes

Warum schreibe ich ausgerechnet als *ein Mann* dieses Nachwort? Ich dachte einige Zeit darüber nach und kam dann zu dem Schluss, dass es nicht nur die Bitte von Frau Steinheber war und mein Wunsch, Sie in diesem wichtigen und niveauvollen Buchprojekt zu unterstützen, sondern zusätzlich noch etwas ganz Anderes mich geradezu drängte, dieses Nachwort zu schreiben: Es war auch die Chance, einmal als Mann Stellung zu beziehen in einem Thema, das Frauen schon monopolartig für sich beanspruchen – also als Mann etwas zum Feminismus-Disput beizutragen.

Es ist mir wichtig; denn ein Feminismus, der die genauso berechtigten Anliegen von Jungen und Männern ausgrenzt, ist für mich unglaubwürdig. Es ist etwas schiefgelaufen in unserer Gesellschaft von Frauen und Männern. Die Folgen von fast 40 Jahren feministischer Indoktrination zeigen neben der Abwertung ursprünglich weiblicher Aufgaben noch eine andere Seite, die wir Männer spüren (müssen): Wenn es um die Bedürfnisse von uns Männern geht, erleben wir kaum noch Verständnis und Zuwendung, unsere männliche Würde liegt ziemlich brach. Wir Männer leiden darunter.

Dazu fällt mir immer wieder die Geschichte von einem Freiburger Männertag ein, an dem der damalig „Obersoftie" Walter Hollstein uns Männer ermahnte, noch sensibler zu werden, uns noch mehr an die Bedürfnisse der Frauen anzupassen, bis es kaum mehr auszuhalten war und es eine Frau (!) war, die aufstand und in das Auditorium folgende Worte sprach: „Ich finde euch Männer eigentlich längst in Ordnung, aber mir gefallen in der heutigen Zeit die Frauen nicht mehr, sie sind viel zu egoistisch geworden." Und sie erzählte, wie auch sie wieder lernen musste, ihren Ehemann als Mann zu achten und auch für ihn als Frau da zu sein, so wie er für sie als Mann da war.

Ich selbst wurde vom Feminismus auf eine etwas unübliche Weise getroffen, nämlich als plötzlich alleinerziehender, verwitweter Vater von zwei Söhnen – beide waren damals noch in den Windeln. Seitdem sind mehr als 20 Jahre vergangen, und ich muss sagen, der

Feminismus und die Abwertung der Männer hat mir meine schwierige familiäre Aufgabe in dieser Zeit nicht leichter gemacht, eher das Gegenteil war der Fall. Das machte mich nachdenklich, und ich schaute genauer hin.

Und ich beobachtete, mit meiner subjektiven Sicht der Dinge, aber aus Sicht eines Mannes, das Folgende:

Dem Machtbereich der Männer im Beruf (zugegeben!) stand ein anderer dagegen (der gerne unterschlagen wird) und ich war ihm ausgesetzt: Es gab im familiären Bereich einen Machtbereich vor allem der Mütter (in den Kindergärten, Grundschulen und im häuslichen Bereich der Familien), in dem man als Mann – wenn es gut kam – Gast war, nicht mehr. Mann gehörte als Mann einfach nicht dazu, zu den Müttertreffen, zu dem Mütternetzwerk, in dem wichtige Informationen zur Versorgung und Entwicklung der Kinder ausgetauscht und dieselben zur gegenseitigen Betreuung vermittelt wurden. Mann war das andere Geschlecht.

Gleichzeitig erlebte ich, wie meine männlichen Fähigkeiten, die mich früher in der Berufswelt in Form von Leistung und Konzentration auf eine zu lösende Problematik und natürlich zum Geldverdienen recht erfolgreich gemacht hatten, nun plötzlich kontraproduktiv waren. Sie standen mir im Weg, es galt nun etwas Anderes, Entgegengesetztes, nämlich „einfach da zu sein" (möglichst 24 Stunden am Tag), Zeit aufzubringen und für viele Kleinigkeiten bereit zu sein. Leistungsdenken im früheren Sinne brachte nur Unruhe in das Geschehen. Außerdem spürte ich eine gleichzeitige Forderung nach zwei sich widersprechenden Rollen: Die des lobenden und tadelnden (also wertenden) Vaters und die – es war niemand anders da, der sie ausfüllte – der nicht wertenden, alles verzeihenden Mutter. Es wurde deutlich, dass meine Söhne eigentlich beide Elternrollen brauchten.

Es waren zwei sich widersprechende Rollen, die nicht gleichzeitig zu realisieren waren, weil ich mich sonst permanent in einer Double-Bind-Situation befand. Hier Leistung, dort Da-Sein und Fürsorge. Und ich glaube, es ist dieses In-Sich-Widersprüchliche, das nicht nur mir so schwerfiel, sondern das auch den Alltag vieler allein-erziehender Frauen so schwer macht und sie auslaugt. Ich stand also vor der Unvereinbarkeit von beruflicher Karriere in einer Leitungsposition und gleichzeitiger Familien-Fürsorge.

Mir kam es tatsächlich vor, als lebte ich in zwei sich widersprechenden Welten und entschied mich daher, die eine kräftig zu reduzieren (ich gab meine Berufstätigkeit zeitweise auf) und stattdessen die andere, die im Moment die wichtigere war, mehr oder minder gut wahrzunehmen. Dabei wurde mir nicht nur deutlich, wie wichtig und wertvoll ein Familienleben auch für mein Leben war, sondern auch, dass für eine funktionierende Familie eigentlich beide Rollen, die väterliche und die mütterliche, erfüllt sein müssen und dass diese *gleichwertig* bzw. *gleich wichtig* waren, aber eben nicht gleich, sondern etwas, das Wissenschaftler wie ich mit *komplementär* (= entgegengesetzt, aber sich ergänzend) bezeichnen. In einem Diskurs mit einem guten Freund kamen wir dann auch zur vereinfachten Aussage, dass „Männer fürs Überleben da sind, und Frauen fürs Leben". Und dass man sich dabei gegenseitig „füttert". Frauen – eine weitere Erkenntnis – sind dem wahren Leben näher.

Das klingt schon etwas philosophisch und so möchte ich auch einen kleinen Ausflug wagen: Der Philosoph Friedrich von Schelling sagte einmal treffend (ca. 1800), dass sich „in jedem Individuum das Ganze spiegelt", dass alles, wirklich alles Ausdruck derselben Naturgesetze ist. Das Überraschende ist nun, das man heute in der modernen Physik zunehmend feststellt, dass es tatsächlich zwei Prinzipien sind, die in der Natur wirken, und zwar komplementär, also entgegen-gesetzt – und erst mit der Harmonie beider Prinzipien sich die Welt erklären lässt. Das ist ein Bild, das große Ähnlichkeiten mit der taoistischen Yin-Yang-Philosophie hat: Die Welt als Produkt zweier komplementärer Prinzipien (männlich und weiblich?), die gleich wichtig und gleich wertig sind. Es war der Quantenphysiker Niels Bohr, der sich mit dieser elementaren Erkenntnis intensiv auseinandersetzte, um dann festzustellen, dass es zur gemeinsamen Beschreibung der Welt (einmal kausal, Yang) und (einmal nicht kausal, Yin) offenbar zweier verschiedener Sprachformen bedarf. Er erkannte, dass die einzige Möglichkeit, beides gemeinsam zu beschreiben, eine Sprachform der Poesie ist. Von der es nicht mehr weit ist – und darum schreibe ich diese Zeilen – zur Liebe von Mann und Frau.

Diese Poesie – die nicht irgendeine Kunstform der Beschreibung der Welt und des Lebens darin ist, sondern offensichtlich die einzig richtige Form ihrer Beschreibung – ist uns im Geschlechterkrieg und im Leistungsleben längst verloren gegangen, was ich persönlich sehr bedaure.

Warum ging diese Poesie uns verloren? Nach meiner Auffassung, die ich hier gerne in diesem Nachwort äußern möchte, liegt das daran, dass der Feminismus versucht, für Frauen männliche Rollen als erstrebenswert zu formulieren und sie darin auch zu unterstützen. Dahinter steht gleichzeitig eine unheilvolle Allianz des Feminismus mit der Ökonomie, die auf der Jagd nach Wachstum vor allem zahlreiche Arbeitskräfte und zahlungskräftige Konsumenten fordert – Kinder, Familien und Poesie des Lebens spielen ökonomisch nur in der Werbung eine Rolle. Nicht umsonst hat die Wall Street die feministischen Organisationen wie Women´s Lib mit großen Summen gefördert.

Spätestens dann aber, wenn eigene Kinder in ihr Leben treten, werden Frauen in eine unauflösbare Double-Bind-Situation gestürzt. Eigenartig, das Weiblichste überhaupt, nämlich Schwangerschaft und Kinder aufzuziehen, wird vom Feminismus als eine Art Betriebsunfall behandelt.

Mit dem Feminismus siegt merkwürdigerweise also nicht das weibliche Prinzip, sondern eher das männliche. Und natürlich sind Männer dann direkte Konkurrenten und damit auch zu bekämpfen – statt eine komplementäre Partnerschaft mit ihnen anzustreben. Eine Frau als männlicher Konkurrent, das sorgt bei uns Männern natürlich zu erheblichen Irritationen, und ich beobachte bei einigen Männern meiner Umgebung diverse Kastrationseffekte. Mittlerweile gibt es dafür den Ausdruck „Pudelmänner" (statt wie früher: Softies). Und auch die Verweigerung vieler junger Männer, feste Beziehungen und die Gründung einer Familie anzugehen, hat hier wohl ihren Ursprung.

Warum habe ich so viel Nachdenken in dieses Thema investiert?

Der Grund dafür sind wohl vor allem meine (heute erwachsenen) Söhne. Ich stand bei der Erziehung nämlich vor der Frage, welches positive Männerbild ich Ihnen als Wegweiser für ihre persönliche Entwicklung und Identitätsfindung geben könnte. In einer Zeit, in der überall auf Männern herumgehackt wurde, an Männern kein gutes Haar gelassen wurde und Männer in deutschen und amerikanischen Familienfilmen schon fast grundsätzlich die Rollen von Deppen spielten. Und Frauen immer die Guten waren – das Lob des Mannes ist im Aussterben begriffen.

Nun, das Dilemma mit meinen Söhnen habe ich damals gelöst. Statt irgendwelcher Rollen konnte ich Ihnen etwas anderes zeigen und vermitteln, nämlich eine ganze Reihe positiver männlicher Eigenschaften, die ich einem Buch von Warren Farrell* entnommen habe. Neben Großzügigkeit, Fairness und der Kunst, die Klagen über eine Beziehung in den eigenen vier Wänden zu halten, gibt es noch 28 (!) weitere, die dort ausführlich beschrieben sind (*Warren Farrell: „Warum Männer so sind, wie sie sind"). Liest man von diesen 31 männlichen Qualitäten, wird deutlich, warum diese Gesellschaft richtige Männer braucht, nicht nur zum Zeugen von Nachwuchs.

Das ist aber gegen den Zeitgeist. Selbst die SPD-Männerspitze hat gesagt: „Wenn wir eine menschliche Gesellschaft wollen, müssen wir die männliche überwinden." Für mich ein Ausdruck dafür, dass diese Gesellschaft das Weibliche als oberstes, wertvolles Prinzip sehen will, und es gleichzeitig verrät … und das Männliche, wenn es von Männern kommt, als auf den Müll gehörend ablehnt. Für mich ist das aufgrund meiner eigenen Erziehungserfahrungen ein gefährlicher, populistischer Irrweg.

Ich persönlich bin für etwas anderes, ich bin für die Überwindung des einseitigen Feminismus. Denn die Welt braucht beides, das Männliche und das Weibliche. So bin ich für die Gleichwertigkeit von beidem, nicht für die Gleichheit, die doch nur noch das eine akzeptiert und damit keine ist. Überhaupt bin ich kein Freund von Gleichheit und Freiheit, diesen – neben der guten Brüderlichkeit – zwei schwierigen Schlagworten der französischen Revolution, die auch in den Wurzeln des Feminismus zu finden sind. Wir sind nicht gleich, Menschen sind verschieden, Männer und Frauen auch. Wir sind auch nicht frei und unabhängig, wir suchen Bindungen, familiäre Bindungen, freundschaftliche, die Verbindung von männlich und weiblich. Unserer Gesellschaft mangelt es gerade an Verschiedenheit und Bindung, das ist meine tiefe Überzeugung. So vermisse ich die Polarität, die Poesie unserer Gesellschaft, die Anerkennung vom wirklich Weiblichen und vom verantwortungsvollen, wirklich Männlichen (statt Boni und Porsche oder Pudelmann) in unserer Gesellschaft, damit diese Poesie wieder entstehen kann … und in der Folge wieder mehr Achtung und Liebe zwischen Mann und Frau. Ja, damit tatsächlich der „Tango Familial" gelingt.

Da passt es zufällig und wunderbar, dass ich gerade an einem Tango-Anfängerkurs teilnehme und erlebe, wie schwierig es ist, die moderne deutsche Frau zu führen, wie sehr es ihrem Unabhängigkeitsdrang widerstrebt. Um dann aber auch zu sehen, welches Strahlen aufkommt, wenn die Führung, wenn dieser Tanz der Geschlechter klappt. Nun, das Führen-Lernen ist nicht einfach, es hat etwas mit Können zu tun, und mit einem Blick für die Frau in unseren Armen, auf ihre Bedürfnisse, auf ihre Bewegung, auf ihr Wohlgefühl. Das hat etwas.

Das hat Poesie.

Wie auch dieses Buch von Ute Steinheber, das ich dem Leser ans Herz legen möchte.

Dank:

Ich danke allen Mitwirkenden an diesem Buch, die mir offen ihre Geschichten erzählten, Briefe schrieben oder sich von mir interviewen ließen. Danke für die vielfältigen Rückmeldungen, gerade auch den kritischen. Idealisiere ich die traditionelle Familie? Treibe ich einen Keil zwischen die berufstätigen und nicht berufstätigen Mütter? Sind meine Erfahrungen, immerhin war ich ja selbst jahrelang innerlich zerrissen in beiden Lagern, rein subjektiver Natur? Ich weiß, dass es in jeder Generation, gerade auch der Kriegsgeneration, zahlreiche Frauen gab und gibt, die trotz früher und langer Berufstätigkeit, auch alleinerziehend, großartige Kinder erzogen haben oder noch erziehen. Ihnen gelten mein Respekt und meine Bewunderung, ich beneide sie um ihre gesundheitliche Stabilität und Robustheit.

Ich danke insbesondere Herrn Dr. med. Johannes Resch, Frau Dr. phil. Oehrlein, Dr. rer. nat. Michael Harder für sein wunderbares Nachwort und seine Hilfe beim Layout. Frau Prof. Dr...., die nicht genannt werden möchte, für ihren Rat, ihren Beitrag und ihre Bereitschaft zu unseren telefonischen Austausch in medizinischen, sexualbiologischen und evolutionsbiologischen Fachfragen.

Einige Fallgeschichten wurden durch verfremdete Schauplätze, Berufe oder Namen so geändert, dass die Personen dahinter nicht identifizierbar sind. Dem Verband Familienarbeit heute e.V. danke ich für die vielen konstruktiven Kommentare, die ich zum großen Teil eingearbeitet habe. Insbesondere der aktuelle Ausspruch *"Geld pflegt nicht"* den der CDU-Politiker Naumann 2015 zu Recht zitierte, stammt aus dem Kreis dieser familienorientierten Frauen, deren Namen ich hier nennen darf: Ingrid Gripp, ehemalige Bundesvorsitzende der dhg, damals Hausfrauengewerkschaft genannt, die bereits im Jahre 1992 bei einer Tagung der Christlich-Sozialen-Stiftung (CDA) unter dem Beisein der damaligen Familienministerin Rönsch und Frauenministerin Merkel in Dresden auf diesen Zusammenhang hinwies. Herzlichen Dank an Monika Bunte für ihr kritisches Lektorat, auch wenn ihr die Satiren und speziell die Fabel überhaupt nicht gefallen. Ein bisschen Provokation muss sein.

Herwig Birg

DIE ALTERNDE REPUBLIK

Und das Versagen der Politik

Eine demographische Prognose

LIT-Verlag Berlin 2015

220 Seiten, gebunden. ISBN 978-3-12827-0.   ***34,90 €***

Seit Jahrzehnten, so Birg, werden Familien systematisch ausgebeutet und benachteiligt. Die Geburtenrate in Deutschland ist bereits weit unter das Niveau gefallen, das eine nachhaltige Gesellschaft zum Erhalt seiner Bevölkerung inklusive seiner Werte und Wirtschaftskraft braucht. Die Entwicklung ist irreversibel und wird durch den ideologischen Zeitgeist sowie fehlerhaftes politisches Handeln verstärkt. Der Autor, ein renommierter Wissenschaftler und Mitglied zahlreicher nationaler und internationaler Beiräte, stellt bis ins Detail genau erklärend seine demographische Prognose. Der emeritierte Professor der Universität Bielefeld schont dabei weder Wirtschaftsbosse noch Politiker, noch durch die Genderideologie geblendete Akademikerinnen. Nicht die steigende Lebenserwartung ist Hauptursache der Überalterung Deutschlands, sondern die immer größer werdende Zahl der bewusst lebenslang Kinderlosen, die Verweigerung der Elternschaft, insbesondere der gut ausgebildeten Frauen, die Karriere, persönliche Freiheit und Partnerschaft losgelöst von den Bürden der Mutterrolle ausleben wollen. Auch Millionen von Einwanderern werden die zukünftigen Probleme einer alternden Gesellschaft ohne eine stringente Familien- und Einwanderungspolitik nicht kompensieren können. Der Bevölkerungsforscher klagt aber nicht nur Missstände an, er nennt auch Lösungsansätze, Instrumente und Maßnahmen einer nachhaltigen Demographie-Politik. So zum Beispiel die Umsetzung des Familienschutzes (Trümmerfrauenurteil vom 7.7.1992 Art.6, Abs.1 GG), der Familiengerechtigkeit dienende Reformen bei der

Besteuerung und der Festsetzung der Beiträge zu den Sozial-versicherungen, Konzentration auf staatliche Förderung von Ehe und Familie mit Kindern, eine neue Arbeitspolitik mit Vorrang von Arbeitsplätzen für Eltern und eine Eltern- bzw. Mütterquote, die der Doppelbelastung durch Familien-und Erwerbsarbeit Rechnung trägt.

In großer Schrift gut leserlich gedruckt, schenkt das brandaktuelle Buch präzise Einblicke in globale und nationale Trends des Bevölkerungswandels. Zum Entziffern der zahlreichen Schautafeln braucht man allerdings eine Lupe. Im Anhang ein Glossar mit Definitionen der zahlreichen Fremdwörter und fachwissenschaftlichen Begriffe, ein ausführliches Sach- und Personen-register sowie Quellen und Literaturangaben.

Alice im Niemandsland

Wie die deutsche Frauenbewegung die Frauen verlor

von Miriam Gebhardt
DVA   €14,90

Für Sie gelesen von Ute Steinheber

Zum 70. Geburtstag von Alice Schwarzer hat die an der Konstanzer Universität lehrende Wissenschaftlerin Gebhard ein erfreulich sachliches Buch vorgelegt. Sie nimmt uns mit auf eine Weltreise des Feminismus, der, einem prächtigen Schoner gleich, einst von Europa aus die Ozeane befuhr. An Bord „Frauen verschiedener Religion und Herkunft, bürgerliche Hausfrauen, Arbeiterinnen, Wissenschaftle-rinnen, Lesben, Linke, Konservative, Internationalistinnen und Traditionalistinnen. Sie kämpften um sexuelle Selbstbestimmung und um Betreuungsmöglichkeiten für ihre Kinder, um das Frauenstimmrecht und um gleichen Lohn für gleiche Arbeit." Und heute? Heute ist zumindest die deutsche Frauenbewegung zusammengeschrumpft auf eine einzige öffentliche Symbolfigur, Alice Schwarzer. Immer wenn es eine politische Herausforderung oder einen Skandal zur Sache der Frau gibt, meldet sie sich mediengewaltig zu Wort oder wird eingeladen, ihr immer gleiches Statement abzugeben: „Frauen, wehrt euch gefälligst" oder „Männer sind immer schuld" und „Frauen sind immer das Opfer". Gnadenlos stellt die Historikerin dar, wie sehr Alice Schwarzer von ihrer intellektuellen Übermutter Simone de Beauvoir beeinflusst wurde und bis heute ist. Treffsicher analysiert die kundige Autorin, dass die hochmütige Französin in ihrer Bedeutung für den Feminismus, auch dank Schwarzers Propaganda in Deutschland, völlig überschätzt wird.

Mit den jungen feministischen Strömungen kann Schwarzer nichts anfangen: Die „Alphamädchen" (*Haaf/Klingner/Streidl*) sind ihr zu männerfreundlich und Spaß orientiert, „Neue deutsche Mädchen" (*Hensel/Raether*) sind ihr zu weiblich-sentimental. Verräterinnen, mit denen Schwarzer kühl abrechnet und klar stellte: Es gibt nur einen Feminismus in diesem Land und den bestimme sie. Ein Fall von Selbstüberschätzung, denn lange vor 1968 gingen in Deutschland die Frauen auf die Barrikaden. 1865 wurde der Allgemeine Deutsche Frauenverein (ADF) gegründet, von Frauen, die bereits Seite an Seite mit Männern für Demokratie, höhere Bildung und gegen gesellschaftliche Missstände kämpften. Es gab die ersten

Suffragetten der 1918er Welle, die mit Regenschirmen bewaffnet, für das Wahlrecht eintraten, es gab herausragend mutige Frauen im Nationalsozialismus, die wie Sophie Scholl ermordet oder ins Exil vertrieben wurden und eine Nachkriegsgeneration, die in die links-militante, anti-bürgerliche Studentenbewegung der 68er führte.

Es ist Gebhard hoch anzurechnen, dass sie bei all der Fülle historischer Namen und Details von den frühesten Anfängen bis in die Neuzeit der Genderbewegung immer sachlich bleibt. Wenn sie wertet, macht sie das deutlich als ihre eigene Auffassung, als ihre Meinung, als ihr ureigener Aspekt. So vergleicht sie den heutigen Feminismus in Deutschland mit einem verlassenen Geisterschiff, Alice Schwarzer als festgezurrte Galionsfigur. Denn das Dilemma der Frauen bleibt letztlich immer das gleiche. Wollen sie mehr Frau oder mehr Mann sein? Welchen Preis sind sie bereit zu bezahlen? Sind wir alle gleich oder doch andersartig in Wesen und Natur, in unseren Wünschen und Sehnsüchten? Dieses Buch lässt uns das reiche historische Erbe der Frauenbewegungen (wieder-)entdecken. Die Entscheidung, wie wir in Zukunft leben wollen ist so frei, so schwer, so offen wie nie zuvor. Die Widersprüche, die Spannungen, die enormen Belastung, wenn frau alles will, müssen gesehen und ausgehalten werden. Die Suche nach der eigenen Identität, die Sehnsucht nach einem universellen und erfüllten Menschentum ganz abgesehen vom Geschlecht, ist trotz aller Fortschritte nicht einfacher geworden.

Ein hoch informatives, alle weiblichen Lebensentwürfe tolerierendes Sachbuch, das sich wohltuend von pseudowissenschaftlichen und populärfeministischen Schriften abhebt.

Gabriele Kuby

Die globale sexuelle Revolution

Zerstörung der Freiheit im Namen der Freiheit

Fe-medienverlag GmbH 2016 ISBN 978-3-86375-032-3 € 19,90

„Ich habe Ihr opus magnum in einem Rutsch gelesen: Es ist ein Meisterwerk! Inhaltlich, sprachlich, wissenschaftlich. Ein packendes, schonungsloses Buch, das hoffentlich auch den Verantwortlichen in Politik, Kirche, Kultur und Gesellschaft Augen und Gewissen öffnet, um die Würde des Menschen im 21.Jahrhundert nach besten Kräften zu bewahren und die Errungenschaften unseres Wertefundaments zu verteidigen. Pflichtlektüre für jeden aufgeklärten demokratischen Zeitgenossen."
Dr. Stefan Meetschen

Die Autorin zeigt in ihrem Buch, dass der gewaltige Angriff, mit dem wir es heute zu tun haben, kein Zufall und keine Mode ist, sondern Teil eines globalen Planes, einer Weltstrategie, welche fundamentale Veränderungen des Menschen und der Gesellschaft bewirkt. Sie entlarvt die Wahrheit über die Genderideologie, ganz ähnlich wie Kolakowski und Solschenitzyn die Wahrheit über den Kommunismus entlarvten.
Dr. Dariuz Oko

„Für mich ist dieses Buch der Augenöffner schlechthin. Was für ein mutiges, analytisches, hervorragend recherchiertes Buch, das aufzeigt, wohin der Weg der sexuellen Befreiung bereits führte: In die Auflösung der natürlichen Familienstrukturen, in Pornografie und Verantwortungslosigkeit. Durch die Lektüre lernen wir verstehen, warum die Auflösung der Familie das Ende einer zivilisierten Gesellschaft bedeutet."
Ute Steinheber

Wild Life

Die Rückkehr der Erotik in die Liebe

von Esther Perel
Serie Piper E 8,95

In einer wunderbar einfühlsamen Sprache, die niemals ins Vulgäre abgleitet, zeigt die Paar- und Familientherapeutin Esther Perel auf, wie auch in langjährigen Beziehungen die Liebe lebendig bleiben kann. Erotik lebt von der Überraschung, vom Risiko, vom Geheimnisvollen. Im Alltag von Paaren, insbesondere von Eltern, verschwinden die Freiräume für spontan ausgelebte Sexualität nach und nach. Zu häufig wird das Erleben von „gutem Sex" mit außerhäuslichem Sex oder Internetrecherchen verbunden. Aber auch die erotische Energie, die von Dritten ausgeht, kann für die eigene Beziehung genutzt werden. Einen anderen begehren, von anderen begehrt werden, kann die erlahmte Leidenschaft beflügeln und das langweilig gewordene Liebesleben einer festen Paarbeziehung erfrischen, ohne durch praktizierte Untreue eine funktionierende Familie, Partnerschaft oder Ehe zu gefährden oder gar zu zerstören.

Unsere Kinder brauchen uns!

Die entscheidende Bedeutung der Eltern-Kind-Bindung

von Gordon Neufeld und Gabor Maté

Genius-Verlag € 19,80
Erschienen Juni 2006

Ein Psychologe und ein Arzt lösen gemeinsam das Rätsel um den unverstandenen und zutiefst verstörenden Trend unserer Zeit – Gleichaltrige übernehmen den Platz der Eltern im Leben unserer Kinder. Das kann nicht gut gehen.
Gordon Neufeld hat für dieses Phänomen den Begriff Gleichaltrigenorientierung (peer group) geprägt, die den familiären Zusammenhalt zerstört und die Entwicklung zu wahrer Eigenständigkeit blockiert. Sie vergiftet die Atmosphäre in den Schulen und fördert eine aggressive und sexualisierte Jugendkultur.
Unsere Kinder brauchen uns! hilft Eltern, dieses beunruhigende Phänomen zu verstehen und liefert Lösungsansätze, damit wir die intuitive Kind-Eltern-Bindung wieder an den ihr zustehenden ersten Platz rücken können. An den Ort, der die Natur für sie vorgesehen hat. Die Familie als zentrale Quelle von Zuwendung, Nähe, Sicherheit und Wärme.

Aus Überforderung entstehen leicht Entfremdung und Gleichgültigkeit oder schlimmer noch Gewalt und Missbrauch. Im Zeitalter der sozialen Medien ist es umso wichtiger, das reale Gespräch, gemeinsam verbrachte Zeit und anregende Unternehmungen innerhalb der Familie zu suchen und zu stärken. Virtuelle Welten sind eine gefährliche Scheinwelt und Verführung. Die natürliche Autorität von verantwortungsbewussten Eltern und Großeltern, von Lehrern zu Schülern, von Erfahrenen zu Unerfahrenen geben Halt und Orientierung.

Kinder brauchen genau genau das!

Mit mehr Selbst zum stabilen **ICH!**
Resilienz als Basis der Persönlichkeitsbildung

von Albert Wunsch

Sachbuch Springer Spektrum
ISBN 978-3-642-37701-3
Preis: € 14,90

Rezension von Ute Steinheber

Fundament statt Fassade!

Wie und wo kann der Mensch Kraft schöpfen, den hohen Leistungsansprüchen unserer Zeit standzuhalten, das Wichtige vom Unwichtigen zu trennen, seine eigenen Bedürfnissen und die seines sozialen Umfelds zu erkennen und zu stillen? Die Antwort ist uralt und wahr. Wie ein Mantel, der uns lebenslang vor der Kälte der Welt schützt, wo sich Urvertrauen, altersgemäße Neugierde und Kreativität entwickeln können: In der Sicherheit und Geborgenheit einer langen Periode liebevoller, fürsorglicher Mutter-Kind-Beziehung. Obwohl ein Naturgesetz, wird dies ja nicht mehr als zeitgemäß, noch als politisch gewollt angesehen. Auch weitere verlässliche Bezugspersonen, ein auskömmliches Familieneinkommen, gesunde Ernährung und ausreichend Bewegung sind unverzichtbare Faktoren eines gesunden Aufwachsens. Ebenfalls förderlich ist die Zugehörigkeit zu einer sinnstiftenden Gemeinschaft, sei es in Kirchengemeinden, Verein oder Ehrenamt, denn der Mensch hat auch ein Urbedürfnis nach Gemeinschaft, nach Anerkennung und sozialer Wertschätzung.

Der im Vergleich zur Tierwelt völlig unreif und hilflos geborene „Tragling" Mensch wird insbesondere in den allerersten Lebensjahren geprägt, was der Autor Albert Wunsch, Psychologe und promovierter Erziehungswissenschaftler, mit der Formel 9 plus 36 = 90 auf den Punkt bringt. Neun Monate Schwangerschaft plus die ersten 3 Lebensjahre beeinflussen die restlichen 90% des Lebens entscheidend. In dieser kurzen Zeit werden die physischen und psychischen Grundbausteine gelegt, auf die ein Kind sein Leben aufbauen, Belastungen und Krisen meistern und später in

Partnerschaft, Ehe und Familie, in Beruf und Gesellschaft bestehen, ja diese positiv gestalten kann.

Durch einige Beispiele benachteiligter und doch erfolgreicher Biographien wie z.B. die von Charles Dickens, Marshall B. Rosenberg oder Alfred Adler zeigt der Autor auf, dass gerade durch missliche Umstände eine unerwartete Widerstandskraft und Ausdauer erwachsen können, die zu außergewöhnlichen Leistungen und Erfolgen führen. Dies gilt ebenso für verfolgte, bedrohte Volksgruppen wie z.B. die vietnamesischen Boat-People, die sich trotz bitterer Armut und mangelnder Sprachkenntnisse sehr schnell in die sie aufnehmende Gesellschaften integrierten und deren Kinder erstaunlich gute schulische Leistungen erzielten.

Unterforderung und Verwöhnung allerdings wirken als Risikofaktor, als Multi-Blocker von Ich-Stärke. Verwöhnte, verweichlichte Kinder weichen Anstrengungen aus, sind extrem lustbetont und wollen ihre Bedürfnisse sofort befriedigt haben. Sie können nicht warten, nicht den Mund halten, treten störend und aggressiv auf, terrorisieren ihr Umfeld. Im Erwachsenenalter dient ihr Verhalten- insbesondere, wenn sie intellektuell begabt sind- ihrer Karriere. Am Arbeitsplatz, in Führungspositionen erleben wir sie als unangenehme Chefs, immer auf der narzisstischen Suche nach Anerkennung und den Grenzen, die ihnen in ihrer Kindheit keiner aufgezeigt hat. Doch ihre Show ist reine Fassade, hinter der sich ein schwaches ICH verbirgt.

Intensive Krippenbetreuung wirkt schon in frühester Kindheit als destabilisierender Faktor. Cortisol-Tagesprofile wie sie von im Anhang des Buches in genau benannten Studien nachgewiesen wurden, gleichen den Stressreaktionen von Managern, die im Beruf extremen Anforderungen ausgesetzt sind und denen der rumänischen Waisenkinder der 1990er Jahre. Dies lässt keinen anderen Schluss zu, als dass unter zweijährige Kinder in Kinderkrippen massiv überfordert sind, wobei die Qualität der Betreuung weniger Bedeutung- und schon gar keine Bildung- als erwartet zukommt.

Täglich können oder müssen wir mehrfach entscheiden, ob wir sinnvoll oder kontraproduktiv-zerstörerisch handeln. Können wir Bedürfnisse aufschieben? Haben wir die Kraft Nein zu sagen? Können wir uns auf das Wesentliche konzentrieren oder lassen wir uns ablenken oder gar verführen? Albert Wunsch stellt uns die Probe: Mit einfachen psychologischen Selbsterkundungstests stellen wir schnell fest, ob wir Ich-Stärke besitzen.

Er gibt uns Handlungsmuster, um unsere Selbstwirksamkeit und Widerstandskraft gezielt zu erweitern und macht uns mit konkreten Punktlisten Mut, unsere persönlichen Schwächen zu erkennen, unseren Mangel zu überwinden und uns selbst, sowie unsere Kinder und Enkel zu starken, resilienten Menschen zu erziehen, die auch widrige Umstände nicht aus der Bahn wirft.

Eine ausführliche Literaturliste sowie ein achtseitiges Sachverzeichnis zum Nachschlagen ergänzen das Buch und stehen für die wissenschaftliche Seriosität des Ratgebers.

Weitere Buchtipps:

Joachim Bauer
Prinzip Menschlichkeit
Warum wir von Natur aus kooperieren
Heyne Verlag München € 7,90

Bronsky Alina, Denise Wilk
Die Abschaffung der Mutter
Kontrolliert, manipuliert und abkassiert
Warum es so nicht weitergehen darf
DVA € 17,99@

Jürgen Borchert
Sozialstaatsdämmerung
Deutschland-Weltmeister
Der sozialen Ungerechtigkeit?
Riemann-Verlag € 14,90

Marc Brost/Heinrich Wefing
Geht alles gar nicht
Warum wir Kinder, Liebe und Karriere nicht vereinbaren können.
Rowohlt € 16,95

Orna Dohnath
#regretting motherhood
Darf man es bereuen, Mutter zu sein?
KNAUS-Verlag € 16,99

Monika Ebeling
Die Gleichberechtigungsfalle
Ich habe mich als Gleichstellungsbeauftragte
für Männer eingesetzt und wurde gefeuert
Herder-Verlag € 16,99

Birgit Kelle
Dann mach doch die Bluse zu
Ein Aufschrei gegen den Gleichheitswahn
Adeo- Verlag € 16,90

Birgit Kelle
GenderGAGA
Wie eine absurde Ideologie
Unseren Alltag erobern will
Adeo-Verlag € 16,90

Petra Levator (Pseudonym von Ute Steinheber)
AlltagsHELDEN
Lyrik
Literareon München € 9,80
Siehe auch unter www.petra-levator.de

Kristina Schröder
Danke, emanzipiert sind wir selber
Abschied vom Diktat der Rollenbilder
PIPER –Verlag € 14,99